KB249194

착한
마케팅으로
승부하라

착한
마케팅으로
승부하라

에이플러스에셋 곽근호 회장의
성공 마케팅 두 번째 이야기

착한 마케팅으로 승부하라

| 곽근호 지음 |

한스미디어

성실하고 헌신적인 재무설계사 한 사람이 있습니다.

그는 고객을 위해 '좋은' 상품을 추천했습니다.

그런데 고객이 질문합니다.

"이것이 나를 위한 '최선'입니까? 인터넷을 보니

보험료가 더 저렴하면서도 보장이 뛰어난 상품도 있던데……."

재무설계사는 말문이 막혔습니다.

자신이 다루지 않는 타사 상품을 거론했기 때문입니다.

그는 쓸쓸히 그 자리에서 일어서야 했습니다.

그동안 고객을 위해 열심히 뛰었는데

그것이 진정으로 고객에게 좋은 것이었는지 회의가 밀려왔습니다.

그는 깊은 딜레마에 빠졌습니다.

그 고객 한 사람만의 문제가 아닙니다.

이런 고객이 점점 더 늘어나 주류로 자리 잡아가고 있습니다.

이미 다양한 정보를 가진 상태에서
최적화된 솔루션을 요구하는 고객에게
단골의 의리만을 앞세울 수도 없습니다.
적당히 둘러대거나 속이는 것은 더더욱 나쁩니다.

옳지 않은 일일 뿐만 아니라
고객을 오래 속일 수는 없기 때문입니다.
재무설계사는 깊은 한숨을 내쉬며 혼잣말을 내뱉습니다.
"세상이 변했고 고객이 변했는데 나만 그대로 있구나."

특별한 사례가 아닙니다.

A⁺에셋 TFA 중에는
이런 경험과 고민에 빠졌던 사람이 적지 않습니다.
시스템의 한계를 마주하면 금융 영업인이
고객에 대한 사랑과 열정을 제대로 분출할 수 없습니다.

이제 근본적인 변화가 필요합니다.

국내외의 많은 금융 전문가들은
미래의 금융 고객을 '자기 주도형 소비자'라고 부릅니다.
이들은 기존의 브랜드나 관계의 틀에 매이지 않습니다.
디지털 정보를 이용하여 스스로 기본 지식을 갖춥니다.

그리고 남들이 좋다고 하는 상품이 아니라

자기 자신에게 꼭 맞는 상품을 찾으려 합니다.

복잡한 수식과 미사여구를 동원하여

자신에게 접근하는 사람을 피합니다.

그 대신 자신의 상황과 요구를 속속들이 이해하고

자신을 위한 최선의 선택을 찾기 위해

함께 고민하는 진짜 전문가를 원합니다.

저는 이런 고객을 위해

금융 마케팅이 근본적으로 바뀌어야 한다고 생각합니다.

책 제목처럼 '착한 마케팅'을 해야 합니다.

그래야 이 시대에 살아남고 발전할 수 있습니다.

착한 마케팅은 진정으로 고객 입장에 서는 것입니다.

겉으로 고객을 위하는 척하는 것은 아무런 의미가 없습니다.

고객은 이미 이것이 자신을 위한 것인지,

아니면 금융회사나 재무설계사의 이익을 위한 것인지

알고 있습니다.

또한 '착한 마케팅'은

투명하고 정직하게 모든 사항을 보여주는 것입니다.

정보를 은폐하거나 왜곡하는 폐쇄적인 영업 형태로는
이 시대에 더는 살아남을 수 없습니다.

저는 의사가 될 때 윤리적 다짐을 하는 히포크라테스 선서가
우리 금융권에도 있어야 한다고 늘 생각해왔습니다.

'착한 마케팅'은 이 시대 금융 발전을 위한
강력한 대안입니다.

세계적인 금융 전문가들은
한결같이 고객의 편에 선 양심적이고 독립적인
금융 전문가와 금융기관의 필요성을 역설하고 있습니다.

예를 들어 영국의 IFA(독립 재무설계사)는 판매 자격증
소지 여부에 따라 자신이 팔 수 있는 상품의 영역과
어느 판매회사와 제휴하고 있는지를 사전에 고지해야 합니다.
그래야 고객이 바르게 판단하고 선택할 수 있기 때문입니다.

언론도 "금융상품 백화점이 열린다."
"독립적인 재무설계 전문가 시대가 왔다."
등의 보도를 내놓고 있습니다.

현장에서 금융상품을 판매하는 사람들도 특정 회사의

특정 상품만을 파는 방식에 한계를 절감하고 있습니다.

고객들이 회사편이 아니라 자기편이 되어줄

착한 금융 전문가를 원하기 때문입니다.

A⁺에셋은 창업 이후 줄곧 '착한 마케팅'에 매달려왔습니다.

고객 중심으로 투명하고 정직하게 영업한다는 원칙을 지켰습니다.

단기적으로 손해인 것처럼 느껴질 때도 있었습니다.

그러나 이 손해는 우리가 얻은

고객의 신뢰와는 비교할 수 없을 만큼 미미한 것입니다.

그래서 저는 A⁺에셋 임직원들과 TFA들에게 늘 강조합니다.

"자신의 수당에 욕심을 부리지 맙시다.

돈을 벌려고 조급하게 욕심을 부리면 망할 수밖에 없습니다.

고객을 위한 착한 마케팅을 하면

자연스럽게 좋은 결과가 찾아옵니다."

저는 더 큰 미래를 그립니다.

고객에 대한 사랑과 열정으로 충만해

헌신적으로 일하는 우리 TFA들이

이 시대 고객이 진정으로 필요로 하는

독립 재무설계사로 성장하기를 바랍니다.

그래서 양심적인 고소득 전문가로
사회의 존경을 받는 날을 꿈꿉니다.

그런 TFA로 이루어진 A⁺에셋이
최고의 금융판매전문회사가 되어
고객의 행복에 기여하는 비전을 가지고 있습니다.
이 비전을 이루기 위해 그간 무던히 애를 썼습니다.

그리고 그 내용을 한 권의 책으로 엮어 감히 세상에 내놓습니다.
보잘것없는 졸고(拙稿)에 지나지 않지만,
고객을 향한 사랑과 열정을 어떻게 발산할지
고민하고 실천해온 한 금융 영업인의 솔직한 마음이 담겨 있습니다.

이 책이 일선에서 금융 마케팅을 하는 분들에게
'착한 마케팅'에 대해 고민하는 계기가 된다면
더 바랄 것이 없겠습니다.

감사합니다.

2013년 봄 내음이 가득한 화창한 주말 오후

A⁺그룹 회장 곽근호 올림

|부록| A⁺에셋 사람들

따뜻한 미래 금융을 향해

따뜻한 금융을 위한
착한 선택

BC 600년 전후 고대 근동(近東)의 패권자는 신바빌로니아였다. 그들은 이집트와 유대 등 주변 국가들을 점령하고 그 지역 귀족들을 인질로 붙잡아 왔다. 그리고 붙잡아 온 여러 나라 청년들을 왕궁에 머물게 하며 별도로 교육했고 산해진미와 귀한 포도주를 제공했다.

이때 신바빌로니아로 끌려온 사람 중에는 다니엘이라는 유대 청년이 있었다. 그는 선택의 순간에 직면했다. 유일신을 믿는 유대 사람으로서 우상 숭배 의식과 깊숙이 연결된 왕의 고기와 포도주를 먹을 수 없었기 때문이었다. 일신의 안위를 위해 왕의 음식을 먹을 것인가, 신념을 지키기 위해 위험을 감수할 것인가? 결국 다니엘은 환관장을 설득하고 채식을 선택했다. 그런데 그 환관장은 고민에 빠졌다. 영양가가 높은 음식 대신 거친 채소만 먹게 했다가 그의 얼굴이 초췌해진다면 왕이 사실을 알아차릴 것이고 자신이 그 책임을 피할 수 없기 때문이었다. 그러나 채식만 한 다니엘의 용모는 왕의 고기를 먹은 다른 청년들보다 훨씬 더 수려했다. 다니엘은 통치자인 네부카드네자르(느부갓네살) 왕의 눈길을 끌었고, 그의 조언자가 되었다.

하지만 다니엘의 위기는 이것으로 끝나지 않았다. 그는 또 다른 선택을 강요받았다. 네부카드네자르는 금으로 신상을 만들었고 모든 사람이 여기에 절하라고 명령했다. 거부하는 사람이 선택할 길은 화형뿐이었다. 다니엘은 채식을 시작할 때와 같은 선택을 했다. 그는 용광로에 던져지면서 신(神)께서 자신을 지키실 것이고 '그리 아니 하실지라도' 고통스러운 죽음을 기꺼이 감수하겠노라고 말했다. 그는 뜨거운 용광로 속에서도 털끝 하나 상하지 않았다.

이후 다니엘은 탁월한 인품과 통찰력으로 명성을 얻었고, 신바빌로니아를 굴복시킨 페르시아에서도 고위 관료로 활약하게 되었다. 그러나 나라 잃은 백성의 설움은 끝나지 않았다. 땅의 현실 권력보다 하늘의 보이지 않는 신을 따르는 그의 신념은 여전히 화근이었다. 페르시아 다리우스 왕은 1개월 동안 황제 숭배 외의 모든 종교 행위를 금지한다는 칙령을 선포했다. 다니엘은 또다시 목숨을 건 선택을 해야 했다. 그는 일정한 시간에 하던 기도를 멈추지 않았고 사자 굴에 던져지는 신세가 되었다. 이때도 그는 전혀 몸을 상하지 않았고, 페르시아 왕은 다니엘을 절대적으로 신뢰하게 되었다.

구약성경에 기록된 다니엘의 이야기는 전 세계 수많은 사람에게 영감을 주어 다양한 예술 작품의 소재가 되었을 뿐 아니라 순교의 상황을 맞은 이들, 불의에 맞서 신념을 지키고자 하는 이들에게 용기와 위로가 되었다.

고백하건대 나는 그리 훌륭한 인물이 못 된다. 더구나 다니엘과 같이 굳은 신념을 지닌 위대한 인물은 거론조차 할 처지가 아니다. 그럼에도 다니엘의 이야기로 책의 서두를 시작하는 것은 위대한 '선택'의 의미를 찾고, 그것을 나와 우리 회사 사업에 이식하고 싶기 때문이다. 다니엘은 적어도 세 차례 목숨을 건 선택을 했다. 신이 자신의 선택을 책임져줄 것이라는 믿음이 있었고, 설령 그렇지 않더라도 기꺼이 그 선택을 하겠다는 헌신성이 있었다. 유리해서가 아니라 '옳기' 때문에 그리고 '착하기' 때문에 그렇게 했다. 그러나 넓은 시야에서 볼 때 그것은 최선의 선택이었다.

'착한' 선택이 최선의 선택이다

A⁺에셋을 창업할 2007년 당시도 그랬지만, 6년 가까이 사업을 전개하며 점점 더 확실해지는 사실 한 가지가 있다. 바로 우리 회사가 옳은 길로 가고 있다는 점이다. 대한민국에는 수많은 금융상품, 특히 보험상품이 존재하는데 그중에서 유독 자기 회사 것이 좋다고 일방적으로 설득하는 풍토에서 다양한 금융상품을 비교·분석하여 고객에게 가장 유리한 것을 제시하는 형태의 비즈니스를 본격적으로 도입하고 발전시킨 우리의 노력은 그 자체로 옳은 것이라 확신한다. 다니엘에게 신에 대한 믿음이 절대적인 가치였다면, 비즈니스에서는 고객이 결코 양보할 수 없는 가치일 것이다. 그렇다면 고객의 편에 서서 고객에게 가장 적

합하고 유리한 선택을 하도록 돕는 우리의 역할은 옳은 것이 아니겠는가? 이 '옳음'을 더 굳게 지키고 확장하는 것이야말로 A⁺에셋의 미래일 것이다.

만약 다니엘이 왕의 고기를 먹고 몸에 살을 붙이거나 자기 믿음을 저버린 채 우상과 황제 숭배에 몰두했다면 어땠을까? 그는 평범한 기회주의자로 전락했을 것이다. 또한 우리는 그 위대하고 아름다운 선택의 이야기를 접하지 못했을 것이다. 다행스럽게도 우리에게는 용광로나 사자 굴과 같은 극단적인 위협이 존재하지 않는다. 옳은 선택, 가치 있는 선택을 하기 위해 굳이 목숨을 걸 필요는 없다. 그러나 눈앞의 이익을 포기해야 할 때가 있다. A⁺에셋이 더 높은 수수료 수입에 연연해서 고객 상황에 더 적합한 상품 정보를 은폐하는 낡은 영업을 해왔다면 우리의 존재 의미는 아무것도 없을 것이다.

다니엘의 위기가 곧 성장의 계기가 된 것처럼 나는 옳은 선택이 궁극적으로 유리한 선택이라 믿는다. 고객 중심의 금융회사를 만들겠다는 신념에서 출발한 A⁺에셋은 현실적으로도 발전을 거듭했다. 설립 초기에 시스템, 인프라 등 투자가 소요되는 신설 법인임에도 불구하고, 5년 연속 영업이익을 실현했다. 또한 2013년 3월 말 현재 A⁺에셋의 임직원은 550명, TFA• 등 영업 인력은 5,500명이다. 6,000개가 넘는 일자리를 만들어내며 사회에 기여하는 중견 그룹으로서의 위상을 갖추었다. 더 반가운 것은 외형적인 이익보다 본질적인 내용이 더 뛰어나다는 점이다. A⁺에셋은 TFA들의 1인당 생산성, 13회 유지율 등 세부적인 건전성 지표에서 대형 보험사를 앞지르는 기록을 보여주고 있다.

우리의 성장은 잠깐 반짝하고 말 성질이 아니다. 그 기저에 '옳은 가치'가 있기 때문이다. 철저한 고객 중심 경영 모델과 정직하고 투명한 마케팅이 견실하게 사업을 뒷받침하고 있다.

조급한 사람에게는 더디게 보일지 모르지만 도도한 역사의 물결은 진보의 흐름으로 끊임없이 나아간다. 옳은 것이 이긴다. 비즈니스도 마찬가지다. 물론 고객을 속이고 그 주머니를 터는 사업이 흥할 때도 있다. 그러나 이것은 아주 잠깐 일어났다 순식간에 사라지는 일시적인 현상이다. 고객을 위하고 고객에게 유리한 사업 모델이, 그리고 그런 기업이 이기는 형태로 발전한다. 우리는 역사를 통해 그것을 보고 있다. 무엇이 유리할지 복잡하게 따질 필요가 없다. 옳은 선택, 착한 선택을 하면 된다. 그것이 곧 최선의 선택이다.

눈앞의 이익보다 '미래'를 선택하라

패전 후 절망감이 사회를 휩쓸고 있던 1945년 일본에서 혼다 소이치로는 자기 사업의 미래를 보았다. 그는 가격이 싸면서도 빠르게 시내를 다닐 수 있는 교통수단이 사람들에게 필요하다는 사실을 알았고, 그것이 보편화될 미래를 상상했다. 그의 시작은 미미했다. 평범한 자전거에 소형 자동차 엔진을 단 장치로 사업을 시작했다. 기술과 자금 등 여러 난관이 있었지만 혼다는 미래에 대한 상상력으로 이를 극복하고 오토바이 사업을 세계적인 수준으로 발전시켰다. 그리고 혼다는 그 다음을 생각했다. 석유 파동 등 에너지 현실에 비추어볼 때 연비가 좋은 자동차가 고객의 사랑을 받게 될 것이라 예측했다. 그리고 시빅과 어코드 등 적은 양의 휘발유를 소비하는 소형 자동차를 내놓았다. 이 모델의 성공에 힘입은 혼다자동차는 1980년대 세계적인 자동차회사들과 자웅을 겨루는 정도로까지 성장하게 되었다.[1]

하버드대학을 중퇴한 빌 게이츠라는 청년은 하드웨어 위주의 컴퓨터 산업 현실에서 소프트웨어가 중심이 되는 미래를 상상했다. 그는 IBM이 출시할 개인용 컴퓨터(PC)의 운영체제를 공급하기로 했다. 그러고는 시애틀컴퓨터프로덕트라는 회사로부터 운영체제 '86-DOS'의 모든 권리를 5만 달러에 인수했다. 이를 개량하여 'MS-DOS'라는 이름으로 포장한 후 IBM과 협상에 나섰다. 그는 IBM의 거액 일시금 제안을 마다하고 그 대신 판매 대당 로열티를 요구했다. 이 계약은 컴퓨터 산업을 바꿀 만한 엄청난 결과를 가져왔다. 결과적으로 헐값에 운영체제 전권을 넘긴 시애틀컴퓨터프로덕트나 이를 완전하게 인수하지 못한 IBM으로 보자면 실패한 계약이었다.[2]

혼다 소이치로와 빌 게이츠 두 사람은 모두 미래를 볼 줄 알았다. 그리고 그 미래를 '선택'하고 '도전'했기 때문에 위대한 성취에 도달할 수 있었다. 제2차 세계대전 후 일본에서 오토바이의 보급이 늘 것이라고 본 사람은 혼다 소이치로뿐만이 아니었다. 1980년대 초반 미국에서 개인용 컴퓨터 보급에 따라 운영체제 등 소프트웨어 산업이 활성화될 것이라고 예상한 사람도 많았다. 그러나 이 미래를 선택한 사람은 드물었다.

결국 미래를 예측할 뿐 아니라 선택하는 단계로 나아간 혼다 소이치로와 빌 게이츠가 한 시대의 주인공이 될 수 있었다. 미래를 읽지 못하고 당장의 현실을 선택한 이들은 자신이 가진 소중한 자산의 가치를 푼돈과 맞바꾸었다. 미래를 읽고 그것을 선택하고 투자하는 것. 이것이 남다른 성공의 관건이 아니겠는가?

나는 금융이 근본적으로 미래를 지향한다고 생각한다. 현재의 풍요나 즐거움 중 일부를 떼어내 미래의 위험에 대비하고, 미래의 행복을 창조하는 것이 금융의 본령이 아니겠는가. 그런데 이렇듯 고객의 미래를 담당해야 할 대한민국 금융 비즈니스가 과연 미래로 향하고 있는지는 따져 물어볼 필요가 있을 것 같다.

전통적으로 우리나라의 은행상품이나 보험상품 등은 제조자와 판매자가 일치하는 경우가 대부분이다. 그래서 금융상품 판매자는 일부 예외적인 경우를 제외하고는 단일한 업종에 속하는 특정 회사의 금융상품만을 판매할 수 있는 구조로 되어 있다. 예를 들어 ○○은행 지점은 ○○은행의 상품만을 판매하고 △△보험의 설계사는 △△보험의 상품만을 판매하는 방식이다.

이런 환경에서 소비자는 각 금융사와 판매 조직이 권하는 금융상품만을 구매할 수 있을 뿐 여러 금융업종, 여러 금융사의 다양한 상품을 비교하여 선택하는 일이 어렵다. 제(製)·판(販)이 뭉쳐 있는 이 형태는 미래지향적이지 못하다. 고객이 다양한 상품을 비교·분석하여 구매할 수 없기 때문이다. 이런 방식으로는 정보로 무장하고 끊임없이 변화하는 고객의 욕구에 대응할 수 없다. 그래서 혁신의 싹이 트기 시작했다. 보험 분야를 시작으로 제한적이지만 제·판 분리의 혁신이 일어나고 있다. A⁺에셋의 사업이 그 대표적인 형태다.

금융상품 백화점으로 도약하는 A⁺에셋

A⁺에셋은 GA(General Agency)●이다. 법률적으로는 보험법인대리점으로 규정되어 있다. 현재 우리는 특정 금융회사에 소속되지 않고 보험상품을 중심으로 다양한 금융 및 투자 상품을 비교·분석하여 판매하는 사업을 한다. 나는 보험사의 전속 판매인이 자사 상품을 고객들에게 권유·판매하는 방식을 넘어 여러 보험사의 상품 중 고객에게 가장 적합하고 유리한 것을 찾아 제시하는 GA 형태가 훨씬 더 선진적이라 생각한다. 그런데 아직 넘어야 할 산이 있다. 우리가 다룰 수 없는 금융상품의 범위가 한정되어 있다. 법률과 제도의 규제로 인해 완전한 금융판매전문회사로까지는 나아가지 못하고 있는 실정이다.

금융판매전문회사는 비슷한 기능을 가진 다양한 금융상품 전체를 망라하여 그중에서 소비자에게 가장 적합한 상품을 권유하고 금융 소비자로부터 자문 수수료(fee)를 받는 역할을 한다. 현재와 같이 금융회사로부터 판매에 따른 커미션을 받는 형태가 중심이 아니므로 제조자로부터 독립성을 유지할 수 있다.

나는 금융판매전문회사 도입이 목전에 와 있다고 확신한다. 이것이 A⁺에셋이 예측하고 선택한 미래다. 어떤 비즈니스도 소비자가 원하는 것, 소비자에게 이익이 되는 것을 외면할 수 없다. 시장 내 다양한 기업들의 이해관계가 부딪쳐 일시적 난관을 겪고 있지만, 금융상품의 완전한 제·판 분리 시대가 곧 찾아올 것이다. 그런 점에서 A⁺에셋이 지향하는 미래는 곧 한국 금융의 미래이기도 한다.

고객의 이익을 추구하는 보편적인 금융 판매 비즈니스가 주류로 자리 잡을 것이라는 예측은 지극히 자연스럽고 상식적이다. 그리고 현재처럼 사회와 고객이 급격히 변화하고 있는 시점에서는 더욱더 그렇다. 미래의 문을 여는 열쇠는 바로 그 미래를 선택하는 것이다.

자기 주도형 고객을 잡아라

세계적인 경영컨설팅회사 맥킨지그룹은 2020년이면 금융 거래와 금융상품 구매를 온라인이나 모바일뱅킹 환경에서 수행하는 자기 주도형 고객이 은행 전체 고객의 80%를 차지할 것이라고 예측했다.

이 회사는 유럽 10개국의 소매금융 고객을 자기 주도형 고객, 멀티채널 이용 고객, 영업점 이용 고객, ATM/카드 이용 고객 등의 4개 군으로 분류했다. 그리고 현재 유럽 고객의 41%가 자기 주도형인데 이 비율이 획기적으로 늘어나 2020년이면 80%를 차지할 것이라고 예측했다.[3]

자기 주도형 고객은 기존의 단골 금융회사나 세일즈맨과의 관계 속에서 이루어지던 거래 관행을 자기 이익과 편리함을 기준으로 바꾸어나갈 것이다. 태블릿PC와 스마트폰 등 디지털 환경에 익숙한 젊은 세대가 이러한 자기 주도형 고객의 주축을 이룰 것이다.

다른 제품이나 서비스 시장에 비해 유독 금융 분야의 시장이 폐쇄적이고 정보가 완전히 노출되지 않는 경향을 보여왔다. 대형 금융회사들은 기존의 시장 지배력을 바탕으로 고객을 유지하고 확장해왔다. 그런데 이런 시절도 얼마 남지 않았다. 자기 주도형 고객이 이끄는 디지털 혁신에 맞추어 패러다임을 변모하지 않으면 안 된다.

우리나라도 마찬가지다. 디지털 혁신의 속도가 유럽을 능가하는 우리나라에서도 자기 주도형 금융 소비가 금세 봇물을 터트릴 것임을 쉽게 짐작할 수 있다. 이미 젊은 세대는 인터넷을 통해 보험상품을 구매하고 있다. 자동차보험을 비롯한 손해보험 분야가 대표적인데, 산업은행 계열사인 KDB생명이 저축성 보험까지 인터넷으로 마케팅하는 등 자기 주도형 트렌드에 맞춘 보험 마케팅이 점점 더 늘어나는 추세다. 이른바 온라인(사이버)을 통한 보험 마케팅이 활력을 띠고 있다.

그런데 판매 채널만 온라인으로 이동한다고 해서 자기 주도형 고객들의 요구를 채워줄 수는 없을 것이다. 핵심 과제는 고객의 능동성과 상품 비교 욕구에 부응하는 콘텐츠다. 다양한 상품을 비교·분석하여 판매하는 데 경험과 역량을 쌓아온 A⁺에셋은 온라인 마케팅 채널에서도 최고의 능력을 보여줄 것이라 자부한다.

디지털의 속도와 정보로 무장한 새로운 고객들이 금융시장에 몰려든다. 이들은 더 많은 정보 공개를 요구한다. 무엇이 자신에게 가장 유리한지 따지고 든다. 또한 금융상품 제조사들의 기존 지위를 인정해주지 않는다.

이런 고객들이 압도하는 시장에서는 어떤 미래가 펼쳐지겠는가? 복잡하고 모호한 설명을 길게 늘어놓으며 그래도 역사와 전통, 이미지를 자랑하면서 자사 금융상품이 최고라는 근거가 미약한 주장을 늘어놓는 기존 금융 마케팅이 지속될 것인가, 아니면 고객 입장에서 다양한 금융상품의 핵심 사항을 선명하게 비교·분석한 데이터를 투명하게 공개하며 합리적 선택을 유도하는 트렌드가 형성될 것인가? 우리보다 한 발 먼저 간 나라들을 보면 결론이 자명해진다. 미국과 유럽의 경향은

금융판매전문회사의 도입과 확장이 막을 수 없는 대세임을 보여주고
있다.

독립 재무상담사로 성장하라

미래 금융산업을 주도할 기업이 금융판매전문회사이고 미래 금
융 고객이 자기 주도형 소비자라면 현재 금융상품을 판매하고 있는
FC(Financial Consultant)들은 어떤 미래를 예측하고 선택하는 것이 옳
을까? 금융 소비자가 더 많은 정보를 갖게 되고 자기 주도적인 선택을
함으로써 FC의 입지가 줄어들지는 않을까? 금융학자와 전문가들은 특
정 회사에 전속된 FC들이 이런 고민을 시작해야 한다고 지적한다. 그
러나 전속사의 영향에서 자유로운 독립적 FC라면 이런 고민에서 자유
롭다고 분석한다.

경제나 사회환경, 트렌드의 변화에 따라 기존 금융상품이 사라지고
그 자리를 새로 출시되는 금융상품이 채운다. 다원화된 사회에서 직업
이나 연령, 가치관 등에 따라 고객 개인의 금융 욕구도 다양해진다. 이
런 상황에서 금융 소비자는 더 전문적이고 도덕적인 전문가의 도움을
원하게 된다.

자기 주도형 소비자는 기존의 금융회사, 판매 채널, 친분이 있는 세일
즈맨 등과의 관계에 연연하지 않는다. 그 대신 자기 상황에 적합한 합
리적인 정보에 더 민감하다. 이런 트렌드와 고객의 요구에 부응하기 위
해 독립 재무상담사의 역할이 중요해질 것이다.

독립 재무상담사가 미래 금융에 미치는 영향은 결정적이다. 미래 금융을 주도할 금융판매전문회사의 핵심이 독립 재무상담사이기 때문이다. 미래 금융은 정보와 시스템, 교육만으로는 부족하다. 이것을 고객과 연결할 사람이 반드시 존재해야 한다.

미국 로욜라 법대 로런 윌리스 교수는 〈금융 교육에 반대하며(Against Financial Literacy Education)〉라는 도발적인 제목의 논문을 내놓았다. 현재 미국의 금융 교육은 체계적으로 잘 수립되어 있다는 평가를 받는다. 그런데도 윌리스 교수는 현재 미국 금융 교육이 현실에서는 그다지 도움이 되지 않는다고 지적했다. 금융의 형태나 구조에 대해서만 피상적으로 교육할 뿐 현실에서 벌어지는 다양한 상황들에 대응할 수 있도록 실제적인 지식을 전달하지 못하기 때문이다. 즉 금융회사들이 복잡한 수식과 난해한 설명으로 금융상품 리스크를 은폐하며 잘못된 길로 나갈 때 금융 교육이 이를 저지할 수 있는 수단이 되지 못한다고 한다.[4]

그녀가 제시하는 대안은 단순·명확하다. 독립적인 재무상담사가 필요하다는 것이다. 이들은 의사나 변호사처럼 믿을 만하고 자격이 있으며 금융회사에 객관적인 자세를 취하는 사람들이다. 발전기에 접어든 우리나라 금융을 위해서도 같은 조언을 한다. 독립 재무상담사의 양성이야말로 한국 금융을 고객 친화적으로 발전시킬 효과적 수단이라고 말한다. 그리고 어떻게 하면 훌륭한 독립 재무상담사를 많이 양성하고 관리할 수 있는지에 대해 고민할 시점이 되었음을 환기시켰다.

안타깝게도 현재는 금융회사에 소속된 유사 재무상담사가 대부분이다. 그들은 고객의 투자 성과와는 무관하게 이미 정해진 판매 수당을 취하는 영업 형태를 유지하고 있다. 그러나 이러한 영업 형태는 더는 지속하지 못할 것이다. 앞으로는 고객에게 기본 수수료와 투자 성과에 따른 수수료를 받는 독립 재무상담사가 그 자리를 차지할 것이다. A⁺에셋은 우리 TFA들이 최고의 독립 재무상담사로 성장하도록 조직과 교육, 시스템 등에서 최선을 다하고 있다.

A⁺에셋, 한국 금융의 미래를 개척한다

대표적 현대 작가 최인훈은 그의 책《화두》에서 우리 사회를 향해 머리는 21세기에 있지만 꼬리는 19세기에 있는 공룡과 같다고 일갈했다.[5] 최인훈의 이런 지적은 마치 한국 금융의 현주소를 꼬집는 것처럼 느껴진다. 21세기 자기 주도형 고객의 현대적 욕구를 접하고 있으면서도 과거 영업 방식과 제·판 일치의 폐쇄성을 고집하고 있는 한국 금융에서 멸종 위기를 알아차리지 못하는 공룡의 모습을 발견할 수 있다.

A⁺에셋은 열악한 금융환경 속에서도 고객 인식의 지평을 넓히며 의미 있는 성장을 해왔다. 그리고 자기 주도형 고객이 이끄는 미래 금융환경에 가장 많이 다가서 있다고 감히 자부할 수 있다. A⁺에셋은 한국 GA 모델의 선두주자로서 옳은 것을 추구하는 고객 중심의 경영철학과 기업문화에 바탕을 두고 정직하고 투명한 마케팅을 일관되게 펼쳐온 역사가 있다. 또한 CFP본부(맞춤형 자문 서비스 조직), 정기적 투자강연회, 라운지(고객 밀착형 점포), 명예자문위원 제도, 국내외 명품 골프 마케팅, 혁신적인 교육 시스템 등 다양한 마케팅 인프라와 판매 기법은 국내 최

고 수준이라 생각한다. 이러한 경영철학과 기업문화 그리고 마케팅 인프라는 앞으로 금융판매전문회사 시대의 자산이 될 것이다. 한국의 어느 회사도 이것을 모두 갖추지는 못했다. 2020년 국내 금융 판매 매출 1위, TFA 1만 명과 MDRT(Million Dollar Round Table)● 5,000명의 초일류 판매 채널, 금융 분야 고객 만족도 1위를 내건 A$^+$에셋의 비전은 결코 이루지 못할 꿈이 아니다.

인의(仁義)가
이익보다 먼저다

何必曰利, 亦有仁義而已矣(하필왈리, 역유인의이이의).

유학의 대표 경전 《맹자》는 이렇게 시작된다. 옮기면 "왜 이익에 대해서 말하는가? '인(仁)'과 '의(義)'가 있을 뿐이다"라는 뜻이다. 《맹자》 전체의 사상을 압축했다고 평가받는 이 구절은 인간 본연의 도리를 무시한 이익 추구의 위험을 경고하며 인의(仁義)의 중요성을 강조하고 있다.

그리고 이어서 무조건적 이익 추구가 어떤 결과를 낳는지에 대해 이야기한다.

上下交征利, 而國危矣(상하교정리, 이국위의).

윗사람과 아랫사람이 번갈아가며 이익을 추구하면 나라가 위태롭다.

爲後義而先利, 不奪不厭(위후의이선리, 불탈불염).
의리를 뒤로하고 이익을 앞세우면 빼앗지 않고서는 만족할 수 없다.

이익을 통한 만족을 우선순위에 놓을 때 약탈이 일어난다. 이런 일이 팽배하다면 나라 전체가 위험해진다. 그렇다면 맹자는 어떤 대안을 제시하고 있을까? 그 다음에서 이렇게 말했다.

與民偕樂, 故能樂也(여민해락, 고능락야).
백성과 함께 즐겼기 때문에 능히 즐길 수 있었다.

《맹자》는 주로 정치의 원리를 다루었지만, 나는 위의 구절이 비즈니스에도 그대로 적용된다고 믿는다. 나는 이렇게 받아들인다. "기업이라 하더라도 사람을 빼고 이익만 추구할 수 없다. 자기 이익만 추구하는 회사는 곧 망할 것이다. 이익만 추구하고 탐욕을 채우려 한다면 고객의 것을 빼앗는 결과다. 고객과 함께하는 기업만이 진정한 즐거움에 도달할 수 있다."

기업 경영을 하다 보면 《맹자》의 첫 부분을 되새겨야 하는 상황이 자주 찾아온다. 그리고 때로는 이 구절들이 수천 년 전에 죽은 교훈이 아니라 살아 있는 현실이 됨을 깨닫곤 한다. A⁺에셋이 첫발을 내딛던 그 이듬해 세계 금융위기가 일어났다. 나는 걷잡을 수 없이 진행되는 사태의 향방을 보며 이익 만능의 기업, 특히 부도덕한 금융기업이 어떻게 추락하는지를 절실히 깨달았다. 이런 와중에서 우리 회사가 어떻게 나아가야 할지를 재차 확인하며 마음을 다졌다.

미국의 서브프라임 모기지 부실을 계기로 전 세계에 번진 금융위기
는 철옹성 같던 세계 자본주의 시스템에 대한 믿음을 뿌리째 흔들었
다. 유능하고 합리적이라 맹신했던 월스트리트 금융 자본주의가 실은
탐욕에 찌들어 있었음이 고스란히 드러났다. 서브프라임이라는 명칭에
서 알 수 있듯 저신용자들을 위한 대출은 본래 큰 리스크를 안고 있다.
그런데 첨단을 앞세운 금융회사들은 이를 묶어 포장한 뒤 그럴듯한 이
름을 붙여 최고 신용도의 파생금융상품으로 판매했다. 고객은 전 세계
의 금융기관과 투자자였다. 그 결과는 끔찍했다. 부실은 꼬리를 물고 번
져 미국과 유럽 그리고 세계 각국의 금융기관이 존폐의 위기에 봉착했
다. 자금 회수가 연쇄적인 파국을 몰고 왔고 여러 나라에서 자금경색과
재정위기가 일어났다. 대마불사(大馬不死)라는 말이 무색하게 세계적
투자은행 리먼브라더스가 파산을 맞았고 시티은행 등도 위기에 처했
다. 인간을 외면하고 철저하게 돈을 좇던 금융의 말로는 비참하기 그지
없었다. 이제 무덤 속의 맹자가 벌떡 일어나 호통을 칠 때가 왔다는 생
각이 들었다.

살얼음판 위의 한국 금융시장

사람이 금융의 이익을 위해 존재하지 않는다. 그 대신 금융이 사람의
이익을 위해 존재한다. 금융이 사람을 지향해야 함은 거스를 수 없는
원칙이자 대전제다. 금융회사나 그 구성원의 이익이 아니라 고객의 이
익이 최우선에 놓일 때 비로소 제대로 된 금융 비즈니스가 시작된다.

그런데 한국 금융시장, 특히 보험시장은 그다지 고객 지향적이지 못한 것 같다. 시장규모와 외형은 크고 화려하지만, 내부에는 부실의 징후가 가득하다. 〈한국경제신문〉의 2013년 1월 7일자 기사에 의하면 대형 보험회사의 종신보험 유지율은 5년 이상 54%, 10년 이상 35% 수준이다. 바꾸어 말하면 종신보험을 든 사람 중 절반 정도가 5년 이내에, 60~70%가 10년 이내에 중도해지한다는 이야기다. 2년 이내 해지하는 사람도 40% 내외에 육박한다. 이 기사는 종신보험 해지율이 높은 주된 이유가 계약 당시 충분한 상품 설명을 듣지 않았기 때문이라고 분석했다.[6]

이처럼 '종신(終身)'이라는 이름을 내건 상품조차 오래 유지되지 못하는 상황은 한국 보험시장의 현실을 적나라하게 보여준다. 손해를 보는 이는 보험의 본래 취지와 설계에 따른 혜택을 전혀 보지 못하게 된 다수의 선량한 가입자들이다. 이들이 신중하지 못했다고 탓할 것인가? 종신보험을 판매한 쪽의 책임은 없을까? 만약 이들이 종신보험상품을 선택할 당시 보험료가 저렴한 정기보험이나 연금형, 전환형 등의 다양한 상품을 고려할 기회가 충분했다면 어땠을까 하는 생각을 해본다.

은행에서 판매하는 보험상품인 방카슈랑스의 경우도 현실이 암담하다. 2013년 4월 19일자 〈조선일보〉에는 한국 방카슈랑스 10년의 현주소가 소개되었다. 원래 방카슈랑스는 보험 판매 수수료를 낮춰 소비자가 적은 보험료를 내고 보험에 가입할 수 있도록 한다는 취지로 2003년 도입됐다. 그런데 현실은 어떨까? 일반 보험상품과 방카슈랑스 상품의 판매 수수료에는 거의 차이가 없다. 예를 들어 A사의 연금보험은 설계사를 통한 판매 수수료가 6.5%인데, 방카슈랑스는 6.15%이다. 소비자 혜택이라는 본래 의도는 사라지고 은행 수입만 늘려주는 형국이 되었다. 상품 내용을 제대로 설명하지 않아 고객에게 손실을 끼치거나 거래 기업에 방카슈랑스 상품을 강매한 은행의 사례도 있다. 은행 입장에서는 아무 부담 없이 수수료 수입을 올릴 수 있으니 고객 이익을 배제한 무분별한 영업을 한 것이다.[7] 이것이 보험을 중심으로 본 한국 금융의 부끄러운 현실이다.

한국 보험의 과제: 고객의 중도해지 손실 극복

우리나라 금융 소비자들이 보험에 관해 가장 큰 거부감을 갖는 부분은 중도해지 때 손실을 입는 것이다. 물론 여기에는 보험이라는 상품의 본질적 성격과 한국 보험시장의 구조에 따른 불가피함이 존재한다. 그러나 나는 따뜻한 금융과 착한 마케팅이 정착되기 위해서는 반드시 이 부분을 극복해야 한다고 생각한다.

보험은 일반 금융상품과는 달리 가입 기간이 장기이며 오랜 기간 지속적으로 보험료를 납입해야 하는 특징을 가지고 있다. 물론 여행보험이나 자동차보험처럼 단기상품도 있다. 그러나 보험 대부분이 장기상품이다. 일반적으로 보험의 가입 목적이 경제활동 기간에 대한 위험보장과 은퇴 준비 등 생애 기간 동안 겪을 수 있는 리스크에 대비하는 것이기 때문이다.

그래서 보험은 가입자의 경제상황 변화를 탄력적으로 반영할 수 없다는 한계를 내포하고 있다. 예를 들어 보험료 납입 기간 중 경제적 사정에 의해 2개월 이상 미납하면 보장 효력이 상실되어 밀린 보험료를 한꺼번에 납입하여 부활하지 않으면 보장을 받을 수 없게 된다. 이런 점들을 보완하기 위해 순연부활제도● '중도인출' '추가납입' 등의 장치를 보험상품에 도입하고 있다. 그리고 '보험료 납입 유예제도'를 통해 일정 기간 보험료를 납입한 고객이 피치 못할 사정이 있을 때 일정 기간 납입을 유예할 수 있도록 한다. 이렇게 함으로써 장기간의 보험 납입 기간 중 고객의 경제적 사정에 의해 보험료를 납입하지 못해 생기는 손실과 피해를 줄일 수 있다.

그리고 이와 별도로 소비자 피해를 줄이기 위해 고객이 보험 가입 시 청약서 부본 또는 보험약관을 수령하지 못했을 때, 약관의 중요한 사항을 설명받지 못했을 때, 청약서에 자필 서명을 하지 않았을 때 등에는 가입 3개월 이내에 품질보증 이의신청을 통해 납입한 보험료를 돌려받을 수 있도록 하고 있다.

하지만 고객의 갑작스러운 개인적·경제적 사정에 의해 납입을 지속할 수 없거나 판매자가 정확하게 상품에 대해 설명했지만, 고객이 상품 이해를 잘못한 경우 등에는 가입자의 손실을 막을 수 있는 제도적 장치가 없다. 나는 여기에 대한 보완이 시급하다고 생각한다.

이런 현실을 감안하여 최근에는 가입 초기(3개월)에 해약을 해도 원금의 93% 이상을 환급받을 수 있는 상품들이 출시되고 있지만, 여전히 원금의 손실을 감수할 수밖에 없는 것도 사실이다.

따라서 3개월 이내라면, 고객 경제상황의 급격한 변화에 의해 유지할 수 없는 상황이 되거나 상품에 대한 이해가 부족한 상황에서 보험에 가입하여 이를 취소하고 싶은 경우 등 보험을 유지할 수 없는 때에는 설계사의 불완전 판매 여부와 상관없이 소비자 보호 차원에서 납입한 보험료 전액을 돌려주는 것을 제도화해야 한다고 본다. 이를 통해 보험 소비자 보호를 강화하는 한편, 설계사가 고객의 여러 가지 상황을 고려하고 상품 설명을 더욱 상세히 할 수 있도록 독려할 수 있다. 또한 이러한 소비자 보호 차원의 노력들은 불완전 판매 평가를 할 때 제외하는 것을 검토할 시점이 왔다고 생각한다.

A⁺에셋은 고객의 급격한 상황 변화와 중도해지 등에 의한 손실을 줄일 수 있는 방안을 다각도로 연구 중이다. 또한 오더메이드 상품 등에 이런 점이 반영되도록 최선을 다하고 있다.

A⁺에셋, 고객 이익이 최우선인 회사

여러 회사의 금융상품을 비교·분석하여 고객에게 최적의 상품을 제안하는, 즉 독립적 금융판매전문회사를 지향하는 우리의 모델은 자사의 상품만을 파는 전속 방식보다는 훨씬 더 고객 중심적이다. 먼저 특정 회사에 속하지 않았기 때문에 정직하고 투명하게 정보를 공개할 수 있다.

전속 금융 판매인은 자기 회사의 상품만 판매한다. 이때 선택의 폭이 제한적일 수밖에 없다. 예를 들어 전속 금융 판매인을 통해 그 회사의 금융상품을 구입한 사람이 있다고 하자. 그는 시간이 흐른 후 같은 기간 동안 같은 보험료를 납부하는데도 나중에 받게 될 보험금이 다른 회사의 보험상품보다 더 적다는 사실을 알게 될 수 있다. 또는 같은 보험금을 받기 위해 내야 하는 보험료가 다른 회사 상품보다 더 비싸거나 납부 기간이 긴 경우도 있을 수 있다. 이때 고객은 해당 상품을 소개한 전속 판매인에게 항의할 것이다. 그러면 그 판매인은 뭐라고 답할까? 솔직한 대답을 회피하거나, 자기 회사 상품 중에는 그게 최고라거나, 다른 회사 상품에 대해서는 몰랐다는 식의 변명밖에 할 수 없다. 그러나 GA는 이런 위험을 구조적으로 방지하고 있다.

여러 보험회사의 다양한 보험상품을 판매하는 GA 모델이라고 해서 그것 자체만으로 고객 중심성이 완벽하게 보장되는 것은 아니다. 현재 GA는 보험 제조사로부터 판매 수수료를 받는 구조이기 때문에 판매자의 이익이 높은, 즉 수수료가 높은 상품으로 기울 가능성이 여전히 존재한다. A⁺에셋은 이런 한계를 극복하기 위해 각고의 노력을 펼치고 있다. 경영철학과 원칙, 기업문화는 물론 마케팅 방법론 하나하나까지 고객 중심 가치가 스며들도록 했다. 정직과 투명한 공개를 생명처럼 여기는 것이다. 그리고 교육과 대화를 통해 끊임없이 공감을 이루어간다.

구체적으로 우리가 마케팅을 하는 과정을 사례로 들어보겠다. 고객 한 분이 나를 찾아와서 그간 가입한 수십 개 상품에 대해 이야기하며 본인이 가입한 상품이 가장 이상적인가를 문의했다. 얼핏 보아도 보험 종류가 30가지가 넘어 보였다. 나는 즉시 재무 컨설팅을 전담하는 CFP(Certified Financial Planner)● 내 증권분석팀 담당자를 불러 검토를 요청했다. 그리고 이 일을 처리하는 원칙으로 '고객에게 가장 유리한 방향으로 컨설팅하고, 가능하면 기존 계약 건은 계속 유지하는 데 초점을 맞추라'고 지시했다.

1주일 후 내가 지켜보는 가운데 담당 증권분석팀 담당자가 고객에게

● CFP: 미국 CFP Board가 국제적 기준에 따라 윤리, 교육, 경험, 자격시험의 4가지 기본적인 자격인 증요건(4E's)을 충족하는 전문 인재를 선발하여 종합 금융 서비스를 제공할 수 있는 자격을 인증한 전문가를 말한다. 보험, 투자, 은퇴, 세금, 상속, 부동산 등 종합 재무설계를 수행한다.

직접 브리핑을 했다. 두 시간 정도의 브리핑이 끝난 후 그 고객이 "내가 그간 가입한 보험에 대해 너무나 무지했다. 단순히 권유한 사람의 얘기만 듣고 가입한 상품이 가장 저렴하고 보장이 좋은 것인 줄 알았다. 큰 회사에 가입하는 것이 수익률(사업비 부문 포함)도 좋을 것이라 막연히 믿어왔는데 완전히 속았다"라고 말하며 분개하던 모습을 잊을 수 없다. 그리고 "이런 서비스를 받을 수 있어 너무 감사하다. 이렇게 나의 입장에서 각 상품을 종합 비교하여 설명을 들은 것은 처음이다"라며 진심으로 고맙다는 말을 몇 번이고 반복했다.

이때 중복 가입된 상품 등 총 6건의 보험을 해약하고 부족한 보장 내용을 추가하고 저축성 상품을 포함하여 A⁺에셋이 추천한 신종 상품 총 3건을 추가로 가입했다.

만약 처음부터 새로운 계약을 체결할 생각으로 고객의 기존 계약 상품에 건건이 흠을 잡아 해약을 유도했다면 고객은 결코 우리를 신뢰하지 않았을 것이다. 특히 우리는 과거에 가입한 일부 보험은 보장 면에서 훨씬 뛰어난 상품이라는 사실을 인지시키고, 추가로 필요한 보장 내용을 신규 계약으로 유도해 고객의 이익에 철저하게 초점을 맞춘 정직하고 투명한 마케팅을 했기 때문에 고객의 신뢰를 얻을 수 있었다.

이렇듯 고객 이익을 최우선으로 하는 경영철학은 금융 비즈니스를 하는 데 최우선이 되어야 할 것이다. 덧붙여 나는 한국 금융산업 전체에 제도적인 변화가 빨리 일어나기를 학수고대한다. 금융회사나 재무설계사들이 제조사의 이익이나 수수료 수입이 아니라 고객의 이익을 최우선적으로 고려하는 독립적인 재무설계 형태로 빨리 변화되기를 바란다. 그래야 '따뜻한 금융'이라는 구호가 더욱 현실화될 수 있기 때문이다.

금융 민주화와 A⁺에셋의 미래

2013년 3월 26일과 27일 이틀 동안 조선일보사 주최로 '아시아 리더십 콘퍼런스'가 열렸다. 이 행사에서 세계 경제 회복과 발전을 위한 중요한 화두가 제시되었는데 바로 '금융 민주화'이다. 콘퍼런스 발제자로 나선 글로벌 금융 거물들은 "금융 민주화가 이루어지지 않아 돈을 더 벌어야 할 보통 사람들이 좋은 금융상품에 가입하지 못하고 있다"고 지적하며 "모든 계층에게 좋은 금융상품을 제공해야 한다"고 역설했다. 그리고 "금융회사들은 금융 지식을 사회 전체로 보급해야 한다"고 강조했다.[8]

이러한 논의는 현재까지의 금융이 정보와 지식의 폐쇄성을 바탕으로 금융회사와 소수 부자의 이익만을 추구해왔다는 반성적 성찰에 근거를 두고 있다. 그리고 앞으로의 금융은 보통 사람들, 가난한 사람들을 포함한 사회 전체의 복리를 좇아야 함을 강조한 것이다.

금융 민주화를 위해서는 그동안 금융 혜택에 소외된 사람들을 위한 좋은 금융상품이 많이 나와야 하고 사람들이 여기에 쉽게 접근할 수 있도록 길을 터놓아야 한다. 금융 정보 비대칭 현상도 사라져야 한다. 정확한 정보를 공개하지 않은 채 자기 회사의 단기적 이익을 추구하던 태도를 버릴 때 금융 민주화에 다가설 수 있을 것이다.

나는 A⁺에셋이 금융 민주화를 이루어가는 한 축이 되기를 기대한다. 우리가 고객에 대한 풍부한 이해와 함께 경제와 금융에 대한 지식으로 철저히 무장하고 고객이 자신에게 가장 유리한 좋은 금융상품을 발견하고 접근할 수 있도록 양질의 서비스를 제공하는 것이 그 방안일 터이다. 그리고 다양한 고객의 요구를 결집해서 금융회사들에게 좋은 금융상품을 만들어달라고 요구할 수도 있을 것이다. 그런 점에서 A⁺에셋과 같이 고객 이익을 철저히 지향하는 회사가 늘고, 이것이 금융판매 전문회사와 같은 시스템으로 정착되며, 양심과 전문성을 갖춘 독립 재무설계사가 제대로 활동하는 것이 금융 민주화를 앞당기는 중요한 방편이라 믿는다.

고객과 함께하는 근본적 이익을 꿈꾸며

가치가 이익에 우선한다고 강조하다 보니 비즈니스를 하는 사람이 성직자처럼 살아야 한다는 것처럼 말한 형국이 되어버렸다. 그렇지만 기업은 이익을 추구해야 한다. 이는 기업의 존재 의의이며 사명이다. 관건은 이익을 추구하는 방식과 과정이다. 여기서 역설적 선언이 하나 필요할 것 같다. "기업이 가치를 좇아가는 과정이 곧 이익을 추구하는 과정이 될 수 있다." 이 말은 모순된 수사법 같지만 지극히 현실적인 분석이다. 경쟁이 난무하는 비즈니스 현장에서 전혀 일어날 것 같지 않은 일이 실제로는 일어나고 있다는 사실을 외면해서는 안 되겠다.

양심적 민족 기업가로 손꼽히는 고(故) 유일한 박사가 설립한 유한양행은 가치를 추구하는 기업으로 정평이 나 있다. 유한킴벌리 등 관계회사들도 같은 가치를 지향한다. 그런데 이 기업의 경영자들은 가치 실현을 우위에 두고 사람을 중시할 때 오히려 기업 이익이 늘어나며 직원들의 복리도 향상되는 역설적 현실을 경험했다고 말한다.[9]

키스팬이라는 미국의 에너지 기업은 가스 요금을 내지 못하는 가난한 고객에게 융자를 제공하는 등의 가치 경영을 펼치는 동안 경영 부진에서 벗어나 높은 이익을 거둘 수 있었다. 그런데 그 기간 부도덕한 이익에 혈안이 되었던 에너지 기업 엔론은 파산을 경험했다.[10]

이순신 장군이 말한 "필사즉생 필생즉사(必死卽生 必生卽死)" 원리가 기업 세계에서도 적용되는 것이리라.

사람이 이익을 생각하는 것은 자연스러운 일이다. 그런데 이익을 추구하는 것 자체가 문제가 아니라, 어떤 이익이냐가 중요하다. 어떤 이는 초단기 이익을 바란다. 대표적인 곳이 도박판이다. 금융이나 부동산 분야에서도 초단기 이익을 노린 투기가 횡행하기도 한다. 나는 지난 수십여 년 금융 일선에서 일하며 수많은 사람을 만나보았지만 초단기 이익을 통해 지속적인 부를 형성하거나 유지한 인물을 단 한 명도 찾을 수 없었다.

장기적인 이익을 추구하지만 당면한 이해관계의 덫에 매이는 경우도 많이 벌어진다. 눈앞에 이익이 보이는데 이를 애써 외면하기는 쉽지 않다. 그래서 현실과 타협하곤 한다. 고객의 이익에 어긋난 행동이나 눈속임을 하고 때로는 중요하지만 당장 이익이 되지 않는 일을 방치하기도 한다. 그런데 항상 여기서 문제가 발생한다. 깨진 유리창을 그대로 두면 이곳을 통해 도둑이 들고 쓰레기가 쌓인다. 결국 그 공간 자체가 완전히 망가지고 만다. '이 정도는 괜찮다'고 생각하는 곳, 잘 드러나지도 않은 데다 달콤하기도 한 바로 그곳에서 큰 손실이 빚어진다.

반면 우리가 추구해야 할 진짜 이익은 근본적이고 장기적인 것이다. 앞서 말한 여민해락(與民偕樂) 정신이 살아 있어야 한다. 이는 고객과 함께함으로써 얻는 궁극의 이익이다.

예를 들어 어떤 고객이 자신이 보유한 펀드에 대해 컨설팅을 의뢰해 왔다고 가정해보자. 이때 한 금융 전문가가 기존 상품의 단점을 찾아 비판을 하며 그 계약을 해지하고 새로운 펀드로 가입을 유도했다고 하자. 그러면 그 고객은 금융 전문가의 속내를 눈치채지 못할까? 아니다. 고객은 그가 무슨 짓을 하고 있는지 금방 알게 될 것이다. 그러니 다른 금융기관의 전문가가 추천한 포트폴리오라 하더라도 고객의 니즈에 맞게 구성되어 있다면 "좋은 포트폴리오니까 그냥 장기간 가지고 계시는 게 좋을 것 같습니다. 이미 좋은 파트너와 거래하고 계시군요"라며 고객이 보유하고 있는 포트폴리오 중 잘된 부분을 먼저 부각시키고 가능한 최소한의 보완만 했으면 좋겠다고 제안하는 것이 옳다. 이럴 때 고객은 오히려 큰 신뢰와 감동을 받아 '지금까지 접해왔던 많은 금융 세일즈맨과는 다른 사람이구나'라고 생각할 것이다. 이 사람은 고객을 위해, 철저히 고객의 이익을 중심으로 생각한다는 신뢰를 받게 될 것이고, 그 고객은 더욱 빨리 마음의 문을 열기 시작하고 자신의 자산관리를 더 많이 맡길 것이다.

자기 이익, 즉 수당이 높다는 이유로 고객에게 상품을 제안하는 재무설계사는 반드시 후회할 때가 올 것이다. 자신의 이익에 눈먼 재무설계사는 결국 시간이 지날수록 스스로 도태되고 만다. 고객은 상담 과정을 통해 스스로가 최고의 수혜자라고 생각할 때 그 설계사에게 마음의 문을 열고 도움을 받으려고 할 것이다. 즉 고객의 이익을 우선적으로 추구할 때 금융 마케팅은 더욱 빛을 발할 것이다.

나는 기회가 있을 때마다 이렇게 말한다.

“고객의 이익을 위해 우리가 좀 덜 버는 길을 택합시다. 사업비를 낮춰 고객이 만족하게 합시다. 이것이 단기적으로는 손해처럼 느껴질지 모르지만, 장기적이고 근본적인 관점에서는 이익입니다. 고객의 신뢰를 동반하는 이 장기적인 이익은 잠시 잃는 단기적인 이익과는 비교할 수 없을 만큼 큽니다.”

고객의 행복을 위해
생애 전체에 초점을 맞춘다

危而不持, 顚而不扶, 則將焉用彼相矣(위이부지, 전이불부, 즉장언용피상의).

2,500년 전 공자는 긴 세월이 지난 후 세상에 금융이나 보험업이 생길 것을 예측이라도 한 것일까? 그는 금융과 보험을 하는 사람이 금과 옥조로 삼아야 할 메시지를 《논어》〈계씨〉편에 남겨두었다.

풀이하면 "위태로운데 붙잡아주지 못하며, 넘어지는데 부축하지 못한다면 앞으로 저 맹인의 조수를 어디에 쓴단 말인가?"라는 뜻이다. 임금을 보좌하는 재상의 역할을 강조하는 취지로 한 말이지만, 나는 우리 업에 딱 들어맞는 교훈이라 생각하고 기회가 있을 때마다 곱씹곤 한다. 고객이 위험할 때 붙잡아주고 넘어질 때 부축하는 것이야말로 금융, 특히 보험의 주된 역할이 아니겠는가. 이 역할을 하지 못한다면 제

아무리 크고 수익성이 좋은 금융기업이라 하더라도 아무런 존재가치가 없다고 본다.

보험회사의 재무설계사들은 예기치 않은 인생의 위험과 불행을 겪는 고객이 자신이 판매한 보험상품에 의지해서 난관을 돌파하는 것을 볼 때 가장 행복하며 직업적 긍지를 느낀다고 말한다.

우리 회사가 궁극적으로 추구하는 것 역시 마찬가지다. 삶의 위기에 처한 고객의 지지대가 됨으로써 그가 행복을 지키는 데 이바지하려 한다. 그리고 자신이 곤란을 겪게 될 때를 대비해둔 고객이 큰 걱정 없이 편안하게 일상을 영위할 수 있도록 돕는 든든한 '믿는 구석'이 되려 한다.

인생은 고통의 바다(苦海)에 비유된다. 어떤 의미에서 사람의 삶은 아픔과 위기의 연속이다. 죽음도 위기이고 때로는 사는 것도 위기다. 갑작스러운 죽음은 남은 가족을 한없이 막막하게 만들지만, 수입이 없이 오래 사는 것 역시 고통을 준다. 자신이나 가족이 다치거나 아플 때도 있고, 힘겹게 가꾸어온 재산이 불의의 사고로 사라지는 허망함도 있다. 의도하지 않게 남에게 손해를 끼쳐 그것을 갚아야 할 때도 있다.

이럴 때 가족과 친지, 친구 등 사람이 힘이 된다. 신앙심은 궁극적 위로와 평안을 준다. 그리고 보험은 현실적인 도움을 제공한다.

A⁺그룹의 모태는 보험이다. 이것은 불현듯 찾아든 위기로 잠시 휘청거리는 사람을 부축해줌으로써 그가 행복을 되찾는 과정에 부족하나마 현실적인 도움을 제공하는 소중한 사업이다.

그런데 나는 욕심이 더 컸다. 이것만으로는 무엇인가 부족하다는 생각을 했다. 치명적인 위기만 인생의 행복을 가로막는 것은 아니기 때문이다. 나는 비교적 무난해 보이는 삶에도 굴곡이 존재하고 그때마다 솔루션이 필요함을 보아왔다. 이럴 때에도 작은 힘이나마 보탤 수 있다면 정말 쓸모 있는 조수가 될 수 있을 것이다.

그래서 고객의 일상에 더 가깝고 구체적으로 다가서고 싶었고 이왕이면 고객의 인생 전체에 접근하고 싶었다. 그리고 이 바람을 구체적인 사업과 연결해야겠다는 비전을 품게 되었다. 그 결과 생긴 개념이 고객의 생애 전체에 걸친 서비스를 제공하는 '토털 라이프 케어 그룹(Total Life Care Group)'이다.

고객의 인생 전체에 걸친 도움을 제공하겠다는 비전은 원대한 것이다. 굳건한 철학의 토대 위에 서 있어야 하며 일관된 원칙으로 사업을 운영하며 합리적인 기법과 도구를 잘 활용할 수 있어야 한다. 그래야 이 비전에 가까이 갈 수 있다.

우리는 이 목표에 다가서는 현실적 방안으로 A⁺에셋을 중심으로 한 몇 개의 자회사를 설립했다. 이 자회사들의 성격은 다각화나 분산투자와는 거리가 멀다. '토털 라이프 케어'의 공통 목표를 위해 유기적으로 결합되어 있기 때문이다.

보험과 금융의 본질적 가치를 회복한다

A⁺그룹은 먼저 보험과 금융의 본래 가치를 살리는 데 주력한다. 현대인의 삶은 다양하다. 가치관과 직업, 성향, 가족관계, 현재 재정 상태와 재산의 성격 등에 따라 대비해야 할 위험도 천차만별이다. 우리는 이러

한 고객의 상황과 요구를 제대로 파악하는 것에서 시작한다.

고객 이해를 위해서는 높은 수준의 전문성이 필요하다. 경제와 금융 전반의 동향을 파악하고 세금, 법률, 상속 등의 변수를 고려해야 한다. 현재 나와 있는 수많은 금융상품의 성격도 꿰고 있어야 한다. 이런 지식과 컨설팅 능력은 CFP본부를 축으로 모든 TFA에게 공유된다. 그래서 고객에게 가장 적합하고 유리한 보험을 선택하고 추천할 수 있다.

고객을 상담하며 그분의 보험 가입 상황을 살펴보면 안타까운 때가 많다. 실제 손해 금액만 보상하는 보험을 여러 개 중복해서 가입함으로써 나중에 한 곳에서만 보험금을 받을 수 있게 되어 있는 경우, 실효성이 없는 부분에 버거운 보험료를 내고 있으면서 정작 절실한 위험 대비를 위한 상품은 없는 경우 등도 있다. 보험금, 보험료, 기간 면에서 불리한 상품에 들어 있는 경우는 비일비재하다. 이런 식이면 "어디에 쓴단 말인가?"라는 공자의 호된 질책을 피할 수 없다. 보험이 보험다운 쓸모가 있게 함으로써 고객의 인생 리스크와 재산 형성에 기여하고자 하는 것이 A⁺에셋의 첫 번째 역할이다.

보험이 제 기능을 발휘하기 위해 뒷받침되어야 할 부분으로 손해에 대한 정확한 측정을 들 수 있다. 보험 가입자와 보험회사 모두 보험사고가 났을 때 손해에 대한 정당하고 합리적인 보장을 주고받는다는 신뢰가 전제되어야 한다. 그래서 객관적인 조사가 꼭 필요하다. 이것을 위해 A⁺손해사정이 업무를 담당하고 있다.

앞에서 삶의 리스크에 대비하는 동시에 재산을 관리하고 불리는 보험의 역할에 관해 이야기했는데, 재산 관리와 증식 측면에서 보험은 완전한 도구가 되지 못한다. 이 점은 금융 전체가 마찬가지다. 재산 중에 부동산이 차지하는 비중이 크기 때문이다. 한국인의 가계자산 구조는 평균적으로 70% 내외의 부동산과 30% 내외의 금융자산으로 구성되어 있다. 부동산 경기가 좋든 나쁘든 관계없이 주택, 토지, 건물 같은 부동산은 우리나라 사람의 중심 재산이다. 이런 부동산을 빼놓고 종합적인 고객 자산관리를 한다는 것은 어불성설이다.

이처럼 고객에게 중요한 부동산 자산관리 서비스를 제공하고자 설립된 자회사가 A⁺리얼티이다. 이 회사는 부동산 중개, 컨설팅, 관리, 마케팅, 경·공매, 담보대출, 매입·매각, 임대차, 프로젝트 매니징 등의 종합적인 부동산 관리 서비스를 제공한다.

누구나 인생을 살면서 자금이 필요한 때를 여러 차례 겪는다. 이럴 때 저축이나 보험을 통해 미리 준비된 돈이 있다면 좋겠지만 그렇지 못한 경우도 많다. 그래서 금융의 '여신' 기능이 중요하고 고객의 일상에서 '대출'이 중요한 의미를 갖는다. 고객이 자신에게 가장 유리한 보험과 금융·투자 상품을 선택하도록 돕는 것이 중요한 일인 것처럼 돈을 빌려야 할 고객이 가장 적합하고 유리한 조건에서 대출을 받을 수 있도록 돕는 것 또한 큰 가치가 있다. 우리는 이 점에 주목했다. 그래서 금융의 양대 축 중 하나인 대출 서비스를 고객 친화적으로 제공하기 위해 대출모집법인 A⁺모기지를 설립하여 운영하고 있다.

출생에서 사망까지, 인생 전체를 서비스하라

지금까지 고객이 삶의 위기로부터 행복을 지키고 재정적 풍요를 통해 행복을 더 가꿀 수 있도록 관련된 서비스를 제공한다는 사명을 실천하기 위한 A⁺그룹 여러 자회사의 노력에 관해 이야기했다.

그런데 금융과 재정만으로 사람의 행복을 지키고 가꿀 수는 없다. 사랑과 존경, 우정, 의리, 신뢰, 감사 등 돈으로 살 수 없는 소중한 것들이 너무나 많다. 물론 이를 위해 효과적으로 돈이 사용된다면 긍정적인 역할을 할 것이다.

돈으로 살 수 없는 행복의 덕목 중 대표적인 것으로 건강을 들 수 있다. 금융으로서의 보험은 질병에 걸렸을 때 치료와 생활에 필요한 돈에 대해 대비하는 것이다. 그렇다면 건강 그 자체에 대한 보험은 존재할 수 없을까? 이런 고민을 하던 중에 A⁺에셋에 적합한 헬스케어 서비스를 할 수 있는 기회를 얻게 되었다. 자회사 A⁺라이프가 진행하고 있는 '셀뱅킹'이 그것이다.

이것은 고객이 젊은 시절 자신의 성체줄기세포와 면역세포를 추출하여 보관함으로써 미래에 닥쳐올 질병에 대비하는 것이다. 의료 기술 발전으로 세포치료제가 상용화되고 있다. 이런 혁신적 기술을 바탕으로 앞으로 질병을 치료할 가능성을 높이고 노년에 세포 활성도 저하에 대비할 수 있다. 치료비뿐만 아니라 치료제까지 저축한다는 개념은 우리의 '토털 라이프 케어'에 잘 부합한다고 할 수 있다. A⁺라이프는 한국줄기세포뱅크의 셀뱅킹 판매에 대한 독점권을 확보하고 우리 방식의 헬스케어 서비스 추진에 박차를 가하고 있다.

사람의 삶은 출생에서 시작해 죽음으로 마무리된다. 고객의 행복을 지향하는 토털 라이프 케어의 마지막 단계도 죽음과 관련이 있다. 의미 있는 장례를 통해 떠나시는 길을 배웅하는 것이다. 우리는 자회사 A⁺라이프의 '효담' 브랜드로 상조 서비스를 제공하고 있다.

나는 직장생활을 하던 당시 삼성의료원 영안실이 발전된 장례 서비스를 만들고 그것이 표준처럼 확산되는 과정을 자세히 지켜볼 기회가 있었다. 그때 우리 장례 서비스가 최소한 이 정도로 품위 있고 비용 면에서도 투명해야 한다고 생각했다. 그리고 이 기준과 원칙을 도입한 상조 서비스를 만들어 사업을 전개하고 있다.

A⁺라이프의 상조는 우리가 다른 사업에서 하는 것과 똑같이 고객 친화적이며 정직한 서비스를 하기 위해 혼신의 힘을 기울이고 있다. 망자를 보내는 사람들은 이것저것 꼼꼼히 따지지 않는다. 그만큼 부정직이 개입할 여지가 크다. 그래서 약속한 장례용품을 그대로 사용하고 실비를 정확하게 정산하는 원칙을 준수하는 일이 중요하다. 마음 편히 가족을 보낼 수 있게끔 서비스의 품질도 높아야 한다. A⁺라이프는 종교에 따른 맞춤 서비스, 사전·사후 서비스, 만족도 평가 시스템 등을 통해 이를 실현한다. 그리고 고객들이 납부금을 관리하는 과정에서도 신뢰와 만족이 동반되도록 노력한다. 납부금 전용 및 만기 환급금 100% 지급 등의 제도가 그 일환이다.

지금까지 이야기한 A⁺그룹의 모든 회사와 사업은 한 몸처럼 '고객 생애 전체에 걸친 행복 창조'라는 사명을 좇고 있다. 고객이 삶의 여러 차원에서 행복을 누리기 위해 필요한 것이 다양하므로 우리의 업무 내용이 나뉠 뿐 생애 전체에 걸친 서비스를 제공한다는 점에서 A⁺그룹은 하나다.

그리고 A⁺그룹의 회사와 사업들은 서로 유기적으로 얽혀 있다. 고객은 다양한 서비스를 같은 경로를 통해 편리하게 받을 수 있고 우리는 사업 간 시너지를 창출하고 있다. 또한 어떤 업무든 고객 중심에서 정직하고 투명하게 한다는 철학과 원칙은 일관적이다. 이런 일관성 하에서 각각의 사업들은 자기 분야의 혁신적 선도자가 된다는 비전을 품고 건실한 성장을 일구어가는 중이다.

직업적 긍지와 자부심으로 무장한 TFA

우리 고객 K씨는 성실하고 온화한 사람이었다. 그는 한 중소기업의 무역 담당 부장으로 근무했는데 일처리가 뛰어나고 인간관계도 폭넓어 직장에서 평판이 좋았다. 고등학교와 중학교에 다니던 두 자녀에게도 더없이 자상한 아빠였다. 그와 가족들은 풍족하지는 않지만 단란하고 행복한 삶을 살고 있었다.

그런데 어느 날 K씨는 갑작스러운 심장질환으로 세상을 떠나고 말았다. 온 가족이 슬픔에 젖었다. 장례가 끝나고 마음을 추스른 후에는 생계의 막막함이 그 슬픔 위에 더 포개졌다. 이 암울한 가족들에게 한 가닥 희망의 빛이 비추어졌다. K씨가 가족 모르게 보험에 가입해둔 것이다.

K씨는 세상을 떠나기 6년 전 가족들을 바라보며 가장으로서 삶의

무게를 느꼈다고 한다. 혹 자신에게 갑작스러운 일이 생긴다면 어떻게 될까 두려운 생각이 들었다. 그는 보험에 들기로 결심하고 보험설계사를 만났다. 그 보험설계사는 종신보험을 권했는데 자신이 없을 때 가족이 생활할 만한 보험금을 받기 위해서는 매달 내야 하는 보험료가 너무 컸다. 그래서 엄두를 내지 못하고 있던 차에 우리 회사 TFA와 상담을 하게 되었다. 그는 보험회사의 상품이 셀 수 없이 다양하고 조건 또한 제각각인 것을 알고는 놀랐다고 한다. 그리고 지금 자기 필요에 맞게끔 보험료는 저렴한 대신 일정 기간의 사망 위험만 보장받는 정기보험과 실손건강보험을 추천받아 가입한 후 세상을 떠나기 전까지 납입하고 있었던 것이다.

K씨 가족들은 보험금으로 프랜차이즈 제과점을 인수했다. 남편과 아빠를 먼저 보낸 아픔이 남아 있지만 서로 다독이며 여전히 단란한 삶을 살고 있다. 이 가족들은 보험을 판매한 TFA에게 큰 고마움을 느끼고 있다. 만약 K씨가 자신에게 적합한 보험을 찾지 못하고 보험 가입을 포기했다면 어떻게 되었을까? 그 TFA 역시 보험인으로서, 그리고 가장 고객 친화적인 상품을 추천하는 문화와 원칙을 지닌 A+에셋의 일원으로서 가슴 뿌듯한 긍지를 느꼈다고 한다.

A+에셋에서는 K씨와 비슷한 사례를 어렵지 않게 접할 수 있다. 사고는 안타깝지만, 뒷일을 대비했다는 점에서는 불행 중 다행이고 일말의 위로로 삼을 수 있다.

이처럼 보험은 가치 있고 소중한 일이다. 보험이 있기 때문에 가족의 미래를 짊어진 가장이 걱정 없이 일할 수 있다. 치료비와 치료 기간 중 생활비가 엄청나게 많이 드는 중병에 걸렸을 때 가산을 탕진하지 않고 치료에 집중할 수 있다. 보험에 위험 부담을 넘겼기 때문에 도로에 자동차가 시원스레 달리고 공장이 가동될 수 있다.

세상에는 무수한 금융상품이 존재하지만 가장 깊은 역사와 전통을 가진 것이 보험이다. 현대적 형태의 보험이 출발한 것은 1762년으로 영국의 에퀴타블보험이 효시다.

그런데 최초의 보험설계사들은 어떤 사람들이었을까? 바로 성직자들이었다. 그만큼 보험을 성스럽게 생각했기 때문이다. 종교에서 구원은 삶과 죽음을 아우르는 총체적인 것이다. 그런데 믿음은 사후의 구원을 약속하지만, 그것만으로 급박한 현실을 지탱할 수는 없다. 생계가 막막할 때 현실적·재정적 결핍에서 가족을 구원할 수 있는 한 가닥 동아줄이 바로 보험이다. 그래서 신자들이 신과 가족에 대한 책임을 다할 수 있도록 보험을 권하는 일은 그 당시 교회와 성직자들의 중요한 사명 중 하나가 되었다.[11]

1853년 모세 나프는 《생명보험 과학에 대한 강의(Lectures on the Science of Life Insurance)》라는 책에서 이렇게 썼다. "생명보험은 이익 추구에 기반을 두고 있지만 그래도 자선으로 엮여 있다. 대단한 이기심 또는 돈을 움직이는 비즈니스의 힘과 가장 신성한 박애의 동정심이 혼합되어 있다."[12]

보험은 믿음직한 버팀목이었던 가장을 잃고 실의와 절망에 빠진 미망인과 고아의 눈물을 닦아줄 수 있는 따뜻한 손길이 되었다. 그리고 고통 속에 신음하면서 치료의 끈을 붙잡고 있는 중환자들에게 작은 희망의 불꽃이 되었다.

딱딱하기 그지없는 벽돌에 사랑을 담으면 가정이 되고 싸늘한 시멘트 덩어리에 교육을 담으면 학교가 된다. 이와 마찬가지로 얇고 작은 종잇조각에 사랑을 담으면 행복이 된다. 돈을 주고 사랑을 살 수는 없지만 돈에 사랑을 담을 수는 있다. 돈에 사랑을 담는 방법이 바로 보험이다.

보험설계사의 역할이 더욱 중요한 한국 사회

성스러운 가치를 담고 출발한 보험은 서구 사회의 선진 문화로 자리 잡았다. 미국 젊은이의 70% 이상은 취업 후 1년 이내에 정기보험이나 종신보험 같은 보장성 보험에 가입한다. 이어서 자신의 소득 규모에 맞게 노후연금을 든다. 이것은 지극히 자연스럽고 당연한 문화가 되었다. 가족에 대한 최소한의 배려이며, 미래를 위한 필수 준비이기 때문이다. 미국에서 유학하며 그들의 문화를 가까이서 본 분들은 귀국 후 종신보험에 가입하는 비중이 굉장히 높다.

우리나라 국민의 보험가입률은 높은 편이다. 2007년 보험개발원 조사에 따르면 한국인 중 95.6%가 보험에 가입해 있다. 그러나 내용은 그리 건전하지 않다. 우선 사망보험 가입률이 40% 내외로 낮다. 80% 가까이 되는 미국이나 일본과 비교하면 현저히 낮은 수준이다. 가장 유고 시 보장금액도 턱없이 적어서 남은 가족들의 생계를 충분히 대비하지 못한다. 2011년 상반기 사망보험금을 받은 사람 중 90% 가까이가 5,000만 원 이하의 금액을 받았다. 1인당 평균 사망보험금 수령액은 1,850만 원에 그쳤다.[13]

각 가구당 보장자산 규모를 비교한 데이터를 보면 우리나라 보험의 취약성이 그대로 드러난다. 미국은 가구당 보장자산이 5억 7,000만 원, 일본은 2억 4,000만 원인데 우리나라는 9,000만 원에 불과하다. 미국인은 연소득의 5.8배, 일본인은 2.8배를 보장자산으로 준비하는데 우리는 1.6배 정도만 준비하고 있는 셈이다.

이런 상황은 우리 보험이 제구실을 하지 못하고 있음을 여실히 보여준다. 한국인의 60세 이전 사망률은 19.1%이다.[14] 회갑을 맞아 초등학교 동창을 초대하기 위해 50명에게 연락을 하면 그중 10명은 이미 세상을 떠나고 없음을 알게 된다. 50세 이전 사망률도 8% 정도 된다. 그런데 우리나라에서는 전체 사망자 가족의 16%만이 사망보험금을 타고 보장금액도 5,000만 원 이내가 대부분이다. 현재 한국의 가족이나 경제 구조를 생각하면 위험천만한 환경이 조성되어 있다.

노후 준비 상황도 바람직하지 못하다. CSIS(Center for Strategic & International Studies, 미국 국제전략연구소)의 보고서 〈The Future of Retirement in East Asia Report〉에 따르면 한국인의 노후 준비 상황은 참담할 정도이다. 미국이나 유럽 선진국과 비교할 것도 없이 다른 아시아 국가들보다도 못한 실정이다.[15]

한국 중년층(40~59세) 중 전문적인 재무상담을 받은 경험이 있는 사람은 24%에 불과하다. 젊은 층(20~39세)은 중년층보다 상황이 나은 편이지만 다른 아시아 국가들에 미치지 못한다. 한국 20~30대 중 저축과 재무설계에 대해 상담을 받은 경험이 있는 사람은 불과 34%이다.

현재 우리나라 은퇴자 중 보험이나 연금저축 수입이 있는 사람의 비율은 14%에 지나지 않는다. 국민연금 등 국가 연금을 받고 있는 은퇴

[그림 1] 재무상담을 받은 경험이 있는 중년층(40~59세) 비율

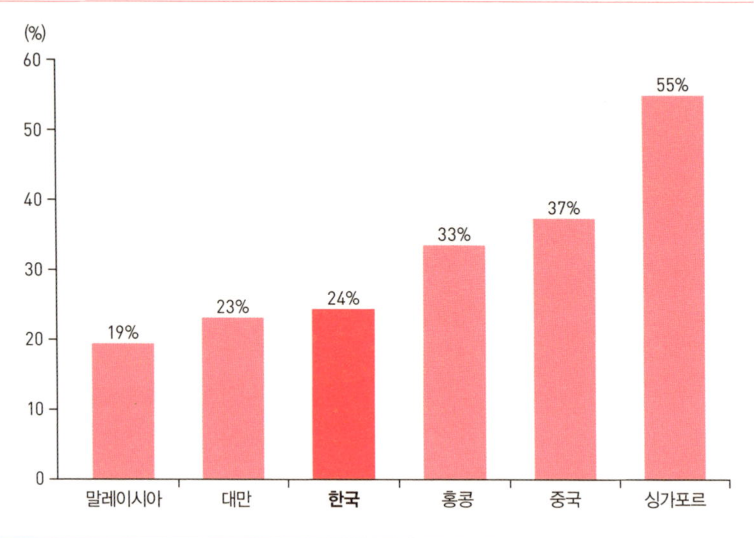

(%)
60
50
40
30
20
10
0
55%
37%
33%
24%
23%
19%
말레이시아
대만
한국
홍콩
중국
싱가포르

[그림 2] 재무상담을 받은 경험이 있는 20~30대 비율

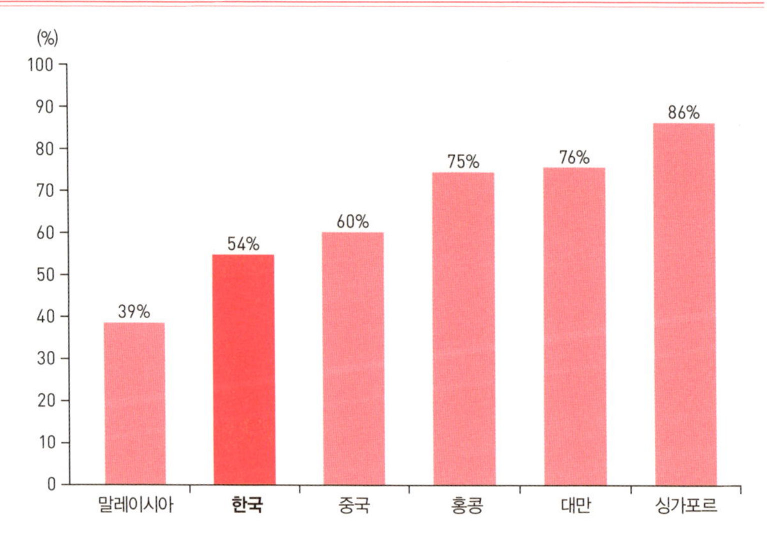

(%)
100
90
80
70
60
50
40
30
20
10
0
86%
76%
75%
60%
54%
39%
말레이시아
한국
중국
홍콩
대만
싱가포르

[그림 3] 보험이나 연금저축 수입이 있는 은퇴자 비율

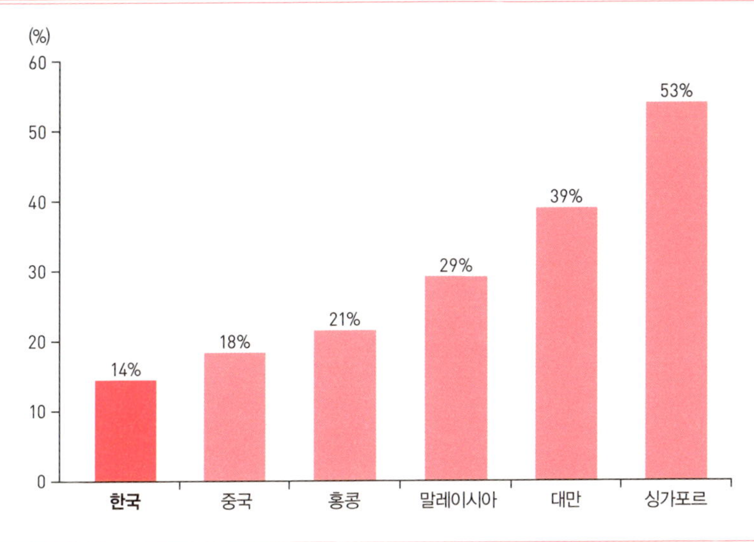

[그림 4] 국가 연금을 수령하는 은퇴자 비율

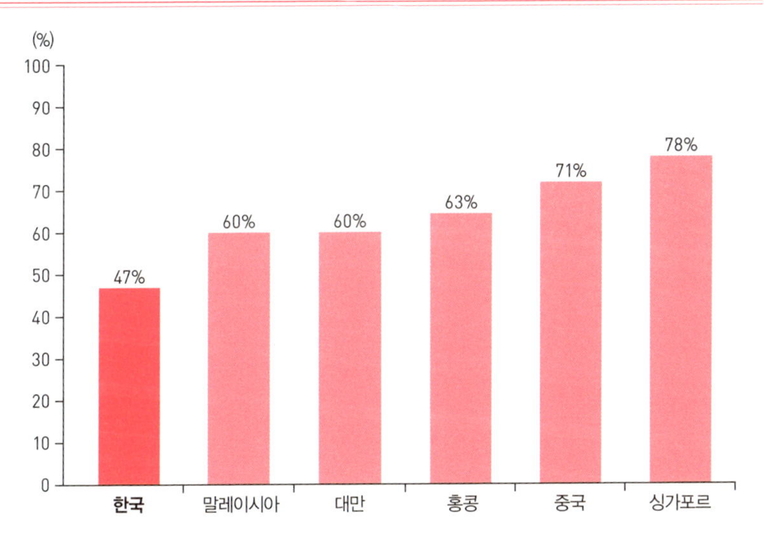

자도 47%에 그치고 있다.

급속도로 고령화가 일어나는 추세를 고려하면 이것은 위험하기 짝이 없다. 노후 준비에 관한 특단의 대책이 필요한 현실이다.

높은 가입률이 무색할 정도로 한국의 보험은 취약하기 그지없다. 보장성 보험 가입률과 가입금액이 훨씬 더 높아져야 한다. 연금 등 노후 준비에도 더 많은 투자가 필요하다. 그래야 우리 사회가 덜 위험하다. 아이들이 안심하고 자랄 수 있는 더 밝고 희망적인 세상이 될 수 있다. 그만큼 한국 보험설계사에게 주어진 과제가 크다.

충분한 사망보장을 하지 못하고 있으며, 노후 준비에도 부족함이 많은 현실에서 보험설계사가 해야 할 일이 너무 많다. 고객의 삶의 질 향상과 사회 발전에 기여해야 하는 사명이다.

한마디로 보험은 사람과 사회 전체를 떠받치는 안전판이다. 가족 행복의 보루이다. 보험에 종사하는 사람은 충분한 자부심과 긍지를 느껴도 된다. 그런데 이상한 일이다. 보험과 보험에 종사하는 사람이 욕을 먹는다. 스스로 자괴감에 빠지기도 한다. 서점에 가면 보험이 천하에 둘도 없는 사기인 것처럼 힐난하는 책이 버젓이 나와 있다. 이것은 부당한 일이다. 도대체 어디에서 이런 문제가 생긴 것일까?

정직을 통한 신뢰 회복이 첫걸음

《논어》에 "虎兕出於柙, 龜玉毁於櫝中, 是誰之過與(호시출어합, 구옥 훼어독중, 시수지과여)"라고 했다. "호랑이와 들소가 우리에서 뛰쳐나오고 거북이와 옥이 궤에서 부서졌다면 이는 도대체 누구의 잘못인가?"라는 뜻이다. 이럴 때 호랑이와 들소, 거북이를 탓하면 될까? 아니면 튼튼하지 못한 우리나 궤에 잘못을 돌릴 수 있을까? 아니다. 이것은 관리하고 운용하는 사람이 책임져야 한다.

대한민국 보험의 현실도 마찬가지라 생각한다. 현실에 맞지 않는 부당한 비난과 불신, 좋지 않은 이미지가 존재하는 것은 보험인, 그중에서도 특히 고객과 접점에서 보험을 판매하는 사람에게 근본적인 책임이 있다.

많은 사람이 보험은 고객의 이익과 부합하지 않는다는 편견을 가지고 있다. 그리고 보험설계사는 고객이 아니라 보험회사 편이라 여기며 의혹의 눈길을 거두지 않는다.

나는 보험 판매 과정에서 정보를 투명하게 공개하지 않기 때문에, 또한 꼭 필요한 정보를 자세하게 전달하지 않기 때문에 불신이 일어난다고 생각한다. 예를 들어 보험료 중에는 설계사 수당 등과 같은 사업비가 포함되는데 각 보험상품의 사업비 비중이 얼마나 되는지 좀처럼 공개되지 않는다.

유사한 상품 중에서 어떤 상품이 가장 유리한지 비교하는 일도 드물다. 심지어는 자기 상품보다 못한 상품들만 비교 대상으로 삼아 자기 상품이 1등인 것처럼 현혹하는 일도 있다. 또한 설계사 중 일부는 고객의 이익을 고려하지 않고 판매 수당이 높은 상품만 권하기도 한다.

물론 이런 부정직한 관행들은 많이 개선되었다. 그러나 아직도 갈 길이 멀다. 끊임없는 혁신이 일어나야 한다. 그리고 거듭 강조하지만 제·판분리의 제도적 정비가 필요하다.

챔피언의 몰락

보험회사에서 최고 영업실적을 올린 설계사들을 보통 '챔피언'이라 부른다. 과거 여성 설계사들이 주를 이루던 시절에는 '여왕'이라고도 했다. 이름이야 어떻든 이들은 높은 실적에 따른 고소득을 올렸다. 그런데 이상한 일이다. 많은 돈을 벌어간 이들의 말로가 비참한 경우가 많다. 내가 보기에 과거 챔피언급 중 절반 이상의 사람들이 재정적인 어려움에 빠져 있는 것 같다. 왜 이런 일이 일어났을까?

한마디로 고객의 이익이 아니라 자신의 이익을 위해 보험을 판매했기 때문이다. 예를 들면 이런 식이다. 어떤 대기업 경영자를 고객으로 둔 설계사가 있다. 그는 이 고객에게 협력업체 관계자들이 자신을 통해 보험을 들어주도록 부탁한다. 이때 협력업체 사람들은 사실상 자기 회사의 목줄을 쥔 대기업 경영자의 부탁을 거절하지 못한다. 그것이 필요하든 그렇지 않든 울며 겨자 먹기로 보험에 가입한다. 이때 설계사와 대기업 경영자 사이에는 거액의 리베이트가 오간다. 이것은 전형적인 강매다. 보험이 담아야 할 숭고한 기능 대신 약한 사람들의 눈물을 사고파는 추악한 거래가 일어난 것이다.

이런 사악한 관행에 빠진 설계사 중에는 "상품은 중요하지 않다. 나는 나 자신을 판다"고 황당한 자랑을 일삼는 사람도 있다. 전혀 그렇지 않다. 상품이 가장 중요하다. 고객이 원하고 고객에게 필요하며 고객에게 이익이 되는 상품을 권해야 한다. 내 이익에 눈이 먼 잘못된 거래는 시장 질서를 파괴하고 사람들이 보험을 바라보는 인식을 부정적으로 만든다.

옳지 않은 방식을 동원한 설계사들은 많은 건수와 거액의 계약을 체결했지만 진정한 소득을 올리지는 못했다. 오히려 빚더미에 깔린 사람도 있다. 너무 쉽게 벌어들인 돈은 허망하게 탕진되었기 때문이다. 그리고 관계를 맺고 있던 고객들도 한 사람씩 그 설계사의 곁을 떠나갔다. 한때 찬란한 왕관을 썼던 여왕이 결국 빚더미에 앉는 안타까운 사례를 우리 주변에서 어렵지 않게 볼 수 있다.

보험설계사라는 직업

우리나라 보험설계사들은 자신의 직업에 대해 어떻게 생각하고 있을까? 그리고 우리 사회는 보험설계사들을 어떻게 보고 있을까? 여기에 대한 조사연구 결과가 몇 가지 있다. 이 조사들을 종합하면 예전보다 많이 좋아졌지만, 여전히 불만족스러운 상태라 할 수 있다.

보험연구원이 2011년에 발표한 〈FC 활동실태 및 만족도 분석〉이라는 조사연구 보고서를 참고해볼 때 우리나라 보험설계사의 직무 만족도는 중간 수준(5점 만점에 3점) 정도였다.[16] 이보다 최근 자료인 2012년 3월 한국고용정보원 〈직업만족도 순위〉에서는 전체 700개 직업 중 38위를 차지해 그 만족도가 높은 편으로 드러났다.[17] 일선에서 보험 마케팅을 하는 사람들은 아직 높은 수준까지는 아니지만 점차 자신의 직업에 긍지를 느끼며 만족하는 단계로 진입하고 있는 것이다.

그런데 보험설계사에 대한 사회적 평가와 인식은 여전히 매우 낮은 수준이다(100점 만점에 50점 내외). 이런 결과는 보험이 우리 사회에서 차지하는 현실적 위상을 고려할 때 매우 실망스러운 수준이다. 사람들은 조사에서 보험이 금융 소비자의 실생활에 필수적이며 미래 성장성이 높다고 답하면서도 FC라는 직업에 대해서는 여전히 부정적 인식을 거두지 않고 있다.

나는 현장에서 보험 마케팅을 담당하는 소중한 사람들이 더 존중받아야 한다고 생각한다. 그들은 우리 사회의 구성원들이 삶의 리스크에 대비하고 불행을 극복하며 가족의 생활을 설계하고 자산을 관리하고 행복을 창조하는 데 없어서는 안 될 중요한 공헌을 한다. 그들은 금융 전문가이며 고객의 상담자이고 메신저인 동시에 멘토이다. 사회적으로 이에 걸맞은 존경심이 있어야 하며 스스로도 긍지를 가져야 한다고 생각한다.

양심적 고소득 전문가를 향해

앞에서 보았듯 보험설계사에 대한 사회적으로 낮은 인식은 부정직한 마케팅 관행이 자초한 탓도 크다. 해결책은 단순하다. 진정으로 고객을 위하고 정직하게 마케팅하는 것이다.

바로 A⁺에셋이 추구하는 마케팅이 바로 보험인의 긍지를 높이고 이미지를 개선시키는 근본적 길인 셈이다. 시간이 더 필요하겠지만, 우리 사회가 보험인들을 인격이 높은 전문가로, 신뢰할 만한 자문역으로 대우하는 순간이 곧 올 것이라 확신한다. 금융판매전문회사를 도입하고 독립 재무설계사를 양성하는 등 제도적으로 독립성이 강화할 수 있다면 그 시점은 더 빨라질 것이다.

보험설계사들은 보험회사에 소외감을 느끼는 경우가 많다. 자신이 하나의 도구처럼 여겨진다고 느낀다. 4대 보험도 없고 퇴직금도 없는 불안정한 신분의 존재라고 토로한다. 나도 이 부분에 대해 공감이 들 때가 많다. 그러나 이것은 설계사들이 회사와 계약을 맺고 활동하는 한국 업계 고유의 방식이다. 설계사들과 보험회사의 관계는 세계 각국이 다 다르다. 미국과 영국, 일본이 제각각이다.

A+에셋의 주인은 TFA이다. 이것은 구호가 아니다. 실제가 그렇다. TFA 중 상당수가 회사 지분을 보유하고 있다. 정년을 60세로 연장하는 문제가 사회적 화두가 되고 있다. 조사해보니 일본은 2013년 5월부터 희망자에 한해 정년을 65세로 연장하는 제도를 시행하고 있다. 미국과 영국은 정년을 아예 폐지했고 프랑스의 정년은 60세라고 한다.

A+에셋은 정년에 대해 전향적인 태도를 갖고 있다. 문제는 나이가 아니라 주인의식과 열정임을 잘 알고 있다. 그래서 A+에셋은 사업가형 지점장들부터 63세에서 66세까지 일할 수 있도록 장치를 만들고 있다.

고객 접점에 서 있는 TFA는 영화의 주연이다. 임직원은 조연이다. 제아무리 조연이 뛰어나도 주연을 돋보이게 하지 못한다면 그 역할을 하지 못하는 것이다. A+에셋은 일선에서 마케팅을 하는 TFA가 중심이 되는 조직이다. 스탭들은 이들을 섬기고 지원하는 역할을 담당할 뿐이다. 우리 회사 각 지점 사무실의 계약 관련 서류를 접수하는 데스크는 다른 회사에 비해 높이가 더 낮다. 일부러 그렇게 주문해서 별도로 제작했다. 예를 들면 TFA가 체결된 청약서 등을 사무 스탭에게 줄 때 위에서 아래로 하사하는 형태를 연상하기 위해서다. 이는 사무를 담당하는 스탭들이 TFA를 섬긴다는 관념을 작은 것에서부터 실천하기 위한 장치다.

A⁺에셋은 TFA의 자부심과 사회적 존중을 중요한 비전과 방향으로 설정하고 있다. 그리고 우리는 임직원들이 TFA를 어떻게 생각하고 대해야 할지에 대한 구체적인 지침을 가지고 있다. 이것을 소개하면 다음과 같다.

TFA를 위한 우리의 행동지침

① 우리 임직원은 영업의 최일선에서 노력하는 TFA께 존경심을 갖고 먼저 다가가 인사한다.

② 우리는 TFA의 청약서 한 장, 한 장마다 우리 임직원 급여가 포함되어 있다는 사실을 명심한다.

③ 우리는 엘리베이터에 회사의 주인인 TFA가 먼저 타고, 먼저 내릴 수 있도록 배려한다.

④ 우리는 TFA께 연령에 상관없이 ○○○ TFA님 등 항상 존대하는 언어를 사용한다.

⑤ 우리는 TFA님들에게 "바쁘다" "어렵다" 등 부정적이고 직설적인 언어는 가능한 사용하지 않는다.

⑥ 우리는 TFA의 요청 사항에 대해 먼저 긍정적으로 검토하고, 만일 긍정적인 답변을 못 할 경우 정중히 예의를 갖춰 그 경위를 소상히 이해할 수 있도록 설명해드린다.

㉠ 우리 지점장은 활기찬 영업 분위기 정착을 위해 조회 준비에 만전을 다하며 특히 TFA와의 동행에 업무의 우선순위를 둔다.

고소득 전문가로 성장하기 위해 갖추어야 할 태도

A⁺에셋 TFA들이 고소득을 올리는 양심적 전문가로 성장하기 위해서는 어떤 업무 태도를 가져야 할까? 나는 크게 세 가지 정도로 나누어 강조하고 있다.

그 첫 번째는 우리의 자화상(自畵像)을 밝게 갖는 것이다. 즉 A⁺에셋인은 모두 "웃어야 한다!"고 강조하고 있다. 윈스턴 처칠은 육군 대장으로 근무할 당시 육군 소위로 임관한 장교들 앞에서 이렇게 연설했다고 한다. "웃으시오. 그리고 부하들에게 웃음을 가르치시오. 웃을 수 없다면 미소라도 지으시오. 미소도 짓지 못하면 가능한 한 물러나시오." 처칠은 이렇게 밝은 자화상과 웃음의 중요성을 늘 강조했다. 철학자 칸트는 "인생에서 행복한 것도 중요하지만 그보다 더 중요한 것은 행복을 누리기에 합당한 사람이 되는 것이다"라고 말했다.

회사 경영의 요체(要諦)인 고객만족을 위해서도 그렇지만 작게는 구성원 개개인이 건강한 삶의 질을 얻기 위해서라도 웃음이 필요하다. 암 전문 학자에게 들은 얘기로 우리 몸에는 60조 개의 세포가 있다고 한다. 매일 432억 개가 소멸되고 432억 개가 새로 생성되는데 그중 10개가 완전한 암세포라고 한다. 보통 사람들은 대체로 하루 평균 6분 정도 웃는데 이를 20분 정도로 확대하면 암에 대한 면역력이 강해져서 매일 생성되는 10개의 암세포를 완전히 죽이고 항체를 생성한다고 하니 가히 놀라운 일이 아닐 수 없다.

A+에셋이라고 하면 "밝은 사람들이 모여 웃으며 사는 따뜻함이 있는 곳"이라는 이야기를 고객에게 들을 수 있는 것이 매우 중요하다. 그래서 "밝게 크게 웃자"라는 얘기부터 시작한다. TFA는 늘 고객을 상대하고 임직원들은 늘 TFA를 상대한다. 우리는 항상 사람을 만나는 일을 하고 있는 것이다. 사람을 만나서 늘 밝은 미소로 대할 수 있는 것, 이는 금융 영업을 하는 사람의 최소한의 에티켓이라 생각한다. 고객들은 사람을 판단하는 눈이 날카롭다는 것을 잊어서는 안 된다. 그래서 고객들은 웃는 사람을 더 좋아한다는 너무나 평범한 이야기에 귀를 기울여야 한다.

두 번째는 "Yes"보다 "No"라고 말할 수 있는 사람이 더 건강한 회사를 만들어나갈 수 있다는 것이다. 나는 회의를 할 때도 획일적으로 운영되지 않도록 신경을 많이 쓰는 편이며, 상사나 임원의 눈치를 보지 말고 적극적으로 토의할 것을 강조한다. 만약 내가 어떤 부하직원에게 지시를 내렸을 때 그 사람이 회장 지시라고 모든 일을 시키는 대로만 한다면 우리 회사는 결국 문을 닫게 될 수 있다고 생각한다. 적극적으로 커뮤니케이션하는 문화를 갖자고 강조하는 것은 우리 모두가 회사의 주인이라는 확신을 심어주기 위함이다.

이러한 원칙은 마케팅에서도 동일하게 적용된다. 그들이 우리의 고객이고 존중받아야 마땅하지만 잘못된 의사결정을 내릴 때에는 그것이 옳지 않다는 것을 지혜롭게 커뮤니케이션할 수 있는 능력을 가져야 한다. 때에 따라 이것은 결코 쉬운 일이 아닐 것이다. 금융 영업은 인간관계가 전제된 금융 컨설팅이다. 컨설턴트는 확실한 금융 지식을 바탕으로 잘못된 방향을 바르게 안내하려는 소명의식을 가져야 한다. 고객이 그러한 충고를 받아들일지, 그러지 않을지의 여부를 떠나 잘못된 금융 지식이나 미래에 발생될 리스크에 대해서는 고객이 잘못 인식하고 있는 부분을 바로잡는 용기가 필요한 직업이다.

더더욱 중요한 것은 회사의 중요한 결정을 할 때 최종 결론을 내리는 데 반드시 고객의 관점에서 생각하고 의사결정을 하는 문화가 회사의 미래를 보장한다는 사실이다. 회사에만 이익이 되고 고객에게는 손해가 되는 일방적인 결정은 오히려 회사를 망치게 할 수 있다. 사내 의사소통 과정에서 활발한 반대 의견이 없다면 회사의 균형이 깨져 큰 리스크에 봉착할 수도 있을 것이다.

세 번째는 회사나 조직의 리더가 한 번 결정한 일은 비록 자신의 의견과 다른 방향으로 결론이 나더라도 본인이 그것을 결정한 주체가 되라는 것이다. 결정 내용에 대해 승복하고 본인의 의견과 다른 최종 결정에 대해 스스로 적극적으로 실행하는 주인의식을 갖는 문화다. 앞에서 언급했듯이 어떤 일이 결정되는 과정에서는 의견이 다르면 "No"라고 말하고 자신의 의견을 적극 개진하되 토의 결과 본인 의사와 180도 반대의 최종 결론이 나더라도 결정된 내용은 전 조직원이 적극 수용해야 한다는 말이다. 나는 세상 대부분의 사안(事案)은 49:51로 의견이 나누어질 때가 많다고 계속 강조해왔다. 이 말은 모든 것이 9:1이나 8:2로 결정될 수는 없다는 뜻이다. 어느 한쪽으로만 기울어지는 사안은 토의 안건이 안 될 가능성이 크다. 여기에서 매우 중요하며 꼭 강조하고 싶은 것이 있다. 만일 결정된 방향으로 추진한 일이 실패나 잘못된 의사결정으로 귀결되었을 때, 본인의 주장대로 되지 않아 이런 상황이 전개되었다고 불평하는 조직원이 있다면 그 직원은 오히려 회사를 망치는 주범일지도 모른다. 이런 조직원들은 그 회사의 미래를 실패로 이끌 수 있는 잠재적 위협이 된다.

그러므로 그 회사가 조직 로열티가 높은 회사냐 아니냐를 판단할 때는 이런 질문을 던지면 될 것이다. 회사가 어떤 사안을 결정하면 비록 본인의 의견과 다소 차이가 있더라도 한 방향으로 갈 수 있는 구성원들이 많은가? 그렇지 않은가?

웃음이 있고, 활발한 토론을 통한 소통이 있고, 모든 조직원이 주인의식을 갖는 업무 태도 속에서 우리 TFA들은 더욱 존경받는 양심적 전문가로 성장해나갈 것이라 믿는다.

여성의 강점을 활용하라

보수적인 분위기가 팽배한 금융업계에서 A⁺에셋은 우먼 파워의 우수성으로 돋보이고 있다. 엄마 같은 정(情) 깊은 마음과 세심함, 꼼꼼함과 부드러움으로 무장하여 고객 감동과 성공의 돌풍을 일으키고 있는 것이다.

A⁺에셋 TFA 중 여성 비율은 59%이다. 그런데 높은 성과를 올리는 비중은 그보다 훨씬 높다. 2013년 A⁺에셋 연도대상(Top Conference)을 보면 전체 50명 수상자 중 무려 78%가 여성이다. 그리고 31명의 A⁺에셋 여성 창립 멤버 대부분이 MDRT 이상의 업적을 달성하며 성공적인

A⁺에셋 우먼 파워를 실감나게 하고 있다.

A⁺에셋에서 여성의 활약이 이처럼 두드러진 이유는 무엇일까? 여성 특유의 감성, 세심함, 봉사 정신이 빛을 발하기 때문이다. 섬세하고 꼼꼼한 여성성을 바탕으로 고객과 친밀하고 정겨운 인간관계를 유지하는 A⁺에셋 TFA들은 고객 친화적인 마케팅과 개인 맞춤형 재무설계 방식에 더 유리하게 작용했을 것이다.

나는 금융 마케팅에 있어 여성성이 매우 중요하다고 생각한다. 물론 여성 TFA 위주로 회사를 운영하겠다는 말은 아니다. 남성 TFA든 여성 TFA든 관계없이 따뜻하고 협력적인 여성적 마케팅을 지향하는 것이 좋겠다는 의미다.

〈파이낸셜 타임스〉 칼럼니스트 리처드 톰킨스는 현대 기업의 조직 변화 특징으로 "기업 경영자들이 마르스(화성)형에서 비너스(금성)형으로 바뀌고 있다"고 지적했다. 로마 신화에서 마르스는 남성적인 군사의 신, 비너스는 여성적인 미의 신이다. 톰킨스는 이러한 현상의 전형적인 사례로 제너럴일렉트릭(GE)을 들었다. GE의 전 회장 잭 웰치는 무자비한 감원과 인수합병(M&A)으로 유명하다. 한마디로 남성적인 경영을 했다. 하지만 후계자인 제프리 이멜트 회장은 온화한 조직관리와 함께 기업의 사회적 역할을 강화하는 등 여성적 리더십을 발휘했다. 톰킨스는 "상품 제조 중심의 산업사회가 지나고 서비스업이 주도하는 후기 산업사회가 도래하면서 거친 남성적 성향 대신 개방적이고 자상한 여성적 성향이 주도권을 쥐게 됐다"고 말한다. 명령과 통제를 핵심으로 하는 경영 시스템도 융통성과 협조, 팀워크를 중시하는 스타일로 대체되고 있다. 그리고 "일류 기업들이 시장에서 팔고 있는 것은 상품 자체보다

는 차별화된 감성, 아이디어, 신념"이라며 "기업이 점점 여성화되고 있다"고 규정했다.[18]

한마디로 미래 사회에선 명령·복종·위계 등 무뚝뚝한 '남성성'보다 보살핌·개방성·타인의 감정 이해 등 상호 존중과 조화를 추구하는 '여성성'이 경쟁력으로 작용한다는 것이다.

나는 톰킨스가 언급한 현상을 우리 회사의 경영과 마케팅을 통해 생생하게 관찰하고 있다. 남성형 마케팅은 힘을 잃고 여성형 마케팅이 점점 더 경쟁력을 갖고 있다. 나는 A⁺에셋의 여성 TFA가 경쟁이 치열한 비즈니스 사회에서 남성화되는 대신 여성 특유의 장점을 지키기를 바란다. 남성 TFA도 여성적 성향의 장점을 깊이 이해하고 배우고 습성화시켰으면 좋겠다.

여성성의 백미는 '모성(母性)'일 것이다. 자녀를 위해 자기희생을 아끼지 않는 헌신과 사랑의 극치가 모성이 아닐까. 나는 가끔 '모성을 발휘하듯 고객을 대할 수 있으면 어떨까?'라는 생각을 해본다. 고객을 진정으로 위하고 최선을 다해 보살피는 따뜻한 모정이 넘치는 아름다운 비즈니스는 과연 불가능한 것인가? 모성을 살린 마케팅의 출발은 이해와 배려라고 생각한다. 여기에는 자기희생이 필요하다.

자기희생의 좋은 사례가 하나 떠올라 소개하고 싶다. 〈복음과 지성〉이라는 잡지에 실린 이야기로 한 젊은 목사의 글이다.

그 목사의 교회에는 가정적으로 문제가 많은 여성 집사가 있었다. 그녀는 속을 썩이는 남편 문제로 고통을 받고 있었다. 그녀는 "무엇이든지 기도하고 구하는 것은 받은 줄로 믿으라 그리하면 너희에게 그대로 되리라(마가복음 11장

24절)"라는 성경 말씀에 감명을 받았다. 그래서 기도하면 이루어지라는 믿음으로 기도를 시작했다. 기도원에 올라가서 일주일 금식 기도를 했다. 그런데 기도원에 다녀와서 남편을 보니 여전히 그대로였다. 그래서 다음으로 철야 기도를 했다. 몇 주 밤을 새워가며 기도했지만, 남편은 아무런 변화가 없었다. 회의에 빠진 그녀는 목사를 찾아 항의하듯 말했다. "기도하면 이루어진다는 말씀을 믿고 기도했는데 남편이 전혀 변하지 않습니다. 도대체 어떻게 된 것입니까?" 그러자 그 목사는 이렇게 말했다. "자매님의 기도는 벌써 응답을 받았습니다." "무슨 말씀입니까? 남편은 그대로인데요?" 여성 신자가 어리둥절해하며 물었다.

"성경에 이미 답이 나와 있습니다. '아내들아 이와 같이 자기 남편에게 순종하라 이는 혹 말씀을 순종하지 않는 자라도 말로 말미암지 않고 그 아내의 행실로 말미암아 구원을 받게 하려 함이니(베드로전서 3장 1절)'라고 기록되어 있습니다. 돌아가셔서 남편에게 순종하십시오. 그러면 남편이 변할 겁니다." 목사가 부드럽게 이야기했다.

그녀는 남편을 존중하고 순종하기 시작했다. 그러자 남편이 거짓말같이 변했다. 그녀는 부부의 사랑과 행복한 가정을 되찾았다.[19]

순종은 상대를 진심으로 존중하는 마음, 이해하고 받아들이는 마음에서만 가능하다. 비록 상대가 내 마음에 차지 않더라도 그 자체로 사랑하고 이해하고 배려하는 것이 출발이다. 그러면 두 사람이 함께 변화하며 행복을 이룰 수 있다.

착한 마케팅의 최고 단계는 '모성애를 품은 마케팅'이다. 이는 고객에 대한 무한한 신뢰와 배려, 그리고 자기희생이다. 이것은 결코 말처럼 쉽지 않다. 높은 차원의 인품과 각고의 훈련이 필요하다.

나는 A⁺에셋의 마케팅이 더 여성적이기를 바란다. 개방적이며 친화적이고, 고객의 감정을 이해하고 고객을 보살피며 서로 협력하는 여성성을 발휘했으면 좋겠다. 그래서 고객을 이해하고 존중하며 조화를 이루는 단계로 발전하고, 궁극적으로 어머니의 마음을 닮는 차원 높은 경지에 오르기를 염원한다. 이를 위해 우리 A⁺에셋 TFA 모두는 다 함께 여성성을 배우고 더 훈련해나갈 것이다.

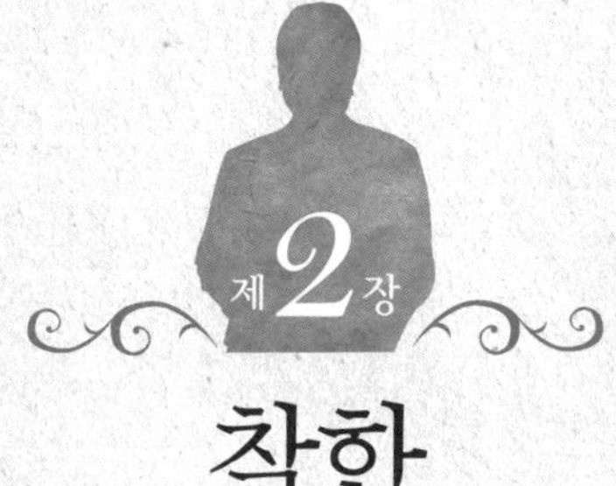

착한 마케팅이란 무엇인가

A⁺에셋의
마케팅 마인드

앞에서 A⁺에셋의 지향점을 전반적으로 살펴보았다. 한국 금융의 현실 속에서 A⁺에셋은 어떤 미래를 추구하고 있는지, 그 가치와 이념은 무엇인지를 대략 다루었다. 그렇다면 이제 구체적인 회사 활동에서 그것이 어떻게 녹아들고 있는지 이야기하는 것이 순서인 것 같다. 나는 A⁺에셋인의 구체적인 덕목으로 다음의 여덟 가지 정신을 늘 강조하고 있다.

절대 포기하지 마라.

인생을 즐겨라.

가장 중요한 것은 쓰레기 밑바닥에 있음을 알라.

솔직하라.

나는 이 항목의 앞글자를 따서 '절인가솔 자잘감행'이라 부르고 있다.

절대 포기하지 마라

2010년 여름, 칠레 광부 서른세 사람은 광산 매몰로 700미터 지하의 암흑 속에 묻혔다. 빛과 격리된 죽음의 갱도는 극한 중의 극한이었다. 표현할 수 없는 두려움과 동물적 생존 본능이 고개를 내밀었고 바로 옆 동료의 숨소리조차 공포로 다가왔다. 그러나 처절한 절망의 순간에도 그들은 결코 포기하지 않았다. 67일이라는 긴 시간을 버티며 그들은 지옥을 희망으로 바꾸었다. 연장자인 고레스와 작업반장인 우르수아를 중심으로 생존이라는 공통 목표를 위한 투쟁을 시작한 것이다. 그들은 절대 가치인 신을 붙들었고, 각자의 기질에 맞는 임무를 부여해 공동생활을 하며 격려와 용기를 주는 말과 행동으로 서로를 감화시켰다. 그리고 2010년 8월 5일 극적인 생환을 맞이할 수 있었다. 이들이 참담한 절망의 순간에 희망의 끈을 놓고 삶을 포기했다면 어떻게 되었을까? 전 세계를 감동시킨 드라마는 절대 포기하지 않았기에 펼쳐질 수 있었다.

캐나다의 얼어붙은 호수 위에 비행기 한 대가 불시착했다. 비행기는 파손되었지만 민간인 조종사는 약간의 부상만 입었다. 숲으로 둘러싸인 호숫가까지는 600미터 정도의 거리였다. 그곳에 가면 먹을거리와 쉴 곳을 구할 가능성도 있었다. 조종사는 호수를 가로질러 걷기 시작했다. 그러나 그는 호숫가에 도착한다 해도 무슨 일을 겪게 될지 모른다는 두려움에 빠졌고 이내 희망을 거두었다. 그는 비행기가 있는 곳으로 되돌아가 시가를 한 대 피운 뒤 권총을 꺼내 자신의 머리에 대고 방아쇠를 당겼다. 그로부터 24시간이 지나지 않아 구조대가 그의 시신을 발견했다. 그의 불행은 어디서 일어난 것일까? 사고일까, 아니면 그가 너무 쉽게 포기했기 때문일까?

내가 우리 회사 기업문화의 첫 번째 항목으로 강조하는 내용은 공교롭게도 윈스턴 처칠의 유명한 연설과 일치한다. 그는 전란의 소용돌이로 암울하던 조국의 젊은이들을 향해 "절대 포기하지 말라"고 몇 차례 반복해서 말했다. 그가 모교인 해로우학교 졸업식에서 던진 조언은 역사상 최고의 연설로 기록되고 있다.

절대 포기하지 마라. 절대 포기하지 마라. 절대, 절대, 절대. 명예와 합리성에 확신이 있을 때를 제외하고는 크든 작든, 많든 적든 절대 포기하지 마라(Never give in. Never give in. Never, never, never -in nothing, great or small, large or pretty- never give in, except to convictions of honor and good sense).[20]

사람들은 너무 성급하게 실패를 예단하고 포기의 길로 간다. 그러나 잭 웰치의 유명한 말처럼 많은 사람이 실패하는 이유는 너무 빨리 단념하기 때문이다. 어떤 이들은 뭔가 좋지 않은 조짐만 보여도 자신감이 흔들리고 미래에 대한 믿음을 잃는다.

나는 탁월한 영업실적을 올리는 우리 회사 TFA들을 관찰하면서 이들의 공통점 한 가지를 발견할 수 있었다. 그들은 쉽게 포기하지 않는다. 금융 영업의 현장은 장해와 난관의 연속이다. 고객의 냉대와 변심, 예상하지 못했던 변수 등이 앞길을 가로막는다. 그러나 그 봉우리를 넘어서면 빛나는 성취가 있다.

미국의 성공한 금융 세일즈맨 R.U. 더비는 젊은 시절 그의 삼촌과 함께 금광을 쫓은 경험이 있다. 그는 각고의 노력 끝에 금광맥을 찾는 데 성공했고 주변에서 자금을 융통하여 금광을 캐기 시작했다. 그런데 착암기로 계속 파 내려갔지만 금 한 조각 발견할 수 없었다. 광맥을 잘못 찾았다고 생각한 더비는 채굴을 포기했다. 그리고 채굴 장비를 고물상에게 헐값에 넘기고 고향으로 돌아갔다. 그런데 더비에게 채굴장비를 산 고물상은 혹시나 하는 생각에 더비가 채굴하던 광산을 조사했다. 그런데 금광맥은 더비와 그의 삼촌이 채굴을 포기한 지점 바로 1미터 아래에 있었다. 1미터 아래 금광을 두고 성급한 포기를 함으로써 그는 귀중한 기회를 잃었다.

그러나 그는 그 대신 큰 교훈을 얻었다. 성급한 포기가 얼마나 위험한지 깨달은 것이다. 금융 세일즈맨이 된 더비는 난관에 흔들리지 않고 포기를 모르는 근성을 갖게 되었고, 이를 바탕으로 최고 대열의 세일즈맨이 될 수 있었다.[21]

등산에 익숙하지 않은 사람에게는 낮은 산봉우리도 높아 보이지만,

높은 산을 여러 차례 등반한 경험이 있는 사람들에게 이는 그리 어렵게 느껴지지 않는다. 난관이 있어도 한번 해보겠다는 도전 정신과 계속 밀고 나갈 용기를 불태워야 한다. 실패는 그 자체로 문제가 되지 않는다. 실패를 두려워하지 않고 험난한 목표에 도전하며 실패를 반복한다면 "불가능은 없다"는 말의 진정한 깊이에 도달할 수 있을 것이다. 이 과정을 거치면 무엇이든 이룰 수 있다.

포기의 이유가 눈앞의 난관이라면, 포기하지 않아야 할 이유는 그보다 훨씬 크고 많다. 가슴 뛰는 꿈과 비전, 미래에 대한 목표와 소망, 그리고 사랑하는 가족과 이웃들의 사랑 어린 눈동자를 두려움과 태만에 묶어 버릴 수는 없는 노릇이다. 이와 관련된 짧은 글귀 하나를 소개하겠다.

내겐 당신이 있습니다.

내 부족함을 채워주는 사람!

당신의 사랑이 쓰러지는 나를 일으킵니다.

내게 용기, 위로, 소망을 주는 당신

내가 나를 버려도 나를 포기하지 않는 당신

나를 사랑하는 이가 이 세상에 존재한다는 것,

그것이 내 삶의 가장 커다란 힘입니다.

인생을 즐겨라

1호선 인천행 지하철 객차에 한 아저씨가 큰 가방을 들고 나타났다. 그는 가방을 바닥에 내려놓더니 한 손으로 손잡이를 잡고 다른 한 손으로 가방에서 뭔가를 꺼내 들었다. 그러고는 헛기침을 두어 번 한 뒤 연설을 시작했다.

"자, 여러분 안녕하십니까? 제가 여러분 앞에 나선 이유는 가시는 걸음에 좋은 물건 하나 소개해드리고자 함입니다. 직접 물건을 보여드리겠습니다. 플라스틱 막대이고 머리에 솔이 달려 있습니다. 자, 대체 이것이 무엇이겠습니까? 예, 칫솔입니다. 이걸 왜 가지고 나왔겠습니까? 물론 팔려고 나왔습니다. 한 개에 200원씩, 다섯 개가 묶여 있습니다. 얼마이겠습니까? 예, 1,000원입니다. 뒷면 돌려보겠습니다. 영어가 적혀 있습니다. 메이드 인 코리아. 이게 무슨 뜻일까요? 수출했다는 겁니다. 수출이 잘됐겠습니까? 폭삭 망했습니다. 그래서 이렇게 들고 나왔습니다. 자, 그럼 여러분에게 한 묶음씩 돌려보겠습니다."

아저씨의 이야기는 재미있었지만, 그때까지 웃는 사람도 없고 별다른 관심을 보이는 사람도 없어 보였다. 그리고 그 아저씨는 승객들에게 칫솔 한 묶음씩을 돌렸다. 그리고 다시 처음 서 있던 자리로 돌아가 이야기를 시작했다.

"여러분 제가 여기서 몇 묶음이나 팔 수 있겠습니까? 여러분도 궁금하십니까? 저는 더 궁금합니다. 그러면 잠시 후에 결과를 알려드리겠습니다."

승객들 사이에서 간헐적으로 웃음이 나왔다. 아저씨는 객차 안을 한 차례 돌아온 후에 이야기를 이어갔다.

"자, 여러분 저는 칫솔 네 묶음을 팔았습니다. 총 매상이 얼마일까요? 예, 겨우 4,000원입니다. 제가 실망했겠습니까, 안 했겠습니까? 물론 실망했습니다. 그렇다고 제가 여기에서 포기하겠습니까? 예, 절대로 포기하지 않습니다. 저는 다음 칸으로 갑니다."

인터넷을 타고 제법 많이 알려진 한 장면이다. 이 지하철 행상은 단속을 피해 싸구려 물건을 파는 어쩌면 불운하게 느껴질 수 있는 상황을 재미있게 만들었다. 자신의 현재를 유머로 승화한 이런 태도는 인생을 즐길 줄 아는 마음가짐에서 나온다. 그리고 그는 승객들에게 즐거움을 주었다.

그때 그 자리의 승객 중 한 사람이 나중에 지하철에서 또 이 아저씨를 만나면 어떨까? 기꺼이 칫솔 한 묶음을 살 것이다. 그런데 그때 구입하는 것은 단순한 칫솔이 아니라 이 아저씨가 선사한 인생의 즐거움이 아닐까?

우리 모두에게 인생은 소중한 것이다. 단 한 번 주어지는 인간의 삶이야말로 천하를 다 주고도 살 수 없는 귀중한 것이다. 그래서 매시간, 매분, 매초까지도 중요한 의미를 갖는다. 이 가치 있는 시간을 고통과 후회로 채울 수는 없다. 인생을 진정으로 그리고 가슴 벅차게 즐겨야 한다. 그러나 인생의 소중함에 대해 동의하는 사람조차 그 시간을 진정한 즐거움으로 채우는 데 그리 큰 관심과 노력을 기울이지 않는 것 같아 안타깝다.

나는 우리 회사의 중요한 기업문화 중 하나로 인생을 즐기는 것을 꼽는다. 자신의 인생을 즐길 수 없는 사람은 고객이 인생을 즐길 수 있도록 도와줄 수 없다. 말초적인 쾌락을 추구하자는 말은 결코 아니다. 주어진 시간을 가치 있게 채우며 후회가 남지 않을 삶을 살자는 의미다.

미국의 사회학자 토니 캄폴로가 95세 노인을 대상으로 설문조사를 했다. "다시 인생이 주어진다면 어떻게 살 것인가?"가 질문이었다. 응답자들은 크게 세 가지 유형의 답변을 했다.

첫 번째는 인생을 좀 더 신중하게 살 것이라고 답했다. 이들은 대충대충 게으르고 부정직하게 삶을 살아온 것을 후회했다.

두 번째는 도전과 모험을 할 것이라고 답했다. 적절한 자극을 기꺼이 받아들이고 긍정적인 마음으로 인생에 도전할 것이라는 이야기다. 그리고 이 과정을 즐기고 싶다고 말했다.

세 번째로 죽은 후 남을 만한 작은 것이라도 만들겠다는 답이 나왔다.[22]

한마디로 인생의 의미와 소중함을 깊이 인식하고 적극적으로 즐기고 도전하며 후세를 위한 가치를 남기고 싶다는 의미다.

그렇다면 즐겁고 가치 있는 인생은 무엇인가? 나는 그것이 따로 정해져 있지 않다고 생각한다. 그것은 나의 인식, 즉 '어떻게 받아들이냐'에 달려 있기 때문이다. 사람들이 정신적인 고통과 스트레스를 받는 근본적인 원인은 '불행한 상황' 때문이 아니다. 그 상황에 대한 '불행한 인식' 때문이다.

즐거움도 마찬가지다. '행복한 상황'이 즐거움을 만드는 것이 아니라 그 상황에 대한 '행복한 인식'이 인생을 즐겁고 가치 있게 만든다. 우리는 똑같은 상황이 주어졌을 때 어떤 이는 그것에 대해 불평하고 좌절하는데, 다른 어떤 이는 그 상황을 즐기며 긍정적으로 도전하는 것을 볼 수 있다. 이 차이가 중요하다.

나는 A⁺에셋 가족들이 자기 인생을 즐길 수 있기를 진심으로 바란다. 직업적 자부심을 느끼며 전문가로 성장하고 높은 수입을 거두기를 희망한다. 그리고 우리가 고객에게 그 즐거움을 전염시키는 아름다운 상상에 빠져든다.

가장 중요한 것은 쓰레기 밑바닥에 있음을 알라

2010년 태풍 곤파스가 서울과 경기 지역, 서해안 일대를 휩쓸고 지나갔다. 태풍이 지나간 흔적은 참담했다. 수십 년, 수백 년 된 큰 나무들이 뿌리째 뽑혀 쓰러졌다. 그런데 토양이 좋고 양지바른 곳에 있는 나무들의 피해가 더 컸다. 뿌리가 짧고 뭉툭하기 때문이다. 뿌리를 깊이 내리지 않아도 물과 영양분을 쉽게 흡수할 수 있어 그렇게 되었을 것이다. 그런데 해안의 바위틈과 같이 토양이 좋지 않은 곳에 있는 나무들은 오히려 건재했다. 가지가 꺾이긴 했지만, 통째로 뿌리가 뽑히진 않았다. 척박한 땅에서 물과 양분을 받아들이며 생존하기 위해 깊이 뿌리를 내렸기 때문이다.

사람도 이와 마찬가지다. 시련과 고난에 맞서 도전을 거듭해온 사람들은 마음의 뿌리를 깊이 내리고 있어 흔들림이 없다.

나는 시골에서 태어나 자랐기 때문에 이런 자연의 원리를 직접 보아 알고 있다. 막 누에고치를 뚫고 나오려는 나비가 안쓰러워 고치를 살짝 벌려주면 쉽게 나오지만 결국 제대로 날갯짓을 하지 못해 버둥거리다 죽고 만다. 고치를 뚫는 고통이 사실은 나비가 되는 필수 훈련인 셈이다. 그렇다. 가장 중요한 것, 근본적인 것은 쓰레기 밑바닥에 있다. 현실의 척박함은 근본을 다지는 과정일 것이다.

나는 《어머니 저는 해냈어요》라는 책을 쓴 대우중공업 김규환 명장의 이야기를 주변 사람들에게 자주 들려준다. 그의 인생은 그야말로 쓰레기 더미에서 피운 꽃과 같다.

그는 피붙이 하나 없이 열다섯에 소년가장이 되었다. 당시 너무 춥고 배고파서 죽으려 생각했지만 어린 여동생 때문에 삶을 이어갔다. 그렇게 어린 여동생을 안고 구걸을 하면서 지냈다. 구걸 중에 쫓겨나 논두렁에 곤두박질치면서 이마가 찢어져 끝도 없이 피를 흘리기도 했다. 그는 초등학교조차 다녀보지 못했고 한글도 읽지 못했다.

우연히 신문에 난 광고가 궁금해 무슨 내용인지 물어봤는데 "대우가족 모신다"는 내용이라는 답을 들었다. 그래서 그는 '대우'라는 사람이 외로워서 가족을 구한다고 생각하고 길을 나섰다. 그런데 대우는 사람이 아니라 회사였다.

회사 문앞에 도착하자 경비가 냄새나는 거지 행색의 그를 심하게 때렸다. 그것을 본 한 임원이 경비에게 "무슨 행패냐, 거둬줘"라고 말했다. 그 임원은 서울 사람인데 서울에서 '거둬줘'는 '밥 한 끼 정도 도와주라'는 뜻이다. 그런데 경상도에서는 '우리 식구로 받아줘'라는 의미가 된다. 마침 그 경비가 경상도 사람이라 임원이 채용하라는 지시를 내린 줄 알고 담당 부장에게 이야기해서 어린 김규환을 사환으로 채용했다고 한다.

그렇게 그는 마당 쓸고 물 나르며 회사생활을 시작했다. 이후 그는 매일 새벽 5시에 출근하며 그 누구보다 열정적으로 일하고 연구했다. 결국 그는 국제 발명특허 62개, 제안 2만 4,612건, 훈장 2개, 대통령표창

4회, 장영실상 5회, 1급 기능사 자격증 최다 보유에 빛나는 초정밀 가공 분야 명장이 되었다. 옛날에는 한글도 읽고 쓰지 못했지만 나중에는 5개 국어를 구사하는 사람이 되었다.[23)]

고통과 시련을 이기고 우뚝 선 사람은 고생스러운 시절의 가치를 안다. 또한 어려운 환경에서 성장한 사람이 더 큰 인물이 되는 법이다.

구약성경에 나오는 욥은 의로운 사람이었지만 거듭해서 이유조차 알 수 없는 시련을 겪었다. 그런 고통의 와중에서 그는 "그가 나를 단련하신 후에는 내가 정금같이 나오리라(욥기 23장 10절)"고 고백하고 있다. 이스라엘 왕 다윗도 "고난 당한 것이 내게 유익이라(시편 119편 71절)"고 말한다. 이들은 절대자 앞에서 자기 시련의 가치를 고백하고 있는 것이다.

맹자는 "天將降大任於斯人也 必先勞其心志 苦其筋骨 餓其體膚 窮乏其身行 拂亂其所爲 是故 動心忍性 增益其所不能(천장강대임어사인야 필선로기심지 고기근골 아기체부 궁핍기신행 불란기소위 시고 동심인성 증익기소불능)"라고 했다. 해석하자면 "하늘이 어떤 사람에게 큰일을 맡기기 위해 명령을 내리려면, 반드시 먼저 그 사람의 마음을 괴롭히고 그의 살과 뼈를 지치게 하고 그의 육신을 굶주려 마르게 하고 그의 생활을 궁핍하게 해서, 그가 하는 일마다 그가 성취하고자 하는 일과 어긋나게 한다. 그가 그 모든 고통을 이겨내었을 때야 비로소 하늘이 그에게 큰일을 맡긴다"는 뜻이다.

당신이 쓰레기 더미와 같은 척박한 환경을 감내하고 있다면 가치 있고 큰일을 할 훈련을 받으며 준비하고 있는 셈이다. 풀무질이 끝나면 아름다운 황금으로 빛날 것이다.

솔직하라

1960년대 중반의 일이다. 경북 왜관의 작은 시골 마을에 장이 섰다. 동네는 오랜만에 활기를 찾았다. 장사꾼들과 모여든 남정네와 아낙들로 장터는 금세 시끌시끌해졌다. 아이들도 신이 났다. 평소에 못 보던 신기한 물건들을 구경할 수 있기 때문이었다. 그 당시는 좋은 물건이 귀했다. 시절이 그랬고 시골이라 더 그랬다.

초등학교 저학년쯤 돼 보이는 한 아이가 장터에서 눈길을 끄는 물건 하나를 보았다. 여러 색 심이 한 통에 들어 있어 윗부분을 돌리면 색깔을 바꾸어가며 쓸 수 있는 볼펜이었다. 그 아이는 호기심도 생기고 꼭 갖고 싶었지만 그걸 살 만한 돈이 없었다. 그래서 주인아저씨가 한눈을 파는 사이에 그것을 슬쩍 챙겨서 주머니에 넣었다. 그런데 곧 주인아저씨가 볼펜이 없어진 것을 알아차렸다. 그는 모여 있는 아이들을 붙잡아두고 주머니 속을 보자고 했다. 그 아이는 절대 훔치지 않았다고 강변했지만 어쩔 수 없었다. 아이는 오도 가도 못하는 처지가 되었다.

그런데 때마침 아이의 어머니가 그 가게 앞을 지나다 이 광경을 보았다. 어머니는 아들의 말을 철석같이 믿었다. 그리고 가게 주인에게 우리 아이는 훔치거나 거짓말을 하지 않는다고 말했다. 이 말에 기가 눌린 주인아저씨는 다른 아이들부터 확인을 시작했다. 그러다 결국 그 아이 차례가 되었다. 어머니의 믿음을 무너뜨리기라도 하듯 아이의 주머니에서 그 볼펜이 나왔다.

그날 그 아이는 엄청나게 매를 맞았다. 그러나 아이는 전혀 아프지 않았다. 무엇보다 어머니를 부끄럽게 했다는 사실이 가슴 아팠다. 그날 아이는 평생의 지침이 될 결심을 했다.

'결코 거짓말을 하지 않으리라.'

이미 알아차렸겠지만 내 어린 시절의 이야기다. 나는 이 일을 계기로 솔직함의 가치를 가슴 깊이 새기게 되었다. 그렇지만 그 당시의 결심이 백 % 잘 지켜진 것은 아니다. 고백하건대 사회생활을 하며 솔직하지 못했던 적이 여러 차례 있었다. 부끄럽다.

하지만 나 개인은 그렇더라도 내가 경영하는 기업은 솔직해야겠다고 결심했다. 모든 기업이 그렇지만 금융기업은 특히 더 솔직해야 한다. 금융기업이 부정직하면 그 구성원과 고객은 물론 사회 전체에도 엄청난 해악을 끼친다. 앞에서 이야기했듯 세계 금융위기도 솔직하지 못한 금융기업들로부터 비롯된 것이 아닌가.

솔직하지 못한 기업은 결국 쓰디쓴 대가를 치르게 되어 있다. 미국 7대 대기업 중 하나로 꼽히고 〈포춘〉에 의해 1996년 이후 6년 연속 미국에서 가장 혁신적인 기업에 선정되었던 잘나가던 기업 엔론을 파산으로 이끈 결정적 원인은 부정직이었다. 사업 확장과 기업 인수로 자금이 부족했을 때 그들은 상황을 솔직하게 털어놓고 대책을 마련하는 대신 분식회계를 통해 장부를 조작하는 손쉬운 거짓을 선택했다. 결국 이 사실이 드러나 2만 2,000명에 달하는 종업원을 거느린 거대 기업이 흔적도 없이 사라지는 처참한 말로를 겪었다. 세계적인 회계법인으로 승승장구하던 아더앤더슨은 어떤가? 엔론의 거짓을 도왔다가 영업활동이 정지당했고 결국 파산하고야 말았다.

반면 솔직한 기업과 비즈니스는 결국 이기게 되어 있다. 사업에서 성공하는 가장 확실한 방법은 무엇일까? 나는 가끔 주변 사람들에게 이 질문을 던지곤 한다. 그러면 젊은 사람들은 대체로 핵심 기술, 마케팅 능력, 자본력 등 기술적인 요소에 비중을 두고 답변하는 경향이 있다. 그러나 경험과 경륜이 있는 분들은 대부분 '정직'과 같은 근본적인 가치를 강조하곤 한다. 그런데 언뜻 생각하면 정직은 도덕적인 가치일 뿐 냉혹한 비즈니스 세계에서는 크게 통하지 않을 것처럼 보이기도 한다. 과연 그럴까? 서울상공회의소가 사업에 성공한 상인 225명을 대상으로 그들의 성공 요인을 조사한 적이 있다. 그 1위는 단연 신용이었다. 70%가 넘는 성공한 사업가들이 이것을 첫 번째 성공 비결로 꼽았다. 반면 장사수완이나 재력, 행운 등은 그 영향력이 극히 미미한 것으로 드러났다.[24] 이처럼 신용, 즉 솔직함은 최고의 경영전략이며 실용적인 마케팅 도구이기도 하다.

나는 우리 회사의 존재 방식인 GA가 이런 솔직함을 제도적으로 뒷받침하는 형태라 생각하고 자부심을 갖고 있다. 특정 회사에 소속되어 자사의 상품만 판매하는 사람이라면 자기 회사 것이 최고라고 거짓을 말하게 될 가능성이 크다. 그러나 여러 상품의 장단점을 제시하고 고객에게 가장 적합한 것을 권할 수 있는 GA는 솔직할 수 있는 바탕 위에 서 있는 셈이다.

물론 그렇지 않을 가능성도 분명히 존재한다. 판매하는 사람이 자기 입장에서 가장 유리한, 말하자면 판매 수당이 높은 상품이 최고라며 거짓을 말할 수도 있다. 이런 가능성을 없애고 원천적으로 방지하는 것이 솔직함을 추구하는 우리 회사의 과제다. 그래서 나는 솔직함을 회사의 경영 시스템과 교육, 감사 등 모든 장치를 통해 추구하며 A⁺에셋을 가장 정직한 회사로 만들고자 한다.

나는 확신한다. 솔직하면 신뢰를 얻고, 옳은 행동을 할 수 있다. 본질적인 문제와 위험을 방치하지 않아도 되기 때문에 일이 단순하고 명쾌해진다. 그리고 생각하는 만큼 고통스럽지 않다. 오히려 거짓이 훨씬 더 위험하며 대가가 크다.

세계 많은 기업의 흥망사를 살펴보면 기업이 망하는 결정적 이유 두 가지를 찾아낼 수 있다. 첫 번째는 과거 성공과 현재의 타성에 젖어 변화를 포기하는 것이고, 두 번째는 정직하지 못하고 고객을 속이는 것이다. 〈포춘〉 선정 500대 기업의 평균수명이 40년밖에 되지 않는 가장 큰 이유는 고객을 기만했기 때문이라는 기사를 읽은 적이 있다.

조직을 키우고 매출을 늘리는 것은 '속도'의 문제다. 천천히 간다고 해서 치명적인 해를 입지는 않는다. 그러나 정직은 '생존'의 문제다.

A⁺에셋은 정직함을 생존을 위한 최소 조건으로 생각한다. 그래서 기업 운영에서 이것을 철저하게 적용한다. 우리는 절대 해서는 안 될 여섯 가지를 제시하고 있다. 그 내용은 다음과 같다.

① 경유 계약

② 승환 계약시 고객 확인 및 모니터링 미준수

③ 수익률 보장 및 특별 이익 제공

④ 개인정보 불법 활용

⑤ 불충분한 상품 설명 및 자필 서명 미이행

⑥ 미승인된 판매 자료 제작 및 사용

여기에 대한 회사의 기준은 엄격하다. 읍참마속(泣斬馬謖)도 마다하지 않는다. 정직이야말로 우리의 존재 근거이기 때문이다.

세계적으로 존경받는 경영학자 피터 드러커는 자신을 성장시킨 결정적인 질문으로 "죽은 후에 어떤 사람으로 기억되기 바라는가?" "나의 묘비명은 무엇인가?" 등을 들었다. 이 질문에 대한 답변이 자신의 가치이며 궁극적 목표이기 때문이다.

나도 은퇴한 후에, 혹은 사후에 사람들에게 이렇게 기억되고 싶다는 소망이 있다. 유능한 경영자였다거나, 추진력이 뛰어났다거나, 탁월한 감각이 있었다는 등의 찬사는 아니다. 나는 "그는 사업을 하면서 거짓말을 하지 않았다." "그는 정직한 사람이었다." 등으로 기억되고 싶다. 아울러 내 묘비명에 이렇게 쓰이길 바라며 이를 위해 남은 인생 동안 최선을 다할 것이다. "여기 가장 솔직한 경영자가 잠들어 있다."

자신보다 남을 배려하라

찢어지게 가난한 과부와 어린 아들이 사는 오두막에 한 노인이 찾아왔다. 그는 몹시 굶주려 있었고 빵을 만들어달라고 했다. 그런데 이 가련한 가족이 가진 것은 겨우 한 끼 분량의 밀가루와 기름뿐이었다. 그러나 과부는 이 노인을 위해 자신이 가진 것을 모두 털어 빵을 만들어 대접했다. 그런데 텅 비었어야 할 밀가루 통과 기름 단지는 꽉 차 있었다. 아무리 퍼내어도 양이 줄지 않았다. 과부는 평생 남을 위해 베풀어도 양식은 항상 풍부한 상태가 되었다.

구약성경에 등장하는 엘리야와 가난한 과부의 이야기다. 이 일화는 현대적으로 해석할 수 있다. 모든 사람이 퍼내도 줄지 않는 항아리를 가지고 태어난다. 누구나 다른 사람을 위해 주고 베풀 수 있는 잠재력을 갖고 있다는 뜻이다. 그러나 이 결심은 결코 쉽지 않다. "남의 말기암이 자기 감기만 못하다"는 말이 있다. 사람은 누구나 자기 자신을 가장 중요하게 여긴다는 뜻이다. 이처럼 자기 자신을 가장 사랑하고 먼저 챙기는 것은 지극히 자연스럽고 당연한 일이리라.

그런데 여기에는 역설이 존재한다. 다른 사람을 사랑하고 배려하는 것이 곧 자기 자신을 사랑하는 최고의 방법이라는 사실이다. 인간이 가장 행복하고 만족감을 느끼며 숭고해지는 순간은 타인을 위해 도움을 주며 여기에서 자기 존재 의의를 느낄 때라고 한다. 이 역설의 결정체는 예수 그리스도다. 그는 자신을 형틀에 던짐으로써 인류의 구원을 이루었다. 그는 희생이 행복이라고 말한다. 다른 사람보다 낮아지고 다른 이를 섬기는 것이 진정한 성공이라고 한다. 그리고 남에게 주는 것이 더 복이 있다고 말했다. 성경은 이렇게 기록한다.

범사에 너희에게 모본을 보였노니 곧 이같이 수고하여 약한 사람들을 돕고 또 주 예수의 친히 말씀하신 바 주는 것이 받는 것보다 복이 있다 하심을 기억하여야 할지니라(사도행전 20장 35절)

주라 그리하면 너희에게 줄 것이니 곧 후히 되어 누르고 흔들어 넘치도록 하여 너희에게 안겨 주리라(누가복음 6장 38절)

너희 중에 누구든지 크고자 하는 자는 너희를 섬기는 자가 되고 너희 중에 누구든지 으뜸이 되고자 하는 자는 너희의 종이 되어야 하리라(마태복음 20장 26~27절)

남을 섬기고 남에게 주는 것이 진정으로 높아지고 부유해지고 행복해지는 길이라는 이 역설은 종교적인 고백에 그치는 것일까? 이런 천상의 셈법이 현실의 회계학을 이길 수 있을까?

나는 자신보다 남을 사랑하고 배려하는 사람이 지금 당장은 손해를 볼지 모르지만, 궁극적으로는 성공한다고 믿는다. 그리고 고객들을 만나며 그것을 보아왔다. 아무리 부자라 할지라도 자신만을 위해 끝까지 돈을 움켜쥐고 놓지 않는 사람들에게는 행복한 눈빛을 찾을 수 없었다.

물론 자기 소유가 중요하다. 가진 돈이 성공의 잣대가 되며 거의 모든 것을 돈으로 살 수 있는 시대, 돈이 명예와 권력으로 이어지는 세상을 살고 있기 때문이다. 그러나 자신만을 위해 쌓아둔 돈은 아무리 많더라도 가치가 없다. 영원히 살 수 있는 사람은 없기 때문이다. 자기만을 위해 이기적으로 인생을 산 사람에게 진정으로 슬퍼할 이는 없다. 자기 소유의 집착이 종국에는 불행으로 이어지는 것이다.

사진작가 김중만의 아버지는 평생을 아프리카 고아들을 위해 헌신한 사람이다. 그리고 생의 마지막 순간에 이렇게 유언했다고 한다. "아들아! 2,000달러밖에 없지만 아프리카를 위해 무엇인가를 하거라." 모든 것을 다 내어주고도 더 주지 못해 안타까워하는 위대한 아버지. 인생의 마지막 순간을 이렇게 장식할 수 있다면 얼마나 복될까? 우리는 어떻게 더 모을 수 있을까가 아니라 언제 누구에게 내가 가진 것을 지혜롭게 나누어줄 수 있을지에 대해서도 진지하게 성찰해보아야 할 것이다.

나는 자기 자신보다 남을 배려하는 숭고한 마음가짐이 우리 회사의 모든 업무에 녹아들기를 바라며, 그것을 경영에 반영하려고 한다. 그리고 틈나는 대로 이것을 이야기하고 공유한다.

먼저 일하는 방식에서 남을 배려하는 태도가 정착되어야 한다. 조직에는 네 가지 유형의 사람이 있다고 한다. 첫째는 말도 안 하고 실천도 안 하는 사람이다. 회사와 동료들에 대한 관심이나 의욕이 전혀 없는 산송장 같은 유형이다. 둘째는 말만 하고 행동은 하지 않는 사람이다. 이들은 소문을 전하고 불평을 일삼아 사기를 떨어뜨린다. 셋째는 말도 잘하고 행동도 잘하는 사람이다. 이들은 괜찮은 것 같지만 실제로는 자기 기준이 강하고 자신을 드러내기 때문에 다른 이들에게 상처를 주기 십상이다. 넷째는 말없이 묵묵히 실천하는 사람이다. 이들은 보이지 않는 공헌자이고 동료들을 이롭게 한다.

현장 영업에서도 자신보다 고객을 먼저 배려하는 마음가짐이 있어야 한다. 나는 간혹 성공한 계약에 대해서도 딴지를 건다.

"이 계약이 정말 고객에게 유리한 것입니까? 혹시 실적이나 수당을 위한 것은 아닙니까? 이것보다 더 유리한 조건의 상품이 있다는 것을 은폐한 것은 아닙니까?"

TFA가 고객에게 다소 손해가 가는 권유를 함으로써 지금 당장 실적을 올리고 더 많은 수당을 챙길 수 있을지 모른다. 회사 입장에서도 더 유리할 수 있다. 그러나 진정으로 고객을 얻을 수는 없다. 내가 아니라 고객의 입장에 설 때, 내게 좋은 것이 아니라 고객에게 좋은 것을 제시할 때 그 사람도 성장하고 회사도 성장한다. 이 단순한 역설을 잊어서는 안 될 것이다.

가수 조용필이 젊은 시절 통도사 극락암에서 경봉 스님을 친견한 적이 있다고 한다.

“어디서 왔는고?”

“서울서 왔습니다.”

“무엇하는 사람인고?”

“노래하는 사람입니다.”

“그럼 네가 꾀꼬리구나?”

“그렇습니다.”

“노래하는 꾀꼬리의 참된 주인공이 누구인지 아느냐?”

“……”

“주인공을 모르고 노래하면 꾀꼬리도 못 되지.”

“네에……?”

“찾아보거라. 참으로 누가 노래하는지, 가수가 누구인지.”

이렇게 선문답 같은 대화가 이어졌다고 하는데 조용필은 결국 꾀꼬리를 찾지 못하고 〈못 찾겠다 꾀꼬리〉라는 노래를 발표했다고 한다.[26]

그렇다면 꾀꼬리는 어떤 새일까? 꾀꼬리는 절대 혼자 울지 않는다고 한다. 자기 목소리만 높이지 않고 다른 꾀꼬리와 조화를 이루며 함께 운다고 한다. 그리고 다른 새들은 새끼의 배설물을 물어다가 500미터 이상 날아가 멀리 떨어진 곳에 버리지만, 꾀꼬리는 그것을 먹어 치운다고 한다. 흔적을 남기지 않고 천적들로부터 새끼를 보호하기 위해서다.

이런 꾀꼬리처럼 남을 배려하는 태도가 나와 우리 회사에 가득하기를 바란다.

잘못이 있으면 정중히 사과하라

2007년 이후 도요타는 GM을 제치고 세계 최고 자동차기업으로 등극했다. 한때 사내 유보금만 12조 엔에 달했다. 그런데 이런 화려한 성공 뒤에 감추어진 문제가 있었다. 지나치게 효율을 강조하는 생산 시스템 자체에 한계가 존재했다. 부품 가격을 낮추는 등 비용을 줄이는 데 혈안이었고 생산과 판매에만 열을 올렸지 판매 후 발생한 문제에 대한 대처에 미흡했다. 소비자 불만 등 귀중한 정보를 회사 전체가 공유하는 체계를 세우지 못했다.

그러다 가속 페달 결함 문제로 치명타를 입었다. 도요타는 2009년 9월 말 결함을 발견했다. 그러나 수개월 동안 고의로 이를 은폐했다가 2010년 1월 말에서야 리콜을 단행했다. 성공의 단맛에 젖어 자신의 잘못을 인정하지 않았던 도요타는 소비자 신뢰 하락이라는 혹독한 대가를 치렀다. '도요타=품질'이라는 공식이 무너졌고 판매량은 급전직하했다. 뒤늦게나마 잘못을 인정하고 사죄한 후에야 재도약의 계기를 잡을 수 있다.

미국 대통령 리처드 닉슨은 워터게이트 건물 민주당 사무실을 무단 침입하여 도청한 사실이 드러났는데도 끝까지 이를 인정하지 않고 자신의 책임을 회피했다. 그는 자신의 지시로 불법을 저지른 사람들을 희생시켰음에도 불구하고 여론이 등을 돌렸다. 결국 그는 사임할 수밖에 없었다.

빌 클린턴도 르윈스키와의 스캔들을 계속 부정하며 잘못을 인정하지 않았다. 그는 탄핵은 막았지만 미국 역사상 최고의 경제 호황을 이끈 대통령이라는 평가 대신 거짓말쟁이 호색꾼이라는 이미지로 역사에 오점을 남기고야 말았다. 그리고 다음 선거에서 민주당 대통령 후보는 낙선했다.

'그들이 처음부터 자신의 잘못을 인정하고 진심으로 사과했었더라면 어땠을까?' 하는 가정은 부질없는 것일까?

자기 잘못을 인정하는 일은 정말 어렵다. 먼저 심리적인 장벽이 있다. 잘못을 인정하는 순간 자신을 지켜오던 심리적 방어막이 무너지기 때문이다.

비즈니스에서는 더더욱 잘못을 인정하기 어렵다. 현실의 손해를 감수해야 한다. 그 손해가 엄청날 수도 있고 복구하는 데 많은 시간이 걸릴 수도 있다. 그래서 주저한다. 그러나 처음부터 솔직히 잘못을 시인하는 기업은 용서를 받을 수 있다.

1982년 시카고 지역에서 타이레놀을 복용한 사람이 일곱 명이나 사망하는 큰 사건이 일어났다. 그들이 복용한 타이레놀 캡슐에는 누군가 의도적으로 주입한 청산가리가 들어 있었다. 제조사인 맥닐컨슈머프로덕츠와 모기업 존슨앤존슨에 큰 위기가 닥쳐왔다.

당시 마케팅 전문가들은 문제를 조용히 덮고 소비자를 현혹하는 손쉬운 방법을 쓰자고 제안했다. 제품 이름을 바꾸고 마케팅 캠페인을 벌이자는 의견이었다.

그러나 존슨앤드존슨의 선택은 달랐다. 그들은 잘못을 인정했고 즉각적인 대처 방안을 마련했다. 타이레놀 생산을 전면 중단하고 일리노이 주에 배포되었던 제품 전량을 회수했다. 그리고 자체적인 소비자 경보를 발령하고 원인이 밝혀질 때까지 타이레놀을 절대 복용하지 말라고 대대적인 홍보 활동까지 벌였다.

2,200만 병이 넘는 타이레놀을 회수하는 데 8,000만 달러 이상이 들었다. 그리고 40%를 점유하고 있던 시장에서 4억 달러를 잃을 수도 있는 위험을 기꺼이 감수해야 했다. 그러나 그들의 즉각적인 시인이 옳았음이 곧 입증되었다. 타이레놀은 사라지지 않았고, 현재까지 세계에서 가장 많이 팔리는 의약품으로 자리매김하고 있다.[27]

완벽한 사람은 없다. 누구나 실수하거나 잘못을 저지를 수 있다. 실패는 늘 일어난다. 기업도 마찬가지다. 설령 최선을 다했다 하더라도 잘못된 일은 언제 어디서든 일어난다. 그런데 문제는 그 다음이다. 잘못을 은폐하거나 부인하고 책임을 회피하려 들면 사태는 걷잡을 수 없이 커진다. 그것을 인정하고 반성하고 사과할 때 발전이 있고 개선될 수 있다.

잘못을 인정하는 태도야말로 진정한 변화의 출발이다. 도요타 문제에서도 보았듯이 완성된 시스템, 완전무결한 경영이라는 것은 아예 존재하지 않는다. 지금 성공을 거두었다고 해서 착각과 교만에 빠져서는 안 된다.

끓는 물에 개구리를 집어넣으면 즉시 튀어나와 생명을 유지하지만, 찬물 속에 개구리를 넣고 천천히 가열하면 개구리는 점점 올라가는 온도를 자각하지 못하고 기진맥진한 채 그대로 죽고 만다. 변화에 예민하지 못하고 현재에 순응하기만 하면 돌이킬 수 없는 불행에 빠지고 마는 것이다.

기업에는 반드시 변화의 온도를 포착하는 감수성이 있어야 한다. 거시적이고 다양한 측면에서 끊임없이 잘못을 지적하는 목소리에 귀를 열어야 한다. 사내에서 활발한 소통이 이루어져야 하고 소비자의 목소리에도 귀를 기울여야 한다. 이것을 실제 경영에 반영하여 변화를 일구어야 함은 물론이다.

아이콘을 클릭하는 방식의 편리한 컴퓨터 운영체제를 가장 먼저 개발한 곳은 제록스의 팔로알토연구소라고 알려져 있다. 이것을 애플이 모방했고, 마이크로소프트가 윈도우즈를 통해 대중화시키는 데 성공했다.

그런데 원조 격인 제록스는 이 엄청난 기회를 살리지 못했다. 몇몇 직원들이 가능성에 주목했지만 그들의 목소리는 묻히고 말았다. 변화를 위한 활발한 소통이 이루어지지 못했기 때문이다. 잘못을 지적하며 개선을 요구하는 목소리가 조직 안에서 울려 퍼지지 못했다.

겸허히 자기 잘못을 돌아보고 인정하는 것이 변화의 스타트 라인이다. 그리고 진정한 변화를 위해 공감과 비전, 신념과 실천이 조화를 이루어야 한다. 공감이 없다면 방관이, 비전이 없다면 혼란이, 신념이 없다면 회의가, 실천이 없다면 좌절이 난무할 것이다.

A+에셋은 세계 금융위기라는 불가항력적 상황에서도 성장을 거듭해왔다. 우리의 가치와 문화, 마케팅에 대한 자부심도 강하다. 그렇지만 우리 안에 여러 문제와 잘못이 있을 것이다. 드러난 것도 있고, 아직 알지 못하는 것도 있다. 시스템상으로 잘못된 것도 있고 사람이 잘못하는 일도 있다.

그래서 우리가 잘못하는 것을 발견하고, 인정하고, 시정하면서 근본적 변화를 꾀하기 위해 내부와 외부로 귀와 마음을 열고 있다.

범사에 감사하라

나는 감사할 것이 많은 사람이다. 우리 회사의 상품을 구매하며 성장을 이끌어주었고 칭찬과 조언을 아끼지 않은 수많은 고객, 대기업을 나와 회사를 열었을 때 상대적으로 불확실한 미래를 감수하면서 나를 믿고 함께해준 동료, 그리고 그 이후 당장의 이해관계보다 고객 중심이라는 가치와 비전에 기꺼이 동참한 수많은 TFA와 스탭들, 개인적으로는 나를 아끼고 사랑해준 가족과 친지와 친구들, 나에게 GA라는 혁신적 방식을 선택하고 고객 중심의 금융 발전이라는 벅찬 꿈과 도전 과제를 갖도록 이끌어주신 하나님께 감사한다.

이렇듯 감사하는 마음은 지금까지 나와 우리 회사의 원동력이었고 앞으로도 그럴 것이다. 나는 감사의 문화가 우리 회사에 넘쳐나기를 바란다. 고객들에게 감사하고, 함께 일하는 동료에게 감사하는 사람의 인생은 풍요롭고 긍정적이다. 누구나 이런 사람과 함께하고 싶어 할 것이다.

감사할 일이 많다면 다행이겠지만 현재 상황이 나쁘더라도 감사할 수 있다. 아름다운 장미꽃뿐만 아니라 그 가시조차 감사할 수 있어야 한다.

감사를 훈련할 수도 있다. 노만 빈센트 필 박사는 지금 가진 것을 생각하고 적어보는 방법을 권했다. 내 나라, 가족, 건강, 주거지, 친구, 직장, 기회 등 지금 현재 내가 가지고 있는 것을 하나하나 짚어가며 그것을 기록함으로써 내가 얼마나 많이 가지고 있는지 발견할 수 있고 감사하는 마음을 가질 수 있다.

소록도에 애양원을 설립하고 나병환자를 위해 평생을 헌신한 손양원 목사는 여수·순천사건 당시 두 아들이 살해당하는 아픔을 겪었다. 그러나 그는 아들을 살해한 가해자를 위해 구명운동을 펼쳤고 심지어는 그를 양자로 삼았다. 두 아들의 장례식장에서 손 목사는 아홉 가지 감사의 마음을 고백했다.

① 나 같은 죄인의 혈통에서 순교의 자식이 나게 하셨으니 하나님께 감사합니다.

② 허다한 많은 성도 중에서 어찌 이런 보배(한센인)를 주께서 하필 내게 맡겨주셨는지 주께 감사합니다.

③ 삼남 삼녀 중에서도 가장 아름다운 두 아들 장자와 차자를 바치게 된 나의 축복을 감사드립니다.

④ 또한 한 아들의 순교도 귀하다 하거든 하물며 두 아들의 순교라니요. 감사합니다.

⑤ 예수 믿다가 와석종신하는 것도 큰 복이라 하거든 하물며 전도하다 총살 순교 당함이라니요. 감사합니다.

⑥ 미국 가려고 준비하던 내 아들 미국보다 더 좋은 천국 갔으니 내 마음 안심되어 감사합니다.

⑦ 나의 두 아들을 총살한 원수를 회개시켜 내 아들 삼고자 하는 사랑하는 마음 주신 하나님께 감사합니다.

⑧ 내 두 아들의 순교의 열매로 말미암아 무수한 천국의 아들들이 생길 것이 믿어지니 우리 아버지 하나님께 감사 감사합니다.

⑨ 이 같은 역경 속에서 이상 여덟 가지 진리와 신애를 찾는 기쁜 마음, 여유

이렇듯 어떤 이들에게는 원망과 좌절의 이유가 어떤 이들에게는 감사의 이유가 된다.

훌륭한 경영은 감사하는 마음에서 비롯된다. 일본에서 경영의 신으로 추앙받는 마쓰시타 고노스케는 자신을 만들어준 세 가지에 대해 감사한다고 자주 이야기했다. "신은 나에게 세 가지 은혜를 주셨다. 첫째, 너무 가난한 것이다. 그래서 어릴 때부터 구두닦이, 신문팔이 등 다양한 세상 경험을 쌓을 수 있었다. 둘째, 몸이 약한 것이다. 그래서 항상 운동에 힘써 늙어서도 이렇게 건강하게 되었다. 셋째, 공부가 짧은 것이다. 초등학교도 졸업하지 못했기 때문에 세상 사람들을 모두 나의 스승으로 여기고 언제나 배우는 일에 게으르지 않을 수 있었다."

가난하고 몸이 약하고 못 배운 것을 신의 축복으로 여기고, 그것에 대해 감사하다니, 보통 사람으로서는 생각하기 힘든 경지다. 이런 감사하는 마음이 조직 전체로 확산되고, 고객에게 퍼진다면 그 회사는 정말 일할 만한 곳이 될 것이며 자연스럽게 가치 있는 성과가 나올 것이다.

현재에 감사하는 사람은 미래에 투자하는 것이다. 미국 국무장관 콜린 파월은 한 작업장에서 인부들과 일한 경험이 있다고 한다. 그때 한 사람이 삽에 몸을 기대고는 자신의 일에 대해 불평을 하고 있었다. 그리고 그 옆에서 다른 한 사람은 콧노래를 부르며 즐겁게 도랑을 파고 있었다. 몇 년이 지난 후 파월이 다시 그 작업장을 찾았는데 불평을 일삼던 사람은 여전히 삽에 몸을 기댄 채 불평을 늘어놓았고 감사하는 마음으로 열심히 일하던 사람은 지게차를 운전하고 있었다. 다시 몇 년 이 흘러 파월이 그곳에 갔을 때는 불평하던 사람은 회사에서 쫓겨났고 열심히 일하던 사람은 그 회사 사장이 되어 있었다고 한다. 불평과 감사는 이렇게 인생을 바꾸어놓는다.

행복을 예견하고 미리 준비하라

금융업은 단순히 고객의 돈을 늘려주는 사업이 아니라 고객의 행복을 증진시키는 일이라고 생각한다. 특히 보험은 갑작스럽게 찾아오는 불행이나 위기에 맞서 고객의 행복을 유지하고 확장시키는 업이다. 그래서 나는 우리 회사의 TFA들이 개인적 또는 사회적 행복을 전파하는 역할을 하고 있음에 대해 긍지를 느끼도록 강조한다. 그런데 행복을 전하는 통로가 되기 위해서는 행복에 대해 이해해야 하고, 자신이 먼저 행복해야 한다.

미국에서 1930년대 말 하버드대학에 입학한 268명을 대상으로 72년에 걸쳐 행복한 삶의 조건에 대해 장기 추적 조사를 했다. 그리고 일곱 가지 결과를 내놓았다. 그것은 ① 고난에 대처하는 성숙한 자세, ② 평생에 걸친 교육, ③ 안정적인 결혼생활, ④ 45세 이전의 금연, ⑤ 적절한 음주 또는 금주, ⑥ 규칙적 운동, ⑦ 적당한 체중이었다.[29]

거액의 재산이나 화려한 명성, 세상을 쥐락펴락하는 권력과 같은 거창한 것을 행복의 조건으로 생각한 사람은 다소 의외일 것이다. 이런 행복은 '운'이 아니라 '의지'로 이루어지는 것이다.

나는 고려대학교 교수를 역임했던 고 김인수 장로의 강의를 매우 감
동적으로 들었다. 그래서 그의 강의를 녹음한 CD를 다량으로 만들고
그것을 직원과 고객들에게 나누어주었다. 그분은 가정의 가치와 행복
에 대해 깊은 통찰에 도달했고 이를 쉽고 감동적인 언어로 표현하고 있
다. 그 내용 중 일부를 보면 다음과 같다.

밤에 둘이서 길을 걷다가 제가 갑작스럽게 옛날에 연애하던 것같이 갑자기 허
리를 낚아채 가지고 키스를 해주었더니 아주 녹아요, 녹아. 그러면서 "여보 누
가 봐요!" "보긴 누가 봐. 빈틈없는 남편이 앞뒤 다 봤는데. 누가 보면 어때. 누
가 보면 어때요." 지금은 제가 강북에 삽니다만은 예전에 강남에 살 때 13층
에 살았었습니다. 저하고 아내하고 엘리베이터를 같이 탈 때 저는 그때 허송
세월하지 않습니다. 거기서 또 한 번 잔치를 벌이는 거지요. 아내는 막 코너로
도망가요. 어디로 도망가? 그 좁은 데서. 한쪽 코너로 몰아놓고 열렬하게 키
스를 해줍니다. 아내가 "여보 누가 들어와요." "들어오긴 누가 들어와. 딩동해
야 들어오지!"

요즘도 아내가 설거지를 하고 있으면 제가 뒤에 가서 꼭 껴안아줍니다. 그저
기회 있을 때마다 아내에게 사랑을 베풉니다. 그런데 제가 이제 예순이 넘었
고 제 아내도 쉰다섯이 넘었습니다. 예순 넘은 남자가 쉰다섯 넘은 여자에게
뭐 키스하고 싶겠어요. 하나도 하고 싶은 생각 없어요. 그런데 왜 하는가? 남
편 된 도리를 다하는 거예요. 좋은 것 왜 안 합니까? 저는 그렇게 생각합니다.
여자는 평생 남편의 사랑에 푹 빠져서 그저 헤어나오지 못할 정도로 남편의
사랑을 확인받으며 살아야 한다고 생각합니다. 누구를 위해서 그래요? 나를
위해서! 아내를 사랑하는 자는 누굴 사랑한다고 했죠? 자기를 사랑하는 겁니

다. 제 아내가 행복해지면 우리 가정이 행복해져요. 정말 행복한 가정은 내 배우자를 행복하게 해주는 겁니다.[30]

김세레나라는 가수가 불러서 히트를 한 〈갑돌이와 갑순이〉라는 노래가 있다. 요즘 젊은이들은 잘 모르지만 40대 이상은 그 곡조와 가사를 잘 알고 있다. 같은 마을에 살며 마음으로 사랑하던 두 사람이 결국 다른 곳으로 시집, 장가를 가서 후회한다는 가사다. 한국적 은근함과 애절함 때문에 많은 이들의 사랑을 받았다. 그런데 곱씹어 생각하면 안타까운 상황이 아닐 수 없다. 시대착오적인 생각까지 든다. 갑돌이와 갑순이는 모두 솔직하지 못했다. 사랑은 이래야 한다는 편견에 자신의 행복을 묻어버렸다. 표현하지도 못했다. 자신과 사랑하는 이에 대해 행복을 적극적으로 실현하고자 하는 의지도 없었다. 이제 더 이상의 갑돌이와 갑순이의 눈물은 없었으면 좋겠다. 같은 시절에 유행했던 또 다른 노래 〈최 진사댁 셋째 딸〉처럼 과감하게 사랑과 행복을 쟁취하는 사례가 넘쳐나야겠다.

나에게, 우리 가족에게, 우리 회사 모든 TFA와 임직원들에게 행복에의 의지가 불타오르기를 소망한다. 남을 사랑하고 행복하게 만들겠다는 강한 의지가 자신의 행복을 창조하고 그것을 전하는 출발이 된다. A+에셋은 구성원들을 행복하게 하고, 그 구성원은 자신의 가족과 고객을 행복하게 만들고, 그것이 우리 사회 전체의 행복으로 확장되는 아름다운 선순환이 일어날 수 있도록 행복을 창조하는 기업문화 만들기는 계속될 것이다.

원칙이 있는
마케팅

A⁺에셋의 철학과 가치는 기업문화 속에 녹아 있다. 그렇다면 일선 TFA들이 마케팅할 때는 이것이 어떻게 나타날까?

A⁺에셋은 우리가 마케팅 활동의 근간으로 삼을 만한 열 가지 원칙을 마련하여 공유하고 있다. 이는 그간의 축적된 경험과 학습한 내용을 정리해서 만든 것이다. 구체적인 마케팅 방법론과 기술은 이 원칙을 현장에 적용하면서 더 풍부해진다. 이는 다음 장에서 자세히 다룰 것이고 먼저 마케팅 원칙을 소개하면 다음과 같다.

① 마케팅은 제품이 아니라 인식의 싸움이다

② 현장에서 끈질김과 간절함으로 승부하라

③ 소통의 맥을 잡아라

④ 저질러라

⑤ 듣는 이로 하여금 생각할 여지를 남겨둬라

⑥ 마케팅은 소비자의 호감이다

⑦ 고객에게 빚지게 하라

⑧ 이야기꾼이 되라

⑨ 주위 가까운 사람부터 잘해줘라

⑩ 사전에 공부하고 요약해서 이야기하라

마케팅은 제품이 아니라 인식의 싸움이다

유럽인에게 감자는 주식이라 할 만큼 중요한 곡물이다. 그런데 예전에는 그렇지 않았다고 한다. 18세기 유럽인에게 감자는 악마의 열매로 절대 먹지 말아야 할 음식이었다. 먹을 것이 부족한 그 당시에 영양가 높은 감자가 널리 보급될 필요가 있었지만, 대중에게 터부의 대상이 된 터라 해결책이 필요했다.

그때 프랑스의 농학자 파르망 티에가 재미있는 대책을 내놓았다. 그는 감자의 유용성을 시시콜콜 설명하는 대신 감자에 대한 인식을 통째로 바꾸어놓을 이야기를 했다. 그는 이렇게 말했다. "감자는 귀족만 먹을 수 있습니다. 만약 아무나 먹는다면 무거운 벌을 받을 수 있습니다." 파르망 티에 이후 감자는 더 이상 악마의 열매가 아니었다. 금기 식품이 귀족용 고급 식품으로 바뀐 것이다.

1949년 독일 폭스바겐 자동차가 미국 시장에 진출했다. 그 당시 미국에서는 크고 화려한 자동차가 유행했고 그것이 자동차를 판단하는 절대 기준이었다. 그런데 폭스바겐이 내놓은 자동차는 작고 보잘것없어 보였다. 초기 시장에서 폭스바겐은 외면당할 수밖에 없었다.

폭스바겐은 '작고 보잘것없다'는 대중의 인식을 바꾸어야 했다. 그들은 마케팅 캠페인을 통해 작은 차야말로 경제적이고 효율적임을 강조했다. 광고를 통해 '작게 생각하라' '젊은이를 위한 차' '갤런당 38마일을 달리는 차' 등의 메시지를 전달하며 작은 것이 초라하고 보잘것없다는 편견을 경제적이고 효율적이라는 인식으로 바꾸어놓는 데 성공했다.

이 두 이야기를 통해 마케팅의 절대적 원칙 하나를 발견할 수 있다. 그 제품이 어떠냐가 아니라 소비자가 그 제품을 어떻게 인식하느냐가 승부를 결정짓는다는 사실이다. 한 제품의 속성은 고객의 인식에 따라 꼭 사야 할 이유가 되기도 하고 외면해야 할 이유가 되기도 한다. 거칠게 표현하자면 자본주의 사회의 모든 제품은 고객의 욕구와 필요에 의한 것이므로 그 자체로서의 독립적 속성이라는 것은 아예 존재하지 않는다고 말하는 것이 옳겠다. 그 이름을 불러줘야 비로소 꽃이 되는 것처럼 모든 제품은 고객의 인식 속에서 규정된다.

그러므로 고객과 제품의 연결 지점에서 고객이 긍정적으로 인식할 수 있도록 제품을 정의하고, 생각의 틀을 제시하는 것이 마케팅의 역할이 된다.

회사 거래 관계 때문에 웅진코웨이 윤석금 회장과 대화를 나눌 기회가 있었다. 웅진코웨이가 비데를 확산시키기 위해 시도한 마케팅에 대해 들었는데 그 내용이 인상적이었다. 그는 한국에서 아직 생소한 비데를 보급하기 위해 소비자 인식을 바꿀 필요가 있었다. 시장에서의 경쟁보다는 시장 자체를 키우는 것이 급선무였다. 사치품에서 필수품으로의 발상의 전환이 선행되어야 했던 것이다.

그는 모든 여자 고등학교에 비데 하나씩을 증정하기로 했다. 교장 선생님들은 비데를 설치해주겠다는 제안을 반갑게 받아들였다. 그런데 각 학교마다 진풍경이 벌어졌다. 비데가 설치된 그 화장실 칸에 긴 줄이 늘어섰다. 그리고 비데를 경험한 여학생들은 집에서도 이것을 이용하고 싶어 했다. 호사스럽다는 인식이 당연히 필요하다는 인식으로 바뀐 것이다. 이런 과정을 거치며 비데는 생활필수품으로 재정의되어 시장을 확장할 수 있었다고 한다.

고객 인식 창조는 결코 제품의 기능과 가치를 왜곡하는 것이 아니다. 철저히 고객 관점에서 제품에 대한 새로운 발상을 유도하는 것이다. 그러려면 시장과 소비자에 대한 충분한 연구가 있어야 한다. 소비자의 숨은 욕구와 필요가 무엇인지를 알고 그것을 시원스럽게 해소해주어야 인식의 싸움에서 이길 수 있을 것이다.

사회와 금융 환경이 급변하고 있다. 저출산, 고령화, 저금리, 금융 정보 개방 등으로 소비자의 잠재 욕구가 달라졌다. 이전에 주목받지 못했던 금융상품들의 가치가 새롭게 인식될 여지가 생겼다. 고객의 상황을 다각도로 연구하고 여러 금융상품의 숨은 가치를 발굴하고 해석하는 능력이 무엇보다도 중요한 시점이다. A⁺에셋은 이런 변화에 발맞추어 고객에게 새로운 인식을 제시하고자 하는 학습과 연구를 게을리하지 않고 있다.

현장에서 끈질김과 간절함으로 승부하라

1992년 아버지께서 세상을 떠나셨다. 그때 시골의 땅을 가족의 유산으로 남기셨는데 당시 삼성생명에서 한창 바쁘게 근무하던 시절의 내게 그것을 관리할 책임이 주어졌다. 나는 그 땅을 처분해 경북 경산 도로변에 있는 토지를 사서 주유소를 열었다. 당시 주유소 업계의 관행은 월 매출의 세 배 정도를 무이자로 대출해주는 것이었다. 이 자금을 주유소 경영에 활용하기도 하고 다른 경로로 운용하여 이익을 남기기도 했다. 초기에 우리 주유소 매출은 월 3억 정도였는데 관행을 따라 9억을 대출받았다.

그런데 예기치 않은 일이 벌어졌다. 우리 주유소에 인접한 도로를 넓히면서 공사가 시작되었고, 공사 현장 때문에 길이 막혀 차량의 주유소 접근에 차질이 생긴 것이었다. 월 매출은 1억으로 줄어들었다. 무이자 대출 역시 3억으로 줄어들었다. 나는 현금흐름에 큰 문제가 생겨 엄청난 고민을 안게 되었다. 절박한 심정이었다. 문제를 해결하지 않으면 가족의 소중한 자산을 통째로 날릴 수도 있었다. 절박한 심정으로 궁리에 궁리를 거듭했다. 그리고 두 가지 방안을 내어 실행에 옮겼다.

첫째는 시골 마을의 특성을 이용하는 것이었다. 주로 노인들이 많이 거주하다 보니 기름보일러의 연료가 떨어지는 일이 잦았다. 나는 각 가정의 보일러에 제어장치를 달아 연료가 떨어질 즈음 신호가 자동으로 페이저(삐삐)로 수신되는 아이디어를 냈다. 그래서 고객 가정의 연료 부족을 즉시 알고 연락을 취할 수 있게 만들었다. 우리가 전화하면 어르신들은 "아니, 언제 우리 집 뒷간에 왔다 가셨어?"라며 놀라곤 했다. 이

조치로 20% 이상 매출이 늘었다. 두 번째는 단골을 관리하는 것이었다. 우리 주유소는 공사 때문에 위치가 좋지 않았고 가격경쟁을 할 형편도 못 되었다. 그런데도 단골이 있었다. 주로 회사에서 연료비를 내고 증빙을 제출하는 직장인들이었다. 나는 이들이 찾을 때마다 연료 주입구 주변에 스티커를 붙이게 했다. 이 스티커가 다섯 개가 되면 단골로 생각하고 이분들의 주소를 파악했다. 모두 700명의 단골 명단이 정리되었다. 우리는 시골에서 농사지은 쌀을 포장해 정성스러운 편지와 함께 택배로 보냈다. 단골들의 충성도는 더 높아졌다. 이분들은 불편을 감수하고 계속 주유소를 찾아주었다.

나는 아이디어가 반짝반짝하는 사람이 아니다. 그런데도 절실한 마음으로 생각을 거듭하다 보니 아이디어가 나왔다. 절박한 상황에서의 몸부림이 창조적인 마케팅을 만든 셈이다.

나는 절실함이야말로 아이디어와 실행력을 높이는 원천이라고 생각한다. 절실한 마음으로 끈질기게 방법을 강구하고 실천하는 것이 최우선이다. 여기서 효과적인 마케팅 아이디어와 유용한 방법이 나오기 마련이다.

마케팅 현장에서 절실함은 힘을 발휘한다. 조선 후기의 거상 임상옥의 일대기를 다룬 최인호의 소설 《상도》를 보면 인상적인 장면이 나온다. 청나라 상인들이 인삼을 거래하면서 턱없이 낮은 가격을 불렀다. 이역만리까지 힘들게 가지고 온 인삼을 그냥 가져갈 리 없을 것이라는 생각 때문이었다. 싸게 사려는 쪽과 제값을 받으려는 쪽의 이해관계가 부딪히는 상황이다. 이때는 더 절실한 쪽이 이긴다.

임상옥은 청나라 상인들이 지켜보는 자리에서 인삼 더미에 불을 붙였다. 깜짝 놀란 청나라 상인들이 임상옥을 말렸고 결국 높은 값을 받고 인삼을 전량 팔 수 있었다. 소중한 물건을 제값에 팔려는 절실한 목표가 임상옥이 용기 있는 행동을 하도록 이끈 것이다.

그러면 절실함에서 출발한 마케팅이 어떻게 풍부해질 수 있을까? IBM의 사례를 참고할 수 있을 것 같다. IBM은 마케팅을 강조하는 회사다. 역대 CEO 8명 중에 6명이 마케팅 출신이다. IBM의 CEO 비벡 굽타는 고객 지향적 스토리텔링을 펼치는 데 천부적인 재능을 발휘하고 있다. 그는 절실함에서 출발한 끈질긴 고객 마케팅을 펼친다.

첫째, 고객의 현장을 구체적으로 살피며 고객의 '아픈 부분'을 파악한다.

둘째, 자연스러운 관계를 맺으며 사적인 대화를 시도한다.

셋째, 고객 입장에서 스토리텔링을 전개한다. 마지막으로 나 자신을 파악한다. 내부 고객, 기술, 연구진까지 철저히 분석한다.

이런 치밀한 과정을 거치며 노력하는 동안 고객 만족도가 상승하고 계약이 늘어난다고 한다.

마케팅이 성공적이지 못한 이유를 기회가 없다거나, 운이 나빴기 때문이라고 치부하는 사람들이 많다. 한두 번은 그럴 수도 있다. 그러나 전반적으로 그렇지는 않다. 내가 경험적으로 생각하건대 성공하지 못하는 가장 큰 이유는 간절함이 없기 때문이다.

궁하면 통하고 거듭 두드리면 열리는 것이 세상의 이치다. 성경을 보면 악한 재판관조차도 간절한 마음으로 자신을 계속 찾아와 탄원하는 과부의 청을 거절하지 못하는데 선한 신께서 절실한 기도를 들어주지 않겠느냐는 이야기가 나온다. 간절하고 끈질기게 목표와 현실의 문제에 매달리자. 그것이 마케팅의 출발이며 원칙이다.

소통의 맥을 잡아라

여름밤 구성지게 우는 귀뚜라미는 수놈이다. 짝짓기를 위해 구애의 음성을 높이는 것이다. 쉬지 않고 계속 그렇게 울어대는 귀뚜라미 수놈이 짝짓기에 성공할 확률은 5% 내외에 지나지 않는다고 한다. 주로 목소리가 크고 좋은 놈에게 기회가 주어진다. 그러나 크고 아름다운 소리로 울 능력이 없는 귀뚜라미도 기회를 만들 수 있다. 가장 크고 목소리 좋은 놈 바로 앞 길목에서 암놈이 목소리 크고 좋은 놈을 찾아 지나갈 때 자신이 할 수 있는 최대한의 목소리를 최대한의 시간 동안 내는 것이다. 더러는 그런 식으로 구애에 성공한다고 한다.[31]

이화여대 최재천 교수가 강의를 통해 이야기한 귀뚜라미 사례다.

나는 이것을 고객과 마케터의 소통에 연결하여 이야기하곤 한다. 마케팅 사고로 비유하여 말하자면 구애에 성공한 귀뚜라미는 고객과의 소통 접점을 제대로 찾았다고 할 수 있다. 화려한 목소리를 낼 수 있다면 좋겠지만, 그것만이 능사가 아니다. 고객과 만나고 대화할 수 있는 맥을 잡는 것이 더 중요하다. 그때 진실한 자기 소리를 냄으로써 소통할 수 있을 것이다.

마케팅은 소통이다. 그런데 일방적으로 과장을 늘어놓는 것은 소통이 아니라 일종의 사기다. 그런데도 마케팅에 대한 오해가 존재하는 것 같다. 마케팅을 유혹이나 기만술 같은 미끼를 이용한 일종의 낚시질로 간주하는 경향이 그것이다. 좋은 품질과 서비스의 바탕 없이 멋들어진 카피로 선전을 일삼는 것은 결코 마케팅이 아니다. 명품 가방을 샀는데 지퍼나 바느질과 같은 기본적인 부분에 문제가 있다면 얼마나 허탈하겠는가. 품질 나쁜 명품, 불친절한 프리미엄 서비스, 맛없는 맛집과 같은 말은 아예 존재할 수조차 없다. 소비자의 판단, 입장, 이야기와 마케터의 메시지가 신뢰를 형성하며 소통하는 과정에서 마케팅이 형성되는 것이다.

삼성의 이건희 회장은 휴대전화 출시 초기 통화 품질이 나쁘다는 이유로 어렵게 생산한 제품 전량을 전 직원이 지켜보는 가운데 태워버렸다. 자기 상품에 대한 이 정도의 집념과 각오가 있어야 진정으로 소통할 수 있다.

그런데 어떤 이들은 자신의 회사 규모가 작고, 시장에 늦게 진입했다는 등의 이유로 소통의 기회조차 없다고 불평하기도 한다. 그러나 나는 그렇게 생각하지 않는다. 앞에서 말한 것처럼 절실하게 묻고 현실에서 가까운 데에서부터 생각한다면 소통의 접점을 찾을 수 있다.

목소리 작은 귀뚜라미가 그렇듯 반드시 소통하겠다는 절박함 속에서 무엇이 소통의 맥이 될지 곰곰이 생각하면 소통의 접점이 형성된다. 어떤 때는 내가 판매하지 않는 생소한 분야의 필요가 소통의 맥이 될 수 있고, 어떤 때는 기존 상품에 대한 고객의 불만이나 아주 사소한 필요가 소통의 맥이 될 수 있다. 그리고 우연한 만남의 시간이 소중한 소통 경로가 되기도 한다.

A⁺그룹에서는 여러 경로로 고객과 소통할 접점을 만들어 그들과 만나고 대화할 수 있다. 쇼핑길에 편하게 보험상품에 대해 살펴볼 수 있

는 라운지, 부유층 고객들이 서로 어울릴 수 있는 골프행사, 부동산 관리에 고심하는 고객을 위한 A⁺리얼티, 대출에 대한 니즈가 있는 고객을 위한 A⁺모기지, 아름다운 삶의 마무리를 위한 A⁺라이프의 '효담' 상조 서비스, 셀뱅킹을 포함한 헬스케어 서비스, 세금과 상속 등 자산관리에 관한 심도 있는 서비스를 제공하는 CFP본부 등 고객의 다양한 관심사를 중심으로 허심탄회하게 대화할 수 있는 현장을 활짝 열어두고 있다. 이 현장들이야말로 친밀한 고객 소통이 이루어지는 맥이다.

저질러라

미국 켄터키 주에 식당을 운영하는 65세의 노인이 있었다. 그는 빠른 압력 튀김 방식이라는 독특한 조리법으로 식당을 운영했는데 제법 인기를 끌어 주지사로부터 켄터키 커널이라는 별칭을 받기도 했다.

그러나 레스토랑 주변 도로가 사라지면서 손님이 줄어 적자에 빠졌고 결국 파산에 이르고 말았다. 그의 재산은 생계비에도 못 미치는 사회보장 연금이 전부였다. 그리고 그는 무엇인가를 하기에는 너무 늦은 나이였다.

그렇지만 그는 새로운 실천에 나섰다. 치킨 튀김 레시피가 유일한 희망이었다. 그는 치킨 튀김 요리법을 다른 사람에게 전수해주고 이익의 일부를 나누는 방식의 사업을 계획했다.

누구나 예상할 수 있는 것처럼 그를 반기거나 그의 이야기를 경청하는 사람은 없었다. 그는 1,009번이나 거절을 당했다고 한다. 문전박대가 거듭되다가 한 사람, 또 한 사람 그의 제안을 받아들이기 시작했다. 드디어 투자자가 등장했다.

빠른 조리 시간과 간소화된 메뉴를 앞세운 효율성 높은 그의 식당은 패스트푸드 업계에 돌풍을 일으켰다. 이후 존 브라운 주니어라는 사람에게 매장을 넘겼는데 그 이름이 KFC가 되었다.[32]

패스트푸드 체인 KFC의 모태가 된 커널 샌더스의 이야기다. 지금도 KFC 매장 앞에서는 흰 양복을 입은 온화한 미소의 노신사 커널 샌더스를 만날 수 있다.

커널 샌더스가 재기할 수 있었던 유일한 힘은 실천이었다. 그에게는 자본금도, 멋들어진 사업계획서도, 젊음도 없었다. 1,000번 이상의 거절을 감수한 불굴의 실천력으로 밀어붙였을 뿐이다. 샌더스의 마케팅은 실천이었다. 그는 무모해 보이는 일을 저질렀다.

샌더스의 경우처럼 마케팅은 실천으로 이루어진다. 우리는 고민은 앞당겨서 하면서도 실천은 뒤로 미루는 경향이 있다. 그러다 결국 아무 것도 하지 못하곤 한다. 좋은 아이디어와 계획도, 확고한 결심도 실천으로 이어지지 않으면 사장될 수밖에 없다.

누구나 그것을 안다. 그런데도 왜 실천하지 않는 것일까? 게으름 때문일까? 물론 그런 점도 있지만 부지런한 사람조차도 쉽게 새로운 행동에 나서지 않는다.

심리학자들은 그 이유를 두 가지로 든다. 하나는 실패에 대한 두려움 때문이고, 다른 하나는 완벽에 대한 충동 때문이다. 실패 없이 완벽하게 이루어지는 일은 존재하지 않는다. 스스로 부족함을 받아들이면서 실패를 감수하고 실천이라는 도전에 나설 때 마케팅을 할 수 있다. 그러면 점점 더 완벽에 가까워지고 성공 확률도 높아진다.

저질러야 마케팅이다. 마케팅은 생각이 아니라 구체적인 행동이기 때문이다. 아무리 고민스러워도 뭔가를 해야 한다. 한여름 밤 아버지는 날씨가 더우니 창문을 열라고 하고, 어머니는 모기가 들어오니 창문을 닫으라고 한다. 이때 아들은 어떻게 할 것인가? 누구의 말도 거역할 수 없으니 행동을 피하면 될까? 반대로 모두의 말을 듣는 행동을 할 수도 있다. 그 아들은 창문을 열면서도 닫는 실천을 했다. 방충망을 설치한 것이다. 이처럼 실천 과정을 통해 창조적인 마케팅이 이루어진다.

명지대학교 김정운 교수는 《나는 아내와 결혼한 것을 후회한다》라는 간 큰 제목의 책을 썼다. 그런데 결혼했기 때문에 후회라도 할 수 있는 것이 아닐까? 저질러라. 목표를 세우고 행동에 옮겨라. 그것이 마케팅의 절대 원칙이다.

A⁺에셋의 역사는 과감한 실천의 연속이었다. 고객 중심적인 GA의 본격적인 도입, 상조와 헬스케어 등 고객의 전 생애에 걸친 서비스를 입체적으로 제공하는 자회사의 설립, 보험상품 라운지 등 많은 일을 저질렀다. 이런 실천이 현재 우리의 든든한 버팀목이 되고 있음은 물론이다.

듣는 이로 하여금 생각할 여지를 남겨둬라

스티브 잡스가 스탠퍼드대학 졸업식장에서 한 연설은 꽤 많이 알려져 있다. 그런데 이 연설을 차분하게 되새겨보면 괴이하기 그지없다. 명문 대학을 졸업하고 이제 막 사회로 나서는 학생들에게 자신이 가장 잘한 일이 대학을 그만둔 것이라며 김새는 소리를 한다. 거기다 사생아로 태어난 이야기, 자신이 창업한 회사에서 쫓겨난 이야기, 암에 걸린 이야기 등 젊은 희망과는 동떨어진 에피소드들이 연달아 나온다. 그러다 "죽음이야말로 삶의 가장 훌륭한 발명품"이라는 엉뚱한 결말에 도달한다.

반면 빌 게이츠가 하버드대학 졸업식장에서 한 연설은 격조가 있고 깔끔하다. 예의 바르고 논리적이다. 졸업생들을 존중하고 아낌없는 격려를 보낸다. 창조적 자본주의, 기업의 사회적 책임 등 차원 높은 주제들이 등장한다.

그런데 스티브 잡스의 연설은 재미있고 사람을 끄는 힘이 있는 반면 빌 게이츠의 연설은 그렇지 못하다. 이상한 일이다. 정제된 표현을 사용한 논리적인 연설이 설득력이 떨어진다.

우리는 그 이유를 '듣는 이'에게서 찾을 수 있다. 스티브 잡스는 이야기의 빈자리를 통해 듣는 이가 상상력을 발휘하며 창조하고 완성할 기회를 준다. 하지만 빌 게이츠는 타당한 이야기를 촘촘하게 엮음으로써 다른 생각이 들어설 여지가 없게 만든다. 그의 연설은 일방적으로 제시하고 강요하는 스타일이기 때문이다.[33]

두 사람의 프레젠테이션도 마찬가지다. 스티브 잡스는 이미지 위주의 단순한 화면을 사용하는 반면 빌 게이츠는 텍스트와 표가 정교하게 구성된 복잡한 화면을 쓴다. 스티브 잡스의 프레테이션에서는 생각할 거리가 늘어나고 빌 게이츠의 프레젠테이션은 듣고 이해해야 할 것 천지다.

마케팅에서는 스티브 잡스의 메시지 전달 방식이 효과적이다. 일방적으로 메시지를 전달하는 방식은 진정한 설득력을 발휘할 수 없다. 마케팅은 커뮤니케이션이다. 이는 상호작용이다. 소비자가 끼어들어 상상하고 창조하고 완성할 수 있는 자리를 남겨두어야 하는 것은 어쩌면 당연한 일이다.

마케팅은 재미있고 창조적이어야 한다. 그리고 듣는 사람이 참여할 기회가 있어야 한다. 강한 메시지를 제시하는 일방향 커뮤니케이션이 아니라 수용자가 함께 참여해서 완성하는 쌍방향 커뮤니케이션이 효과적이다.

결론이 뻔하고 전개가 천편일률적인 이야기는 지루하기 그지없다. 지나치게 논리적 완성도를 추구하다 보면 짜임새는 생길 수 있지만 듣는 이가 창조적으로 개입할 여지가 사라진다.

수용자는 커뮤니케이션의 객체가 아니다. 함께 메시지를 완성하는 주체다. 소비자 역시 마케팅을 함께 만들어가는 주체다. 이런 인식이 중요하다. 고객이 상상력을 발휘하고 주체적으로 편집할 기회를 주어야 한다.

A⁺에셋의 마케팅은 고객에서 출발한다. 절대 우리 상품이 어떤 게 좋다는 식으로 일방적으로 전달하지 않는다. 고객의 나이와 직업, 가치관, 현실적인 필요, 현재 금융 설계 등에 대해 충분히 듣는다. 그리고 우리는 그중에서 가장 적합하고 유리한 것이 무언지를 함께 찾아가려 한다. 이런 과정 속에서 고객들은 주체적으로 상품 설계에 참여하게 된다. 고객이 적극적으로 참여할 여지를 넓히는 것은 우리 회사 마케팅의 중요한 특징이다.

마케팅은 소비자의 호감이다

지인들과 자주 찾는 음식점 한 곳이 있다. 이곳은 뛰어난 맛과 서비스로 명성이 자자한데 식당에 들어서면서부터 왜 그렇게 유명하고 칭찬받는지를 직관적으로 알 수 있다. 이곳에는 "어서 오십시오"라는 판에 박힌 인사가 없다. 그 대신 60대의 주인이 공손히 무릎을 꿇고 따뜻한 차를 따라주며 "찾아주셔서 감사합니다"라고 반갑게 인사한다. 주문한 음식이 나오고 식사를 하는 동안 주인은 손님이 혹시 불편한 것이 없는지 세심하게 살핀다. 그래서인지 무언가 부탁하려는 순간 이미 그것이 자리에 와 있다. 맛있게 식사를 마치고 음식값을 치르는 순간에도 기분이 좋다. 미리 준비한 빳빳한 신권으로 거스름돈을 내주기 때문이다.

이렇듯 진심이 담긴 호의는 사람을 감동시키고 자연스럽게 호감으로 이어진다. 사람은 논리로만 이루어진 로봇이 아니다. 자연스럽게 감정에 이끌린다. 특히 모든 제품이 신속하게 복제되어 동질화되는 현대사회에서 호감은 차별화를 이루는 원천이 된다.

마케팅은 소비자가 그 회사나 제품에 대해 우호적인 감정을 갖도록 유도하는 과정이다. 그래서 마케터는 아무리 사소한 부분이라도 고객과 접촉하는 전 과정에서 호감을 창조하기 위해 최선을 다해야 한다.

그런데 호감은 단순한 친절과는 구별된다. 훨씬 더 범위가 넓은 개념이다. 로히트 바르가바는 《호감이 전략을 이긴다》라는 책을 통해 고객의 호감을 얻고 친밀한 유대관계를 얻는 원칙을 제시하고 있는데 그것을 정리해보면 다음과 같다.

첫째, 진실해야 한다. 가짜 호의는 금방 드러난다. 제아무리 매뉴얼에 나와 있는 멋드러진 말을 하더라도 진심이 없다면 전달되지 않는다.

둘째, 관련성이 있어야 한다. 자신의 상황과 전혀 상관이 없는 호의가 달갑게 여기질 리 만무하다.

셋째, 이타성에 근거를 두어야 한다. 자기 이익을 전제로 빤한 속내를 드러내는 사람에게 호감을 느낄 수는 없을 것이다.

넷째, 단순해야 한다. 호의의 내용이나 그것을 받는 절차가 복잡하다면 그것이 호의인지조차 파악할 수 없게 될 것이다.

다섯째, 타이밍이 적절해야 한다. 상대방이 원하는 그 순간에 호의를 베풀어야 의미가 살아난다. 내가 하고 싶을 때 호의를 베푼다면 생뚱맞게만 느껴질 것이다.[34]

고객에게 호의를 전하고 싶은데 방법과 통로를 찾지 못해 고민이라는 사람들도 있다. 그러나 앞에서 말했듯 절실한 마음으로 찾으면 길이 보인다. 내 이야기를 하겠다. 삼성생명에서 임원으로 근무하던 시절의 이야기다. 나는 2002년 4월 법인영업팀에 발령을 받았다. 롯데그룹, 한진그룹, 신세계, CJ, 농심, 고려제강, 세아제강 등 30개 정도의 법인 고객을 관리하며 영업을 추진하는 업무가 주어졌다. 그런데 나는 법인영업이 처음이라 고객들을 잘 알지 못했다. 한 법인에서 내가 알아야 할 사람은 담당 과장, 부장, 임원 세 사람 정도였다. 어림잡아도 90명 정도다. 한 주에 두 번씩 골프를 치더라도 1년 가까운 시간이 필요한 난감한 형편이었다. 나는 고객들에게 나를 알리고 호감을 창조하고 싶었다. 그런데 때마침 한일월드컵이 열렸다. 응원 열풍으로 거리마다 붉은 물결이 뒤덮었다.

나는 이 기회를 살리고 싶었다. 그래서 음식 솜씨가 좋은 일식집 한 곳과 협상을 했다. 생선회 4인분, 튀김 4인분을 요리하고 콜라 두 병, 소주 두 병을 함께 포장하여 도시락을 만들었다. 그리고 여기에 정성스러운 편지를 넣어 한국 팀 경기가 있는 날 경기 시간에 맞춰 고객께 일일이 배달했다.

16강전이 있던 날은 고객에게 따로 연락하지 않고 직접 집으로 보냈다. 그래서 가족과 함께 드실 수 있게 했다. 8강전과 4강전 때에는 고객에게 미리 연락해 도시락을 보낼 장소를 파악해서 고객이 이웃과 함께 드실 수 있도록 준비했다.

그때 법인영업팀 직원들이 시간에 맞춰 포장하고 배달하느라 고생을 많이 했다. 그렇지만 나는 빨리 고객들에게 내 이름을 알리고 호감을 살 수 있었다. 그 가족과 이웃들까지도 세심한 배려에 고마워했다고 한다. 10년이 더 지난 지금도 그때 일을 이야기하는 사람이 있는 것을 보면 그 선물이 강한 인상을 주었던 것만은 확실하다.

시대적 이벤트든 개인적 상황이든 적절한 타이밍에 맞춰 진실하고 정성스럽게 호의를 표시한다면 고객들로부터 자연스러운 호감을 이끌어낼 수 있음을 나는 경험을 통해 알게 되었다.

A+에셋은 고객의 호감을 창조하기 위해 애쓰고 있다. 그렇지만 작위적으로 호의를 가장하지는 않는다. 진실함이 그 첫째다. 우리는 선물 하나를 고를 때도 건성으로 하지 않는다. 쉽게 구하기 힘든 정성과 배려가 담긴 것만 선택한다. 예를 들면 어느 지역의 농부가 유기농으로 재배한 농작물과 같은 것이다.

그리고 본질적으로는 특정 회사나 TFA의 이해관계에 얽매이지 않고 고객에게 가장 유리한 상품을 찾는 고객 중심적이며 투명한 마케팅 그 자체가 고객 호감을 이끌어낸다.

고객에게 빚지게 하라

빚은 부담이다. 갚아야 마음이 편한 법이다. 그런데 고객이 세일즈맨에게 마음의 빚을 지고 있다면 어떨까? 그 사람은 직접 구매든 소개든 어떤 형태로든 그것을 갚고 싶어 할 것이다.

현대자동차에서 8년 연속 판매왕을 차지하며 연간 300대의 자동차를 판매한 최진성 씨는 자신의 영업 비결을 한마디로 요약했다. 바로 고객이 빚지게 만드는 것이다. 고객들은 이 빚을 갚기 위해 기꺼이 그의 영업을 돕는다.

고객을 빚지게 하는 마케팅은 결코 말처럼 쉽지 않다. 고객에게 돈이 아닌 정성으로 빚을 주려면 지독한 성실성이 필요하기 때문이다. 그러려면 자신의 일을 즐기고 사랑하는 마음이 전제되어야 한다. 최진성 씨는 어떤 순간에도 웃는 얼굴을 유지한다. 그리고 고객을 방문할 때 혈압 측정기를 가져가는 등 차별화를 추구한다.

고객에게 빚지게 할 때 핵심적인 관건은 성급하게 결과를 재촉하지 않는 것이다. 빚진 고객들은 언젠가는 갚게 되어 있다. 그런데도 억지로 결과를 앞당기려 하다가는 부작용이 생긴다. 고객의 마음에는 고마움이 사라지고 악덕 고리대금업자의 이미지만 남는다. 최진성 씨는 이런 원칙을 지키며 고객이 자발적으로 새로운 고객을 소개하도록 만드는

전략을 선택한다.[35]

마케터는 고객이 마음속 깊이 빚졌다는 생각을 들게끔 만들어야 한다. 그리고 그 빚은 고맙고 즐거운 것이라야 한다.

나를 비롯해 A+에셋의 동료들은 간혹 고객에게 의외의 제안을 할 때가 있다. 부유층 고객이 금액이 큰 상품에 가입하려고 결심했는데도 소액의 상품을 권하는 식이다. 예를 들어 월 소득이 1억이 넘는 분이 비과세 연금에 가입하고자 하는데, 가입 후 5년 동안은 모집수당 등 사업비를 떼기 때문에 10만 원 내외의 소액을 내고 사업비 공제가 완료된 후에 사업비를 떼지 않는 추가 납입을 통해 큰 금액을 내도록 권유하여 고객의 이익을 최대한 고려하는 식이다. 이때 고객은 세금 혜택을 받으면서도 사업비 공제를 최대한 줄인 가장 유리한 상품을 선택할 수 있다. 현재 고객의 재력을 이용하여 이익을 보려 하지 않고 철저하게 고객에게 합리적인 제안을 하는 우리에게 그 고객은 빚졌다는 생각이 든다고 말한다.

이렇게 투명하게 모두 보여주는 마케팅은 고객들에게 빚을 주는 셈이다. 즐겁게 이 빚을 갚으려는 고객들에 의해 A+에셋은 존경받는 기업으로 발전할 수 있을 것이라 믿는다.

이야기꾼이 되라

우리 회사 전 직원은 고객의 화물을 약속한 시간에 배송하기 위해 혼신의 힘을 다 쏟고 있습니다. 그러니 우리 서비스를 믿고 맡기셔도 좋습니다.

많이 들어본 듯한 말이다. 택배업체는 흔히들 이렇게 광고한다. 그렇다면 이런 건 어떤가?

눈보라가 드세던 날입니다. 로키산맥 정상에 있던 무선중계국이 마비되었습니다. 이 때문에 몇 곳의 우리 회사 사무실 전화가 단절되었습니다. 통신업체에 문의해보니 복구에 5일이나 걸린다고 했습니다. 이 상황이면 고객의 화물을 제때 제대로 전달할 수 없습니다. 어쩔 수 없는 천재지변이라 포기해야 할 처지입니다. 이때 우리 직원 한 사람이 자기 신용카드로 헬기를 전세 내 직접 통신망 복구에 나섰습니다. 악천후로 착륙하기가 쉽지 않자 그는 헬기에서 직접 뛰어내려 허리까지 잠기는 눈을 헤치고 기어이 케이블을 연결시켰습니다. 통신망은 복구되었고 우리는 고객의 화물을 제때 전달할 수 있었습니다.

항공 특송업체 페덱스에서 실제로 있었던 이 이야기는 삽시간에 퍼져나가 회사의 이미지와 신뢰도를 크게 높였다. 이 회사가 시행한 어떤 매체의 광고나 창의적인 카피보다도 마케팅 효과가 훨씬 더 강력했다고 한다.

스토리는 마케팅 메시지를 생생하고 신뢰감 높게 전달한다. 논리적으로만 잘 짜인 광고 카피는 그 자체의 완결성은 높을지 몰라도 고객의 마음을 얻지는 못한다. 그러나 스토리에는 즐거움과 감동이 있다. 가치와 의미가 그 속에 담긴다. 그래서 스토리는 광고가 범람하는 세상에서 강력한 마케팅 도구가 된다.

현대를 지식정보화 사회라 한다. 그렇다면 미래는 어떤 세상일까? 코펜하겐 미래학연구소의 롤프 옌센 소장은 '드림소사이어티'라는 단어로 미래상을 압축해 표현했다.[36] 이 시대는 '꿈과 감성과 이야기'가 주도하는 사회다. 이 사회에서 마케팅은 단지 상품을 파는 단계를 넘어서야 한다. 꿈과 의미, 가치를 전달해야 하기 때문이다. 그러기 위해 마케터는 이야기꾼이 되어야 한다.

동서식품은 자신의 제품인 커피를 스토리로 재창조했다. 2년에 한 번 동서커피문학상을 공모하는데 이는 국내 최대 규모의 여성문학상이다. 그들은 이렇게 말한다.

주부 여러분, 문학에 대한 꿈과 열정은 어디로 갔습니까? 다시 펜을 잡으십시오.

동서식품은 커피와 글쓰기를 조화시킴으로써 여성들의 숨겨진 감성을 자극하여 표면으로 끌어내었다. 이때 커피는 카페인 음료를 넘어 문학도의 친구로 자리매김한다.

좋은 스토리텔링을 위해서는 삶에 대한 깊은 이해가 필요하다. 그래야 인생의 희로애락을 관통하는 이야기와 메시지를 연결할 수 있다. 무엇보다도 스토리가 강력하고 설득력이 있어야 한다. 그렇지만 소설을 써서 스토리텔링을 할 수는 없다. 이것은 마케팅이 아니라 사기이기 때문이다.

이야기꾼이 되기 위해서는 이야기를 알아야 할 뿐 아니라 스스로 창조할 수 있어야 한다. 나는 우리가 고객을 만나고 일하는 과정 전체가 스토리임을 늘 강조한다. 특히 우리 TFA들은 감동 드라마의 주인공이다. 마지못해 떠밀려서 사는 것이 아니라 훌륭한 작품의 주연으로 스토리를 창조해가고 있다.

A⁺에셋에서는 매일 수많은 이야기가 생겨난다. 자기 인생을 극적으로 변화시킨 TFA, 눈속임을 하지 않고 약속한 제품을 사용한 후에 남은 금액을 되돌려주는 상조 서비스에 감동한 고객, 철저한 분석과 진단을 통해 잘못된 금융상품 설계를 바로잡은 고객, 장애 자녀를 잘 돌볼 수 있는 효과적인 대안을 찾은 고객 등 이루 말할 수 없는 이야기가 있다. 이렇게 감동적인 스토리를 창조함으로써 드림소사이어티에 다가서는 것이 A⁺에셋의 마케팅 역량이라 자부한다.

주위 가까운 사람부터 잘해줘라

논어에 "근자열 원자래(近者悅 遠者來)"라는 말이 있다. 이 말은 정치의 본질에 대해 묻는 초나라 섭공에게 공자가 대답한 내용이다. 그 뜻을 풀이하자면 "가까이 있는 사람을 기쁘게 만들면, 멀리 있는 사람은 저절로 찾아온다"는 의미다.

근자열 원자래의 원리는 마케팅에도 그대로 적용된다. 현재의 고객에게 집중하여 그를 기쁘게 만들면 지금은 멀리 있어 보이지 않는 잠재 고객들이 나를 찾아오게 마련이다.

소비자가 제품을 구입할 때 광고에 영향을 받는 비중은 15% 이내라는 조사 결과가 있다. 나머지 85%는 '사람'에 의해 이루어진다. 평판과 구전이 결정적이다. 그러므로 마케팅이 성과를 내기 위해서는 사람을 움직여야 한다.

가까이 있는 고객을 화나게 하면 멀리 있는 고객을 쫓아 보내는 것과 마찬가지다. 이웃으로부터 "그 집 참기름은 고소하지 않고 밍밍해." "길 건너 중국집은 비위생적이야." "상가 2층 세탁소 아저씨 눈빛이 음흉해." "수요일에 오는 채소 트럭은 신선하지 않아." 등의 이야기를 듣는다면 어떨까? 별 거리낌 없이 그 가게를 찾아 물건을 사거나 서비스를 이용할 수 있을까?

조 지라드는 15년 동안 1만 3,001대의 자동차를 판매하여 기네스북에 오른 전설의 세일즈맨이다. 그는 우연히 모임에 참석했다가 그곳에 모인 사람 숫자를 세어보았다. 대략 250명 정도였다. 다른 결혼식이나 장례식을 살펴보며 평균 250명 정도가 참석함을 알게 되었다. 이를 통해 한 사람이 평균 250명 정도의 인간관계를 맺고 있다는 '250명 법칙'을 만들어 자신의 세일즈에 적용했다. 그는 한 사람의 고객을 만날 때마다 그의 뒤에 보이지 않는 250명이 있음을 상기했다. 그리고 한 사람의 신뢰를 잃으면 곧 250명의 고객을 잃는 것이라 여겼다. 이런 자세로 고객 한 사람 한 사람을 최고로 대했고 그 노력의 결과 거머쥐게 된 타이틀이 세계 최고의 세일즈맨이다.[37]

현대는 조 지라드가 활약하던 1960~70년대보다 인간관계의 폭이 훨씬 더 넓다. 인터넷 네트워크로 연결된 세상에서 구전 마케팅의 범위는 작은 지역사회를 넘어 전 지구적으로 확장된다. 그러나 그 출발은 소박하다. 지금 현재 내 옆의 고객을 기쁘게 만드는 것이다. 그러면 멀리 있는 미래 고객이 나를 찾아올 것이다.

우리가 최선을 다해 섬기는 A⁺에셋 고객들은 정직하고 투명하며 고객 중심적인 판매에 기뻐한다. 이분들 중 상당수는 우리의 우군이 된다. 그래서 재구매와 소개로 이어지는 확률이 높은 편이다. 이것이 A⁺에셋 성장의 중요한 동력이 되고 있다.

사전에 공부하고 요약해서 이야기하라

금융상품을 판매하는 마케터라면 세계 경제의 전반적인 현황에서부터 변화의 흐름, 미국과 유럽, 일본, 중국 등의 경제상황과 한국 경제의 양상 등 거시적인 경제 흐름을 알아야 한다. 그리고 이것이 미시적으로 가계와 개인 생활에 어떻게 연결되는지 파악해야 한다. 이와 함께 라이프스타일과 트렌드가 어떻게 흘러가는지에 관해서도 공부할 필요가 있다. 또한 고령화와 같은 사회 키워드가 개인에게 어떤 리스크가 될지 혹은 기회로 작용할지도 꿰뚫어야 한다.

그렇지만 이것을 난삽하게 마구 제시하면 안 된다. 핵심을 추려 지루하지 않게 이야기할 줄 알아야 한다. 현대인들은 데이터 스모그 시대를 살고 있다. 하루에도 수천 건씩의 정보에 노출된다. 단순명쾌하지 못한 메시지는 거부될 수밖에 없다. 단순함은 결코 지식의 빈약함을 나타내지 않는다. 오히려 본질을 꿰뚫고 핵심을 파악하는 고도의 능력에 의해 뒷받침된다.

A⁺에셋은 회사의 모든 구성원들이 다양하고 방대한 지식의 백그라운드를 바탕으로 핵심을 요약해서 이야기할 능력을 갖출 수 있도록 다양한 교육 프로그램을 운영하거나 지원하고 있다.

마케팅 메시지도 최대한 단순화하고 있다. 상품 콘셉트도 한두 가지의 압축되고 임팩트 있는 메시지를 일관성 있게 전달하는 방식을 취한다. 모든 강점을 모든 소비자에게 전달하려는 마케팅이 성공한 사례는 없다. 정치에서 이명박 전 대통령은 경제, 오바마 미 대통령은 변화만 줄기차게 외쳤다. 기업도 도미노피자는 빠르고 믿을 만한 배달 서비스, 에이비스 렌터카는 2등의 위치에서 두 배 열심히 하는 모습 등을 강조한다. A⁺에셋도 모든 서비스의 특징을 정직함과 투명성으로 압축했다. 이 한마디로 모든 설명이 가능하기 때문이다.

변화와 도전을
사랑하라

세계 최고의 경영컨설팅회사 맥킨지를 총괄 지휘하는 CEO는 도미니크 바튼(Dominic Barton)이다. 그는 2000~2004년 맥킨지 서울사무소의 대표로 근무했는데, 이때 경험을 통해 한국에 대해 잘 알고 깊은 호감을 품게 되었다고 한다.

나는 2001~2002년에 도미니크 바튼 회장과 프로젝트를 함께한 경험이 있는데 열정적이고 도전정신이 넘치는 그의 모습이 뇌리에 강하게 남아 있다. 내가 삼성생명의 임원으로 일하고 있던 그즈음 일본의 중견보험회사가 문을 닫는 충격적인 일이 일어났다. 이를 계기로 삼성생명도 위기의식을 느꼈고 맥킨지에 경영자문을 의뢰했다. 그리고 당시 맥킨지 서울사무소의 대표이던 도미니크 바튼이 컨설팅팀을 구성하여 삼성생명을 찾았다.

회사의 현황을 파악한 도미니크 바튼은 충격적인 경영진단 결과를 내놓았다. 외형적으로 건실한 삼성생명이 실은 심각한 수준의 위기에 빠져 있다는 것이었다.

도미니크 바튼의 팀은 회사 여러 층의 구성원들에게 회사의 나아갈 바와 위기가 될 요인에 대해서 질문했는데, 최고경영진과 중간관리자, 일선 직원들의 이야기가 제각각이었다. 회사가 일치된 변화의 방향도 없이 표류하는 조직처럼 가고 있다는 그의 지적은 삼성생명이 근본적이며 전체적인 변화의 틀을 잡는 결정적인 계기로 작용했다.

그가 역설한 변화의 메시지는 내가 삼성생명을 떠나 A⁺에셋을 창업하고 경영하는 동안에 큰 자산이 되었다. 이후 도미니크 바튼이 아시아 태평양 담당 대표를 거쳐 맥킨지 전체를 총괄 지휘하는 회장으로 취임했다는 소식, 2013년 3월 '아시안 리더십 콘퍼런스' 참석차 서울을 방문했다는 소식 등을 언론 기사를 통해 접하게 되었다.

나는 도미니크 바튼의 기사를 볼 때마다 역동적인 그의 모습과 변화의 메시지를 새삼스럽게 떠올린다.

근본적인 변화를 추구하라

도미니크 바튼은 일상적 개선을 넘는 근본적인 변화를 강조했다. 근본적인 변화란 '하던 일을 더 잘하면 된다'는 차원을 뛰어넘는다. '변하지 않으면 죽는다'는 절박한 심정이 있어야 한다. 과거와 완벽한 단절을 이루어야 하며 강력한 추진력을 발휘해야 변화의 성과를 이룰 수 있다.

또한 조직 전체가 하나가 되어야 한다.

한국 금융의 환경은 이미 변화의 임계점을 넘어서고 있다. 변화한 고객들이 변화된 요구를 쏟아낸다. 그런데도 전통적 폐쇄성이 여전히 앞을 가로막는 실정이다. 나는 이 시대의 금융과 금융인들에게 고객의 요구에 맞춰 근본적으로 변하지 않으면 죽는다는 절박함이 있어야 한다고 믿는다.

방송과 신문, 경제 잡지 등에서는 '금융 백화점 시대' '금융상품의 비교·선택' '고객에게 최적화된 금융 서비스' '독립 재무상담사와 금융판매전문회사 도입' 등의 기사를 계속 쏟아내고 있다.

변화의 방향은 정해져 있다. 그런데도 근시안적 이익에 연연해 근본적인 변화의 흐름을 외면하는 우를 범해서는 안 된다. 도미니크 바튼은 언론 인터뷰를 통해 변화를 주저하는 한국 금융에 대해 따끔한 조언을 했다.

"한국은 중요한 금융센터가 될 수 있는 곳인데, 아직 그 잠재력을 끌어올리지 못하고 있습니다."

나는 위기와 위기 사이에는 위기보다 두세 배는 더 큰 기회가 있다고 믿는다. 그래서 위기 상황에 숨어 있는 기회를 살릴 변화를 시도하고자 한다. 이렇듯 A⁺에셋은 한국 금융의 근본적 변화 흐름 속에서 탄생했고 운영되고 있다. A⁺에셋이야말로 한국 금융 변화의 선도자가 될 수 있다고 감히 자부한다. 그리고 A⁺에셋의 전 구성원들 역시 한 방향으로 이 변화를 현장에서 실천하고 있다.

회사가 요구하는 이상의 기준을 갖고 도전하라

도미니크 바튼은 한국인들의 열정과 도전정신을 높이 평가하며 그것이 현재 성장의 원동력이 되었다고 분석했다. 도미니크 바튼 역시 도전정신이 충만한 인물이다. 그는 맥킨지의 파트너 심사에서 두 번이나 탈락했다. 그때마다 그는 '나는 맥킨지보다 훨씬 높은 기준을 세워야지' 하고 스스로에게 다짐했다고 한다.[38]

회사가 제시하는 기준보다 더 높은 기준을 세워 도전하는 사람의 앞길이 어떨지는 굳이 설명할 필요조차 없을 것이다.

우리는 미래를 향해 끊임없이 도전해야 한다. 나는 눈앞의 현실에만 급급해서 미래를 포기하는 사람들을 보면 안타까운 생각이 든다. 그들은 '10년 전에 무엇을 했더라면 지금 부자가 되었을 텐데'라고 후회하지만 10년 후를 위해 지금 무엇을 할지 생각하지 않는다. 생각이 없으니 실천도 할 수 없다.

한국 현대사에서 10년 후, 20년 후를 바라본 선각자들은 미래를 향해 도전을 거듭했다. 그 결과 한국은 지금의 자리까지 오를 수 있었다. 험난한 과정이었고 때로는 실패도 있었다. 그러나 실패의 경험과 장해물이 오히려 그들을 강인하게 했다.

지금 미래를 향한 새로운 도전 과제들이 펼쳐져 있다. 국가에도, 회사에도, 개인에게도 도전해야 할 일들이 많다. 높은 기준을 가지고 도전하고 성취하자.

경주마가 아니라 야생마로 달려라

변화와 도전으로 가득 찬 역동적인 삶의 구체적인 모습은 어떤 것일까? 나는 자주 '경주마'와 '야생마'라는 좋은 비유를 통해 직원들과 대화하곤 한다.

경주마와 야생마 이야기는 하버드 비즈니스스쿨 하워드 스티븐슨 교수의 인터뷰에 등장한 것이다. 하워드 스티븐슨은 가장 많은 멘티를 거느린 멘토로 많은 이들의 존경을 받고 있는데, 2007년 심장마비로 쓰러져 죽음의 문턱을 넘나든 경험도 있다. 그는 변화의 길목에서 도전을 선택하는 사람을 향해 안전해 보이지만 진정한 성장을 가로막는 트랙을 벗어나라고 충고했다.[39]

자신은 열심히 달리고 있다고 생각하지만 실제로 정해진 트랙만 맴도는 것은 아닌가?

경주마는 단순히 골인 지점만 보고 달린다. 그러나 야생마는 갈 곳이 어딘지, 피할 곳이 어딘지를 끊임없이 생각하며 때로는 천천히 달린다. 경주마는 달리기 위해 생각을 멈추지만 야생마는 생각하기 위해 달리기를 멈춘다.

인생은 그리고 비즈니스의 현장은 정해진 경로로 달리기만 하면 되는 트랙이 아니다. 그러나 어떤 이들은 자신의 배경이나 자신이 속한 회사가 일종의 트랙이라고 느낀다. 그래서 이미 정해진 규칙대로 고민할 것 없이 달리기만 하면 된다고 여긴다. 그러면서 좁은 세계에 자신을 가두어버린다.

나는 금융 마케팅을 하는 사람들이 야생마처럼 일해야 한다고 생각한다. 트랙은 착각 속에서만 존재한다. 험준하지만 넓은 세계가 펼쳐져 있다. 멀리 보고 때로는 깊이 생각하며 앞길을 살피며 달리는 야생마만이 목적지에 제대로 도착할 수 있다.

제3장

A+에셋만의 차별화된 솔루션

부자 마케팅의
보고(寶庫)

나는 2009년 《부자 마케팅으로 승부하라》라는 책을 썼다. A⁺에셋 창업 초기의 마케팅 경험을 엮은 것인데, 제목처럼 부자 마케팅을 어떻게 할 것인가가 중심 내용이었다. 그런데 우리 회사가 '부자' 고객에만 집중하는 것이 아닌가 하고 오해하는 사람도 있었다. 우리가 부자 고객을 중심으로 영업한다는 소문이 들리는 것은 A⁺에셋이 타 금융회사들에 비해 고액계약 비율이 높기 때문이고 부자 마케팅에서 탁월한 성과를 올렸기 때문이다.

그렇지만 우리 고객 중 부유층은 제한되어 있다. 우리는 금융이 부자에게도 필요하고 가난한 사람에게도 꼭 필요하다고 생각한다. 우리는 어느 쪽 고객도 등한시하지 않는다. 부자든 가난한 이든 고객의 상황과 특성을 정확히 이해하고 이에 적합한 솔루션을 제공하는 것이 우리의 과제다.

그러나 고소득층을 대상으로 금융형 상품을 고액 설계하여 판매하는 부자 마케팅이 생산성이 높고 매력적인 것은 부인할 수 없는 사실이다. 그래서 거의 모든 금융업체가 부유층 고객 공략에 전략적 투자를 하고 있다. 이미 오래전부터 시중은행의 PB(Private Banking)●, 증권사의 랩(Wrap)●● 등 전담 조직이 설치되어 다양한 부자 마케팅 활동에 나서고 있는 상황이다.

전통적으로 우리나라 부자들은 재산 가운데 부동산 비중이 높은 편이었다. 그러나 사정은 많이 변했다. 금융부자들이 많이 늘고 있다. 전체 부자들의 수 역시 지금보다 훨씬 많아질 것이다. 부동산 위주의 기존 부자들도 금융에 눈을 뜨게 될 것이고, 중산층 역시 금융자산을 통해 부자가 되는 일이 급속히 늘어날 것이다. 이런 흐름은 금융업에 몸담고 있는 사람들에게 큰 기회라 할 수 있다.

부유층의 금융자산 증가는 크게 보면 금융기관의 수익구조를 개선시킬 것이고, 작게 보면 금융기관에 소속된 세일즈맨에게는 호재로 작용할 것이다. 예를 들어 은행 PB센터들은 상위 15%의 고객이 전체 수익의 85%에 기여한다는 통계 결과를 가지고 있다. 생명보험사도 마찬가지다. 상위 15% 고객의 이익 기여도가 67%가량인 것으로 조사되었다. 실제 부유층 고객은 고액펀드나 예금 그리고 고액연금과 종신보험 등 금융자산이 많으므로 여기에 따른 수익의 기여효과가 크다고 할 수 있다. 덧붙여 부자 주변에는 늘 부자가 있기 때문에 잠재적인 이익 기여효과도 발생할 것이다.

이런 부자를 대상으로 한 마케팅은 금융 마케팅을 하는 사람에게도 도전해서 성공하고 싶은 분야이다. 부자들과 다양한 교류를 하면서 직

● PB: 1977년 미국의 시티은행크가 최초로 사용한 용어로 고소득층의 부호들을 주 대상으로 하는 맞춤 서비스다. 보통의 은행 거래와 달리 고객이 한 곳에서 은행 업무와 세무, 법무, 증권 등의 모든 서비스를 받는다.

●● 랩: 증권사 등 금융기관이 일정 비율의 수수료를 받고 투자자의 성향에 맞춰 적합한 투자전략, 유가증권 포트폴리오 구축에 대한 상담 등으로 고객의 금융자산을 운용·관리해주는 맞춤형 서비스.

업적으로도 성공할 수 있다면 얼마나 멋진 일인가? 그렇지만 그런 이상을 현실화시키는 데에는 상당한 어려움이 따른다. 지식과 경험을 갖춘 세일즈맨만이 부자 고객을 자신의 고객으로 만들 수 있기 때문이다.

물론 모든 금융 영업을 부자 마케팅으로 할 수는 없다. 또 그것이 반드시 성공으로 가는 보증수표라고 말할 수도 없을 것이다. 그리고 부자 마케팅을 할 때 전체적인 전략 측면에서 주의해야 할 사항이 있다. 실제로 우리 회사 TFA 중에서도 기존의 고객들에게 집중하기보다는 무리하게 VIP 고객층으로 영업전략을 급선회하면서 기존 시장과 신규 부유층 시장에서 모두 실패하는 경우를 종종 볼 수 있었다. 부자 마케팅은 체계적인 활동 프로세스 없이 그냥 하고 싶다고 당장 쉽게 이룰 수 있는 것이 아니다. 장기간에 걸친 고객관리와 금융, 세무, 부동산 등 일정 수준의 지식을 갖추어야만 가능하다. 특히 부자 마케팅을 한다는 명목으로 기존 중산층 고객들을 소홀히 할 경우 그들이 빠른 속도로 이탈할 수 있다. 그러한 중산층 고객들을 다시 유치할 때는 처음보다 두세 배 더 많은 시간과 노력이 소요됨을 잊어서는 안 된다.

우리나라 부유층이 원하는 자산관리의 우선순위는 금융자산 포트폴리오, 투자 정보, 부동산 투자, 세금, 보장 순이다. 세금 항목에 대해서는 부동산 관련 세금, 금융소득종합과세, 상속, 증여 등의 순으로 니즈(needs)가 높은 것으로 나타났다. 특히 자산규모가 큰 초(超)부유층일수록 상속 및 증여에 대한 관심이 높은 것으로 조사되었다.

이러한 조사 결과를 볼 때 다양한 금융, 부동산, 세무 등 전문적 지식과 정보를 겸비하고 부자들의 고민을 해결할 수 있는 능력을 갖춘 금융 세일즈맨만이 부자를 자신의 고객으로 만들 수 있음을 알 수 있다.

그러나 이는 결코 쉬운 일이 아니다. 부유층의 특수한 요구를 이해하고 이를 충족시키는 데 상당한 전문성과 입체적인 노력이 뒷받침되어야 하기 때문이다.

A⁺에셋이 주로 다루는 보험 분야를 예로 들면, 부자 고객들은 리스크 관리보다는 자산운용 포트폴리오 차원의 투자 개념에서 접근하는 성향이 짙다. 상속과 증여에 대한 관심도 많다. 그래서 세무와 법무를 포함한 종합적인 금융 컨설팅을 제공할 수 있어야만 한다.

이런 전문적인 서비스는 체계적인 네트워크와 시스템의 지원 없이는 제대로 제공할 수 없다. A⁺에셋은 창업 초기부터 이런 시스템을 구축하기 위해 많은 자본과 노력, 시간과 인력을 투자했다. 그래서 일선의 TFA들이 부자 마케팅을 어려움 없이 진행할 수 있도록 효과적인 체계를 갖추었다. 여기에 더하여 경험과 관계를 축적함으로써 A⁺에셋은 부자 마케팅을 잘하는 회사로 정평이 났다. 여기서 부자 마케팅을 위한 대표적 솔루션 몇 가지를 소개하겠다.

CFP본부, 부자 마케팅의 산실(産室)

한 TFA가 지인의 소개로 부자 고객 한 사람을 만났다. 그는 거액 자산을 소유한 기업가로 효율적인 금융 투자와 부동산 운용, 절세와 상속 문제, 기업 차원의 투자에 광범위한 관심을 두고 있었다. 그래서 TFA 개인의 힘으로 이 고객을 위한 효과적인 조언을 제공하기 힘든 상황이다. 이때 A⁺에셋 TFA의 선택은 자연스럽다. CFP본부의 도움을 받는다. 부유층 고객와 함께 CFP본부를 찾으면 그곳에서 그 고객의 모든 재무적 문제에 대한 진단과 해결안을 제시해주기 때문이다. 그럼으로써 기존에 자신의 고객으로 모시기 힘들었던 부유층을 고객화할 기회를 얻는다.

CFP®(CertifiedFinancialPlanner, 국제공인재무설계사)는 재무설계(Financial Planning)의 전문성을 높여 공익에 기여하기 위하여 미국의 공인재무설계위원회(CFP Board)가 국제적 기준에 따라 윤리, 교육, 경험, 자격시험의 네 가지 기본적인 자격인증 요건(4E's)을 충족하는 전문 인재를 선발하여 고객에게 종합 금융 서비스를 제공할 수 있는 자격을 인증한 종합 개인 재무설계사를 의미한다. A⁺에셋에서는 이런 전문가 집단이 TFA들의 부자 마케팅 활동을 전폭적으로 지원하고 있다.

부자 고객들의 니즈는 단순히 한두 가지의 측면에 한정되지 않는다. 대개 다양한 분야의 문제가 복합적으로 얽혀 있기 마련이다. 이런 고객에게 입체적인 솔루션을 제공하기 위해서는 한 분야의 전문가만으로 부족하다. 반드시 전문가 네트워크가 필요하다. A⁺에셋 CFP본부와 제휴를 맺고 있는 각 분야별 전문가 그룹이 이를 지원한다. CFP본부의 지원 시스템 덕분에 일선 TFA는 고객을 상담 장소로 모시고 옴으로써 성공적인 계약 체결로 연결할 수 있다. 이것은 A⁺만의 노하우라 할 수 있다.

타 금융권에도 VIP 고객지원 시스템이 수없이 많이 존재한다. 그러나 결국 고객에게 제공하는 금융 솔루션은 그 회사의 금융상품이나 해당 회사가 취급할 수 있는 상품에 한정되기 마련이다.

이런 면에서 A⁺에셋 CFP본부의 차별성이 돋보인다. 상담을 진행한 부자 고객들은 어느 한 회사의 상품에 치중되지 않은 객관적인 정보와 함께 금융상품에 포함된 사업비까지 투명하게 공개하는 모습에 만족을 표현하고 있다.

A⁺에셋 CFP본부의 또 다른 강점은 창립 당시부터 지금까지 수많은 자산가들의 상담 사례와 성공 사례의 노하우가 축적되어 있다는 것이다. A⁺에셋 CFP본부의 컨설팅 영역을 소개하면 다음과 같다.

개인 측면

- 상속, 증여, 금융소득종합과세 등 세금 및 법률 문제로 고민하고 있는 분
- 현재 투자하고 있는 자산을 점검하고 효과적인 재무설계를 받고 싶은 분
- 위험보장 및 노후설계와 관련한 종합적인 자산관리 서비스를 원하는 분
- 부동산 투자 설계와 효율적인 관리 방안에 대한 컨설팅을 받고 싶은 분

법인 측면

- 효과적인 법인 자산관리와 가업 승계 컨설팅을 받고 싶은 분
- 다양한 종업원 복리후생 서비스를 실행하고 싶은 사업주
- 법인의 시기별 절세 전략과 위험 관리에 대해 궁금해하는 분

그러면 CFP본부에서 이런 컨설팅이 구체적으로 어떻게 이루어지는

지 사례를 통해 살펴보자.

- 먼저 자산 이전에 관심을 두고 있는 고객이다. 그는 이미 과거 수십억 원의 상속세를 납부한 경험이 있다. 그래서 본인의 자산 이전에 대해 사전 점검을 요청했다. CFP 본부는 일부 부동산을 사전 증여하고 종신보험을 통해 상속세 납부 재원을 마련하는 방안을 제시했다. 그리고 정기금 평가를 통한 상속세 절세 방안도 내놓았다.

- 부동산 매각 자금 50억 원을 효율적으로 투자할 방안을 고민하는 고객에 대해서는 먼저 수익형 부동산을 분석하고 추천했다. 단·중·장기 금융상품 포트폴리오를 제안했으며 세무 자문을 진행하면서 절세형 투자상품도 추천했다.

- 은퇴설계에 대해 자문한 부유층 고객이 있었다. 그는 은행 적금과 펀드, 연금 등 여러 금융상품에 가입한 상태였는데 은퇴 후 사용 가능한 자산 점검을 요청했다. CFP본부는 현재 금융상품을 유지할 때의 은퇴 자산을 계산했고 물가상승률을 고려할 때 은퇴 시 필요자금과 현재 준비자금을 검토했다. 그리고 유동성과 수익성, 안정성을 고려한 금융상품을 제안했다.

- 부동산 자산 관련 컨설팅을 요청한 고객의 경우도 있다. 그는 서울과 수도권 및 지방에 아파트와 상가 등 다수의 부동산을 소유

했는데 부동산 가치평가와 함께 운영 방안에 대해 자문했다. 이
에 대해 보유 부동산의 시장 분석을 통한 가치평가를 하고 향후
전망을 분석했다. 이와 더불어 역세권 소재 수익형 부동산의 보유
에 대해 자문하고 각 부동산의 유형별 운영 및 관리 효율화 방안
에 대해서도 제안했다.

2013년 현재 A⁺에셋은 서울 강남, 서울 강북, 부산, 대구, 광주 다섯
곳에 CFP본부를 운영하고 있다. 지원인력을 포함한 30여 명이 VIP 상
담 및 지원 업무를 수행하고 있다.

또한 A⁺에셋 CFP본부는〈포트폴리오 저널〉이라는 잡지를 격월로 발
행하여 TFA들이 금융 전문가로서 고객을 관리할 수 있는 거리를 만들
어준다.

지방에서 활동하는 고능률 TFA 한 사람은 자신이 우리 일에 대해
고객에게 이야기할 기회가 1년에 여섯 번은 된다고 이야기한다. 그는
이 잡지를 받으면 고객에게 우편으로 전달하지 않고 직접 방문하여 자
연스럽게 재무나 금융에 대해 이야기하는 계기로 삼는다고 했다. 그리
고 이런 일들이 쌓이다 보면 자연스럽게 계약을 체결할 기회가 열린다
고 이야기한다.

A⁺에셋만의 차별화된 노하우, 투자강연회

금융 마케팅 현장에서 TFA들은 고객을 대하기가 조심스럽다. 어떤

이야기를 어떻게 풀어나가야 할지 고민에 빠지는 일이 허다하다. 고객과 좋은 관계를 유지하고 있는데 공연히 상품 이야기를 꺼내서 혹시 관계가 나빠지지 않을지, 또는 상담 중에 실수해서 고객의 신뢰를 잃지는 않을지 부담감을 느끼기도 한다. 그러나 실패가 두렵다고 아무 말도 하지 않을 수는 없다. 이럴 경우 A⁺에셋 TFA들에게는 큰 부담 없이 자연스러운 제안을 할 계기가 있다.

"사장님, 이번에 저희 회사에서 VIP 고객들을 모시고 투자강연회를 여는데 사장님께 매우 유익한 시간이 될 것이라 생각해 제가 초청했습니다. 바쁘시겠지만 꼭 오시면 사장님께 큰 도움이 될 것입니다."

고객과 대화 중 자연스럽게 이런 이야기를 하거나 초청장을 보내어 고객을 모시는 것이다. 대개 TFA가 해야 할 고객의 니즈 환기 단계는 투자강연회를 통해 자연스럽게 이루어지곤 한다.

특히 투자강연회는 현장 경험이 풍부한 강사가 직접 강연하기 때문에 원론적인 이야기를 넘어 전체적인 경제상황에서부터 세무 컨설팅, 투자의 방향 등에 관한 구체적인 부분까지 짚어준다. 그러면 고객들이 경제상황에 대해 이해하면서 자산관리의 중요성을 인식한다. 그리고 자신의 상황과 일치하는 부분에서 '나도 한번 상담을 받아봐야겠다'라는 생각이 자연스럽게 생긴다.

A⁺에셋 고액계약의 20% 이상은 투자강연회에 한 번 이상 참석한 고객들에게서 나왔다. 심지어는 다섯 번 이상 강연회에 온 분도 있다. 자주 뵙다 보니 그 고객과 친분이 쌓였는데 "왜 그렇게 많이 오셨습니까?" 하고 직접 여쭈어보았다. 그분은 "강연하는 강사가 일관성 있게 같은 말을 하는지 신뢰성을 확인하기 위해서"라고 답해주었다.

보통의 투자강연회와는 달리 우리 회사는 투자강연회가 끝나면 TFA가 고객과 접촉하여 개별 상담의사를 타진한다. 그리고 여기에 응한 고객을 대상으로 A+에셋의 전문가 그룹(CFP본부, 세무법인, 부동산법인, 법무법인)이 팀을 이루어 상담을 진행한다. 이 상담으로 계약이 성사되는 경우가 많다. 그렇지 않더라도 전문가에 의한 객관적인 상담으로 고객 만족도가 높아지며 TFA가 장기적으로 영업할 수 있는 토대가 구축된다.

A+에셋 TFA는 고객을 투자강연회에 초대하는 것으로 의미 있는 마케팅을 한 셈이 된다. 투자강연회 이후에도 단계별로 A+에셋만의 지원 시스템이 든든히 뒷받침해주기 때문이다.

A+에셋은 매월 열 차례 투자강연회를 개최한다. 보통 서울에서 두 번, 지방에서 여덟 번을 연다. 투자강연회는 행사 비용이 적지 않다. 그럼에도 불구하고 꾸준히 투자강연회를 하는 이유는 이것이 부자 마케팅을 하는 TFA들에게 강력한 지원이 되기 때문이다.

부자 마케팅의 가장 효율적인 툴(Tool), 골프 마케팅

한 TFA에게 꼭 친해지고 싶은 잠재 고객이 있다. 다양한 이야기를 나누며 이분의 관심사도 알고 싶고 적합한 제안도 드리고 싶은데 좀처럼 계기가 생기지 않는다. 이럴 때 편안한 자리를 마련할 수 있으면 좋겠다는 생각이 간절하다. 이때 A+에셋 TFA라면 골프 마케팅을 선택할 수 있다.

A⁺에셋은 정기적으로 부자 고객들을 모시고 골프행사를 한다. 매월 두 번씩 '골프 데이'를 정해 유명 골프장에서 40팀이 동시에 티오프를 한다. 이때 고객, TFA, 회사 임원이 한 조가 되어 게임을 하는데 끝나고 나면 친밀도가 상당히 높아진다. 함께 골프를 하게 되면 골프를 치는 4시간여 동안 고객과 여러 가지 이야기를 나눌 수 있다. 또한 TFA가 소개해준 고객과 직접 골프를 치고 같이 사우나도 가고 식사도 함께하며 7~8시간을 같이 보내게 되면서 상당히 편한 사이가 된다. 그러다 보면 자연스럽게 우리 회사에 대한 소개, 고객의 상황, 우리가 고객을 위해 할 수 있는 일 등을 이야기할 수 있다.

이때 고객은 금융에 대한 상담 정도는 받는 것이 좋겠다는 생각이 들고 골프 라운딩 한 번으로 상담을 추진하기가 거북한 고객에게도 "저희가 VIP를 위해 골프행사뿐만 아니라 투자강연회도 하고 있으니, 꼭 한번 찾아오시죠"라고 자연스럽게 이야기할 수 있다. 이럴 때는 고객도 편안하게 수긍을 한다.

이렇듯 골프는 부자 마케팅의 가장 효율적인 수단이자 가장 강력한 무기가 된다. 그래서 A⁺에셋은 골프행사 이외에도 TFA들이 골프를 마케팅에 잘 활용할 수 있도록 여러 지원책을 마련해두었다. 무기명 골프회원권을 다수 확보하여 고객을 위한 골프 초대가 용이하게 하면서 TFA 부담도 줄이고 있다.

A⁺에셋은 대규모 골프 이벤트를 통해 회사의 대중적 인지도를 높이는 마케팅도 적극적으로 수행하고 있다. 'A⁺에셋·골든비치 2013 코리아빅매치'가 대표적이다. 2013년 4월 5일에서 7일까지 열린 이 대회는 'SBS 골프'를 통해 전 경기가 생중계됨으로써 A⁺에셋이라는 회사 브랜

드를 골프 마니아 층에 널리 알리는 계기가 되었다.

대회가 열린 강원도 양양의 골든비치골프리조트는 설악산과 동해가 어우러진 최고의 자연환경을 보유하여 '한국의 10대 골프코스'를 3년 연속 수상한 바 있는 유명 골프코스이다.

특히 A⁺그룹의 VIP 고객 100여 분을 모시고 출전, 프로 골퍼와 직접 라운딩을 할 수 있는 특별한 사전 행사인 프로암대회를 마련했다. 프로 골퍼 1명, 고객 2명 그리고 그룹 임원 1명을 한 팀으로 구성하여 총 30개 팀이 신페리오 방식으로 라운딩을 진행했다. 회사의 VIP 고객에게 소중한 추억을 선물할 수 있었던 것이 회사의 보람이었다.

우리는 앞으로도 이런 골프 이벤트를 통해 골프를 즐기는 고객들과 더욱 친밀해지며, 회사 브랜드를 대중적으로 알려나갈 계획을 갖고 있다.

부자 마케팅의 최대 협력자, 명예자문위원 제도

마케팅에서 최고 단계는 무엇일까? 고객을 든든한 파트너, 조언자로 삼는 것이 아니겠는가. 그것도 최고의 고객을 든든한 우군으로 삼을 수 있다면 기업 입장에서는 더할 나위 없이 반가운 일이다.

A⁺에셋은 초우량고객을 '명예자문위원'으로 위촉하는 제도를 통해 이런 단계로 나아가고 있다. A⁺에셋은 GA업계 최초로 VIP지원파트를 설립하여 본사 차원의 특별지원 시스템을 구축하여 실시하고 있는데 이러한 VIP 고객 가운데 사회적으로 존경받는 분들에게 우리 회사의 경영자문역을 부탁하여 회사와 함께하는 기회를 만들고 있다.

그리고 매년 이분들을 모시고 'A⁺에셋 명예자문위원행사'를 1박2일 코스로 개최하고 있다. 이 행사는 우리 회사가 시행하는 프로그램 중 가장 품격이 높다. 그만큼 많은 비용을 아낌없이 투입하여 고객이자 회사의 어른으로서 만족과 긍지를 얻을 수 있도록 최선을 다하고 있다.

제1회 2011년 명예자문위원행사는 제주도에서 위촉식과 함께 골프 라운딩을 했고, 제2회 2012년 명예자문행사는 무주에서 1박2일로 가을 콘서트 콘셉트와 함께 골프 라운딩을 하여 고객 감동의 자리를 만들어내었다.

A⁺에셋 명예자문행사는 매년 행사가 끝난 뒤 고객들로부터 큰 감명을 받았다는 피드백을 많이 받고 있으며, 이를 계기로 2차 마케팅의 초석이 되어 담당 TFA에게 신규 고액계약 창출과 영향력 있는 가망고객 소개의 밑거름이 되고 있다.

명예자문행사는 A⁺에셋 VIP 마케팅 중에 최고라 할 수 있으며, 다른 어떤 금융기관도 따라 할 수 없을 만큼 차별화된 기획과 VIP 한 분 한 분 세심한 부분까지 놓치지 않고 챙기는 꼼꼼한 기획과 진행으로 행사 뒤 고객으로부터 극찬을 받는 행사로 자리매김하고 있다. 이는 대형 금융사 WM센터의 막대한 자금력을 동원한 화려한 행사에서는 느낄 수 없는 우리만의 차별화된 세심함이 돋보였기 때문이다. 아주 작은 부분에서부터 고객감동이 생길 수 있게 전 임직원이 합심하여 만들어낸 성과라 할 수 있을 것이다.

각 프로그램 연계를 통한 마케팅 효과 극대화

투자강연회, 골프행사, CFP본부의 상담을 거친 분들은 거의 모두 A⁺에셋의 고객이 된다. 이것이 우리가 일하며 성공하는 방식이다. 부자 마케팅의 모든 도구들은 서로 긴밀하게 연결되어 있으며 CFP본부와 제휴 네트워크, A⁺리얼티 등의 자회사들이 연합해서 대응한다. 물론 우리는 고액계약을 따내는 데 연연해하지 않는다. 고객에게 최선의 상담과 서비스를 제공할 뿐이다. 계약은 자연스러운 부산물이다.

앞서 설명했듯이 일단 상담에 들어가면 각 분야의 전문가들이 가장 객관적인 결과를 도출한다. 그러한 과정에서 고객에게 상품이 필요하면 이를 추천하는 식이다.

예를 하나 들어보자. 어떤 고객 한 분이 찾아왔는데, 이분의 재무적 고민이 다섯 가지였다.

첫째, 상가를 가지고 있는데 팔아야 할지 리모델링해야 할지 모르겠다는 것이다. 그리고 리모델링을 한다면 어떻게 해야 할지와 임대를 놓으면 어떨 것인지에 대해서도 고민 중이었다.

둘째, 남편 명의로 오피스텔을 가지고 있는데 남편이 이 오피스텔을 담보로 자주 대출을 받아 골치가 아프다고 했다. 그래서 이것을 양도하는 게 좋을지 자녀에게 증여하는 게 좋을지 판단이 필요한 상황이었다.

셋째, 채권을 보유하고 있는데 이것으로 자녀 명의의 부동산을 사도 괜찮을지에 대해 궁금해했다.

넷째, 주식투자를 하고 있는데 지금 가지고 있는 종목을 더 사야 할지 팔아야 할지에 대해 고민하고 있었다.

다섯째, 너무 많이 가입해서 복잡한 금융상품의 종합 분석 및 정리에 관한 것이었다.

어떤 TFA가 이 고민을 모두 해결해줄 수 있을까? 이런 복잡다단한 문제에 대해 컨설팅하고, 고객이 만족할 만한 답을 찾는 것은 어지간한 시스템으로는 엄두도 낼 수 없는 일이다.

그런데 우리는 이 고객에게 종합적인 보고서를 드렸다. 여기에는 먼저 상가 매각계획, 대상지 위치, 전경, 주변 현황, 적정 매각가 등에 관한 정보가 모두 담겨 있는데 구체적인 사진과 결론이 잘 정리되었다. 이 모든 것은 부동산 전문회사인 A⁺리얼티와의 협력 하에 이루어진 일이다.

오피스텔을 양도하는 게 좋을지 증여하는 게 좋을지에 관해서는 제휴된 세무법인이 분석해서 제안을 해주었다. 그리고 상가 건물, 무기명 채권 등에 관한 것도 분석과 해결책이 포함되었다.

금융상품에 대한 분석에 관해서는 CFP본부에서 해결책을 찾았다. 금융상품 판매의 입장에서만 생각한다면 첫 번째에서 네 번째 상담은 서비스라고 할 수 있을 것이다. 하지만 부유층 고객이 첫 번째에서 네 번째까지의 문제해결 방식에 만족한다면 금융상품에 대한 우리의 조언도 쉽게 받아들일 수 있다. 그런 면에서 A+에셋의 시스템이 고객을 만족시키고 TFA를 만족시킬 수 있는 것이다.

고객 친화형
마케팅의 결정체

누군가 나에게 마케팅의 성공 비결을 묻는다면 나는 주저 없이 '고객 최우선주의'라고 자신 있게 말할 수 있다. 우리 회사의 모든 시스템, 영업 방식, 경영 방침의 최우선 순위는 첫째도 고객만족, 둘째도 고객만족, 셋째도 고객만족이라는 흔들리지 않는 원칙이 있다.

A⁺그룹은 영위하는 업종 자체의 성격상 늘 고객과 함께할 수밖에 없다. 우리 회사는 모든 서비스와 상품을 고객의 입장에서부터 시작한다는 고객만족 경영의 대전제에 서 있다.

우리 업(業)의 개념은 기존의 자기 회사 상품만 판매하는 전속사와는 완전히 다르다. 이런 업의 개념에 따라 우리는 여러 회사의 금융상품 중 고객에게 가장 유리한 상품을 비교·분석하여 고객의 상황에 맞게 포트폴리오를 구성하고, 지속적인 사후관리 서비스까지 제공함으로써 고객에게 가장 유리한 서비스를 추구하고 있다.

A⁺에셋은 여러 금융사의 상품을 아웃소싱해서 고객에게 최적의 상품을 제공하는 회사다. 전속사와는 틀 자체가 근본적으로 정반대인 고객 친화적인 판매 채널인 것이다.

고객의 마음을 여는 핵심 열쇠, 오더메이드상품

고객이 만족할 만한 상품 포트폴리오와 차별화된 상품을 제시하는 것이 우리가 고객의 마음을 여는 핵심 열쇠다. 고객의 입장에서는 천편일률(千篇一律)적인 상품의 나열보다는 자신의 상황에 꼭 맞는 상품을 더 선호하기 때문이다.

차별화된 상품전략은 크게 두 가지로 생각할 수 있다.

첫째는 고객의 투자성향, 재무상황, 현금흐름 상황, 향후의 재무목표 등을 파악하고 다양한 상품을 바탕으로 효율적인 포트폴리오를 구성하는 것이다. 증권, 은행, 보험사 등 각 금융사의 상품을 아웃소싱하여 다각도로 분석한 후, 고객에게 가장 적합한 상품 포트폴리오를 구성하는 것이다. 이 또한 각 상품별 특징, 장단점, 손익구조 등을 면밀히 조사·분석해야 하기 때문에 간단치 않다. 자신에게 꼭 맞는 옷을 입었을 때의 기쁨처럼 자신에게 최적의 포트폴리오를 제공받은 고객의 만족도는 상당히 높다.

둘째는 차별화된 A⁺에셋 오더메이드(order made) 상품으로 승부하는 것이다. 명품이 비싼 이유는 그 희소성 때문이다. 모든 금융기관에

서 판매하는 상품보다는 고객에게 이익이 되는 오더메이드 상품으로 고객의 호감을 얻을 수 있다. 나는 이러한 아이디어를 바탕으로 보험회사와 협의를 통해 현재까지 A⁺에셋만의 특화된 오더메이드 상품을 꾸준히 개발하고 있다.

오늘날의 금융시장은 누구도 예측할 수 없을 만큼 빠르게 변화하고 있다. 은행, 증권, 보험 등 금융업의 장벽이 허물어지고, 매일같이 쏟아져 나오는 수많은 금융상품의 홍수 속에서 고객 상황에 맞는 금융상품 선택과 포트폴리오 전략은 더욱 어려워져 가고 있다. 재무목표 달성을 위한 전문가의 조언이 자산운용에서 필수적인 시대로 변화되고 있다. 이런 급변하고 있는 복잡한 금융상품에 발맞춰 금융 소비자 보호를 위한 각종 제도 및 규정들도 신설되고 있다. 이런 시장 변화에 가장 신속하고 적극적으로 대응해나갈 수 있는 조직과 시스템을 갖추고 있는 곳이 바로 A⁺에셋이다.

A⁺에셋은 수많은 금융상품 가운데 각 상품이 가지고 있는 장점과 고객의 입장에서 유리한 기능들을 추가하여 A⁺에셋만의 오더메이드 상품을 판매하고 있다. GA업계 최초 오더메이드 상품의 역사는 A⁺에셋 창립 때부터 이어져 왔다. 2007년 9월 창립 후 4개월 만인 2008년 1월 오더메이드 상품 제1호를 출시한 것을 시작으로 2013년 3월에는 A⁺에셋만의 33개 오더메이드 상품이 판매되고 있다.

A⁺에셋 오더메이드 상품의 경쟁력은 무엇일까? 그것은 바로 '고객의 이익'을 최우선으로 대변한다는 것이다. 우리만이 지닌 오더메이드 상품을 그룹별로 묶어 소개한다.

VUL종신보험

종신보험이란 피보험자가 유고 시 유족들에게 고액의 보험금이 지급되는 보장성 보험이다. 우리나라에서는 외국계 보험회사들이 '가족사랑'이라는 슬로건으로 많은 판매를 한 상품이기도 하다. A⁺에셋이 고객 입장에서 바라본 종신보험의 오더메이드 개발 시 포인트는 크게 두 가지다.

첫째, 동일 보장을 저렴한 보험료로 받을 수 있는 가격경쟁력이다. 종신보험의 주계약 보장 내용은 대동소이(大同小異)하다. 예를 들어 주계약 1억 원에 가입한다면 유고 시에 1억 원을 보장해준다. 그렇기 때문에 고객의 입장에서 동일한 보장을 저렴하게 준비할 수 있다면 현명한 선택이 된다. 이를 위해 A⁺에셋의 오더메이드 상품은 업계에서 가장 높은 예정이율을 적용하여 업계 동일 상품 대비 최고 47% 저렴한 종신보험을 판매하고 있다.

둘째, 생존 시 목돈 마련이 가능하게 저축보험으로 전환할 수 있도록 개발했다. 특히 위험보험료가 상대적으로 적게 차감되어 환급률 상승에 기여할 수 있도록 했고 필요자금 발생 시 중도인출을 활용하여 사용할 수 있고 중도인출분에 대한 재입금 수수료를 면제해 유동성도 확보했다. 또한 은퇴 후 연금전환 시 연금보험과 동일한 가입 시점의 경험생명표를 적용하면서 연금액 감소 헤지도 가능하며 100세 보증, 60년 확정연금형 등 안정적인 연금수령이 가능하도록 개발되어 고객들에게 인기리에 판매되고 있다.

암보험

2010년 국립암센터 통계를 살펴보면 대한민국 국민 3명 중 1명이 평균수명까지 생존 시 암에 걸리는데 치료비와 치료 기간 중 생활비 등에 막대한 비용이 지출된다. 그래서 암보험의 가입률이 높게 나타나고 있다.

A⁺에셋이 암보험에 대한 오더메이드 상품을 개발할 당시 중점을 두고 추진했던 사항은 기존 암보험의 단점을 극복하는 것이었다. 기존 암보험의 단점은 보장기간이 최대 80세로 종료된다는 것이다. 통계자료를 살펴보면 암 발병률은 50대부터 급격히 늘어 연령이 높아질수록 발병률도 지속적으로 증가한다. 그러나 암보험의 보장기간이 80세로 종료되어 그 후 암이 발병하면 고객이 보장을 받지 못하는 구조였다. 그래서 A⁺에셋의 오더메이드 암보험은 종신보험처럼 사망 시까지 보장될 수 있도록 보장기간을 연장했다.

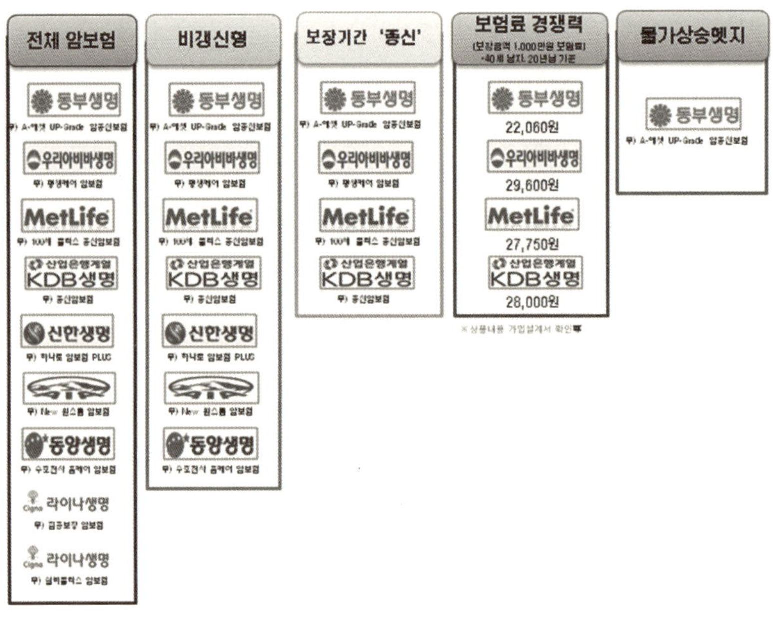

그리고 가입 당시 보장금액이 고정되어 미래에 보험금을 받을 때 물가상승률을 따라잡기 힘들다는 단점도 보완 과제였다. 예를 들어 30세에 5,000만 원이라는 보장금액은 충분할 수 있지만 20년 후인 50세에 발병한다면 상황이 다르다. 물가상승률을 연 4%로 가정할 때 실질 가치는 2,281만 원밖에 되지 않기 때문이다. 그래서 우리는 업계 최초로 물가상승률에 대비한 암보험을 판매하게 되었다.

저축성보험

2013년 이후 재테크의 주요 키워드는 '절세'이다. 금융소득종합과세 기준이 연 4,000만 원에서 2,000만 원으로 대폭 축소되면서 금융소득 종합과세를 남의 일로만 생각했던 중산층 및 서민층까지 관심을 갖게 되었다. 그래서 한도 없이 비과세 활용이 가능한 저축성 보험은 자산운용의 필수상품으로 인식되고 있다. 그렇다면 많은 저축성 보험 중 가장 경쟁력 있는 상품을 선택하는 주요 포인트는 무엇이 있을까? A⁺에셋이 저축성 오더메이드 상품을 준비하면서 고려했던 부분은 세 가지로 요약할 수 있다.

첫째, 수익성 측면이다. 보험상품에는 사업비라는 명목으로 고객이 매월 납입하는 보험료에서 일정 부분을 차감한 후 적립한다. 예를 들어 A보험사가 10%의 사업비를 부과하고 B회사는 5%의 사업비를 부과한다고 가정해본다면 고객이 100만 원을 투자했을 때 A사는 90만 원이 적립되고 B사는 95만 원이 적립될 것이다. 만약 두 상품이 7.5%의 수익을 낸다는 가정 하에 1년 후 적립금을 보면 A사는 96만 7,000원이 되고, B사는 102만 1,000원으로 사업비를 더 부과한 A사는 원금 이하의 수익성을 보이게 된다. 여기서 알 수 있듯이 사업비는 수익성 척도의 중요한 요인으로 작용한다. 그래서 A⁺에셋 오더메이드 상품은 고객에게 최고의 이익을 제공하기 위해 업계 최저 수준의 사업비(타사 대비 60% 수준)를 부과하여 타사보다 저축에 적립되는 보험료가 많으며, 동일 수익률을 낸다고 가정했을 때 더 많은 적립금이 쌓이게 되고, 환급률 및 수익성 측면에서 경쟁력을 가질 수 있다.

둘째, 안정성 측면이다. 대부분의 투자형 상품은 투자에 성공하면 높

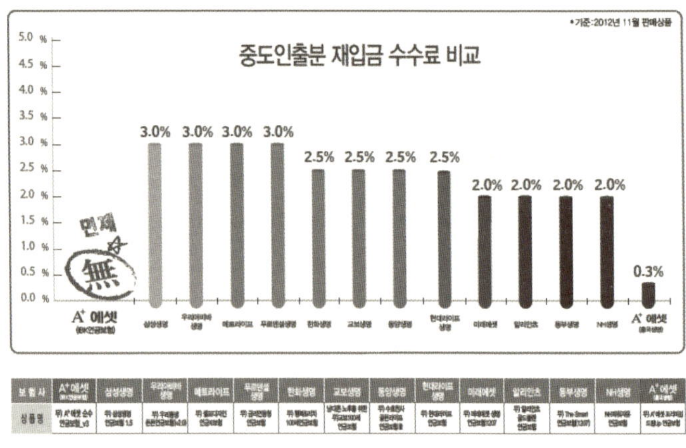

보험사	A⁺에셋(IBK연금보험)	삼성생명	우리아비바생명	메트라이프	푸르덴셜생명	한화생명	교보생명	동양생명	현대라이프생명	미래에셋	알리안츠	동부생명	NH생명	A⁺에셋(흥국생명)
상품명	(무)A⁺에셋 순수연금보험_v3	(유)삼성생명 연금보험 1.5	(무)우리생명 은퇴연금저축보험4.0	(무)롤라구저축 연금보험	(무)금리연동형 연금저축	(무)행복가득지 100세연금보험	남녀준노후를 위한 무파고100세 연금저축	(무)수호천사 골든라이프 연금저축보험	(무)현대라이프 연금저축	(무)미래에셋 생명 연금보험120Y	(무)알리안츠 골드플랜 연금저축	(무)The Smart 연금저축(13)IP	NH재원저축 연금저축	(무)A⁺에셋 저축의신 되찾노 연금보험

은 수익률을 달성할 수 있지만 반대로 투자에 실패할 때 원금손실을 감수해야 한다. 원금에 대한 안전장치가 부족한 것이다. 그래서 A⁺에셋은 오더메이드 상품 A⁺에셋 재테크VUL적립보험을 개발하면서, 다른 VUL적립보험상품처럼 높은 주식편입비율로 공격적인 투자가 가능하면서도 상품 전환을 통해 납입한 원금을 보장받을 수 있는 투자형 상품으로 바꿀 수 있게 만들었다. 즉 원금보장과 수익을 동시에 가능하게 만든 것이다.

셋째, 유동성 측면이다. 일반적인 저축성 보험은 가입 후 일정 기간이 지나면 언제든지 인출이 가능하고, 중간에 여유자금이 생기면 추가적으로 납입할 수 있다. 즉 예금이나 적금 등과는 달리 자금을 운용하는 데 제약이 적다. 하지만 A⁺에셋을 제외한 대부분의 보험사에서는 중

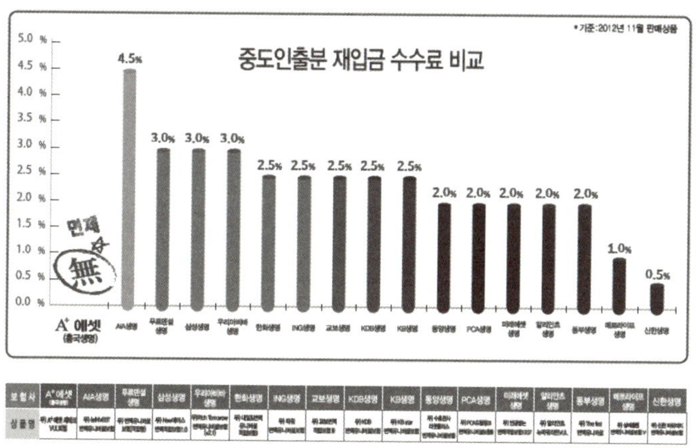

도에 인출하여 자금을 사용하고 그 부분만큼 재입금을 할 때 평균적으로 2.5%의 수수료를 부과한다. 고액을 추가 납입할수록 2.5%의 수수료는 적지 않은 부담이 된다. 예를 들어 10억을 재입금한다고 가정한다면 2,500만 원의 수수료가 부과된다. 그래서 A⁺에셋은 이런 단점을 보완하고자 중도인출분 재입금 시 수수료를 면제해주는 상품을 모든 오더메이드 상품에 적용했고, 이에 따라 유동성 측면에서도 타사 대비 강점을 갖게 되었다.

요컨대 A⁺에셋 오더메이드 상품은 유동성 확보를 위해 중도인출분에 대한 재입금 수수료를 면제하는 유일한 상품이며, 최저 사업비 부가와 펀드 경쟁력을 통하여 고객 이익 향상 부문에서 업계를 선도하고 있다.

시장은 빠르게 변화하고 있다. 하루가 다르게 바뀌는 금융시장 트렌드에 대비하여 고객에게 최상의 이익을 제공할 수 있는 상품이 없다면 절대로 치열한 경쟁에서 이길 수 없다.

2013년 4월 A⁺에셋은 새로운 오더메이드 상품을 출시했다. 이 상품의 목표는 궁극적으로 금융 소비자를 만족시키는 것이다. 그리고 소비자 만족은 자연스럽게 TFA의 시장 확대 및 소득 증대로 이어질 것이다. 이런 목적에 맞게 상품명도 '최선의 선택 무)A⁺변액유니버셜 보험'(이하 '최선의 선택')으로 정했다.

현대 금융 소비자들은 자기 주도적이다. 인터넷과 언론, 금융 소비자 연맹 등의 소비자 단체가 발표한 컨슈머리포터 등을 통해 정보를 파악한다. 그래서 어떤 상품이 좋은지, 자신이 원하는 상품을 어느 회사가 판매하고 있는지 등을 파악하고 비교해서 선택한다. 또한 여러 생명보험사에서도 다이렉트 상품을 출시하여 판매하고 있는 현실이다. A⁺에셋은 이런 환경 변화를 상품에 반영하고자 했다. 기존에 판매되었던 저축성 보험의 단점은 극복하고 고객의 입장에서 유리하도록 개발한 것이다.

지금까지 고객 입장에서 바라본 보험상품의 가장 큰 제한사항은 초기에 해약하면 해지환급률이 낮아 손해를 많이 보고, 원금까지 도달하는 데 시간이 오래 걸린다는 것이었다.

기존 판매된 변액유니버셜보험의 3개월 후 해지환급률이 0%였다면 A⁺에셋이 출시한 '최선의 선택'은 93%의 환급률이 지급될 수 있도록 사업비(보험비용)를 인하시켰다.

구분		3개월차 환급률	6개월차 환급률
투자 수익률	연 7.0% 가정시	93.5%	94.2%
	연 3.5% 가정시	93.0%	93.3%
	연 0% 가정시	92.5%	92.3%

'최선의 선택'이 고객 입장을 고려한 두 번째 장점은 '유동성'이다. A⁺에셋의 오더메이드 상품들은 업계 최초로 중도인출분을 재입금할 때 수수료를 면제함으로써 유동성을 강화시켰다. '최선의 선택'은 한발 더 나아갔다. 최초 추가 납입 때부터 추가 납입 수수료를 면제함으로써 고객의 수익성을 극대화하고 유동성을 강화시켰다.

중도인출 횟수도 늘렸다. 기존 상품들은 평균 연 12회 중도인출할 수 있었다. '최선의 선택'은 연 48회까지 중도인출이 가능하도록 하여 자금이 필요한 고객이 소액 인출하여 활용하는 데 부족함이 없도록 했다. 그리고 일시납 상품의 경우 가입 9개월 만에 납입원금에 도달할 수 있도록 고객 이익을 대변했다.

A⁺에셋은 법령 개정, 경제 현황 그리고 국제 금융시장 트렌드를 신속하게 파악하고, 이에 적극적으로 대응하여 새로운 상품전략을 수립하고 마케팅 채널을 확대하는 등 독립 재무 컨설턴트들이 원하는 영업환경을 만드는 데 투자와 지원을 아끼지 않는다. 지속적인 오더메이드 상품의 개발을 통한 최고의 상품경쟁력은 A⁺에셋의 가장 큰 성장동력이

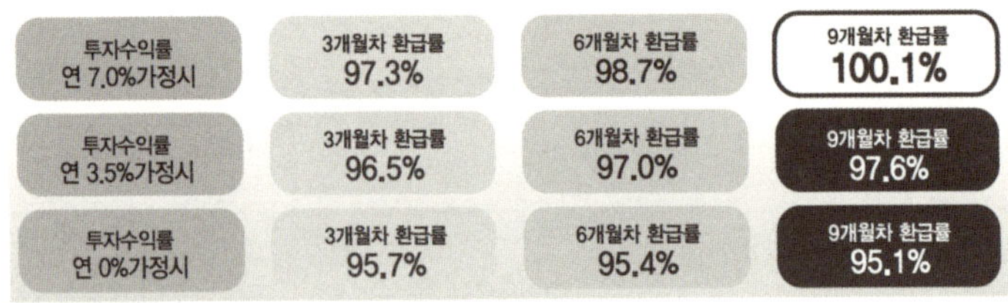

라 해도 과언이 아닐 것이다.

우리가 최우선으로 추구해야 할 사명이 고객만족이라는 점에 있어서 오더메이드 상품 개발이 갖는 의미는 특별하다. 고객은 A+에셋 오더메이드 상품을 만남으로써 차별화된 금융 혜택을 정당하게 누리는 똑똑한 소비자가 되는 것이다.

적극적인 투자를 가능하게 하는 다양한 펀드 투입, 저렴한 사업비와 추가 납입 수수료 면제를 활용한 수익률 극대화, 중도인출 수수료 부담이 없는 자금 유동성 확보 등 오더메이드 상품에 탑재시킨 기능들을 이용하여 고객은 한층 더 효과적으로 자산운용을 할 수 있게 되는 것이다.

또한 오더메이드 상품은 고객에게 직접적으로 만족을 제공하는 주체인 TFA에게도 타사와 차별화된 경쟁력을 선사한다. 고객 앞에서 자신감을 가지고 활동할 수 있는 힘의 원천은 바로 상품경쟁력이다. 오더메이드 상품으로 구현해낼 수 있는 고객의 이익과 최상의 자산운용 플랜을 제안하는 TFA는 자연스럽게 신뢰를 얻을 수 있다. 그리고 고객은 만족을 누린다. 즉 A⁺에셋의 오더메이드 상품은 회사와 고객, TFA의 선순환 고리라 할 수 있다.

금융시장 변화의 흐름에 따라 GA업계는 점차 대형화·전문화되어 가고 있다. 고객에게 상품 선택의 기회를 부여하고 고객의 니즈와 이익에 부합하는 상품 정보를 제공하기 위해서는 상품 선별력, 보험회사와의 협상력, 판매지원 능력 등을 제대로 갖춘 대형 판매 조직으로의 전환이 불가피하다. 이제는 뛰어난 상품경쟁력 및 효율적인 영업 시스템을 갖추고 고급화된 판매전략과 노하우 등 전문성을 확보한 선두업체 몇 곳이 업계를 이끌 것이다.

물론 그 선두의 중심에는 고객의 가치를 실현하는 기업, A⁺에셋이 있다고 자신 있게 말할 수 있다.

고객 가까이에 다가간다, A⁺라운지

A⁺라운지는 아파트 단지, 역세권, 상업지역, 대형 마트, 병원 등에 위치한 A⁺그룹만의 고객 내방형 금융 서비스 공간이다. 카페처럼 편안하고 안락한 공간에서 토털 금융 서비스가 가능하도록 꾸며졌다. A⁺에셋 라운지는 고객 중심 마케팅 원칙에 따라 현장에서 고객과 밀착된 서비스를 진행하기 위해 2010년 하반기부터 운영 중인데 미국, 일본 등 선진국에서는 이미 보편화된 금융서비스센터다.

A⁺라운지와 비슷한 개념의 비즈니스 시스템을 갖추고 세계적으로 성공한 기업이 미국과 캐나다에 있다. 바로 에드워드 존스 사이다. 이 회

사는 2009년 미국에서 가장 일하고 싶은 회사 부문 전체 2위에 올랐다. 캐나다에서도 가장 일하고 싶은 회사 1위를 차지했다. A⁺에셋 라운지는 한국판 에드워드 존스 신화를 이루기 위해 만든 것이다. 에드워드 존스처럼 지역사회에 재무 전문가를 상주시켜 종합적인 금융, 부동산 컨설팅으로 주민의 행복한 인생에 기여하고자 한다.

'A⁺에셋 라운지(위 사진 참조)'는 사랑방처럼 편안하고 안락한 공간에서 여러 보험회사의 다양한 상품을 비교·분석하고 직접 구매할 수 있는 '고객밀착형 금융상담 공간'이다. 이곳에서는 고객들이 보유한 금융상품을 꼼꼼하게 살펴 알기 쉽게 정리해주고, 불필요한 중복 가입을 지양하고 꼭 필요한 보장항목을 분석해 고객들이 합리적인 금융상품을 선택할 수 있도록 자문한다.

　A⁺에셋 동양 라운지의 이경화 TFA는 "라운지를 개설하기 전에는 고객과 약속 잡기도 어려웠고 상담에도 시간적 제한이 많았다. 하지만 라운지 개설 후 고객들도 시간적 여유를 가지고 방문하기 때문에 회사 홍보 및 상품에 대한 충분한 설명이 가능해서 고객들의 만족도도 높아졌다. A⁺에셋 라운지는 지역 주민들이 삼삼오오 모여 수다도 떨고 정보도 교환하는 등 사랑방 역할도 톡톡히 하고 있다"고 설명했다. 그리고 "동양 라운지의 경우 고소득 전문직의 자산관리, 효과적인 상속·증여 컨설팅, CEO 법인운영 솔루션, 은퇴플랜, 개인 종합 재무설계 등의 서비스를 제공한다"며 "고객들이 편안하게 찾으실 수 있도록 평일 저녁과 주말에도 운영하고 있으며 복사, 팩스, 프린트 등 생활 서비스와 보험금 청구 대행 서비스도 제공한다"고 덧붙였다.

　2012년 말 현재 A⁺에셋 라운지는 전국적으로 60여 개 점포가 개설되어 활발하게 운영 중이며 2015년까지 500개 점의 개설을 목표로 하고 있다. 2012년 하반기에는 GA업계 최초로 대형마트인 홈플러스와 매장 내 라운지 개설을 위한 제휴를 맺었으며 홈플러스 일산 킨텍스점에 1호점인 'A⁺에셋 파이넨스 카페(171쪽 사진 참조)'를 개설했다. 이곳에서는 마트를 방문하는 고객들에게 보험금 청구 대행, 보장자산 분석 등 서비스를 하고 커피 등의 음료도 무료로 제공하고 있다.

A⁺에셋 파이넨스 카페는 실적 중심의 공간이 아니라, 많은 고객들이 방문해서 편안하게 서비스를 받는 장소로 만드는 것이 목적이며 고객에게 더 가까이 다가가는 고객 친화형 금융 카페로 현장 중심의 금융 서비스를 제공할 예정이다.

대형마트뿐 아니라 인하대병원 등 대학병원과 종합병원 내에도 상담 창구를 개설하여 입원환자 및 가족들과 내원객을 대상으로 보험금 청구 대행 서비스 등 대 고객 서비스를 실현하는 라운지도 운영하고 있다. 2012년 말 전국에 6개의 병원 라운지를 운영하고 있으며 점차 확대할 예정이다.

A⁺에셋 라운지는 고객 중심 마케팅 구현과 TFA들의 소득 증대 및 시장 제공이라는 두 마리 토끼를 잡으려는 경영철학이 담긴 A⁺에셋의 핵심 사업부문이다. 이러한 라운지의 활성화는 고객들이 더 가까운 곳에서 편리하게 본인에게 가장 적합한 상품을 구입할 수 있어 금융상품의 완전 판매에도 기여한다.

A⁺에셋 라운지의 경우 운영하는 TFA에게도 확실한 시장 제공 및 소득 증대에 기여하고 있다. 2012년 말 자체 분석한 자료에 의하면 개설 전과 비교해 신규 계약은 150%, 환산 보험료는 118% 신장을 기록하고 있다(운영 1년 이상 라운지 18개 기준).

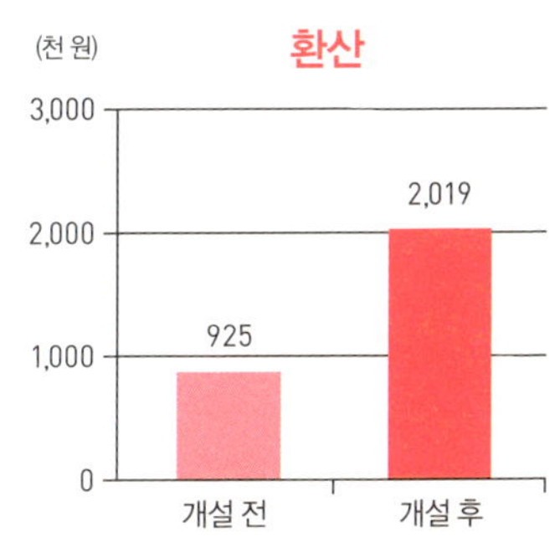

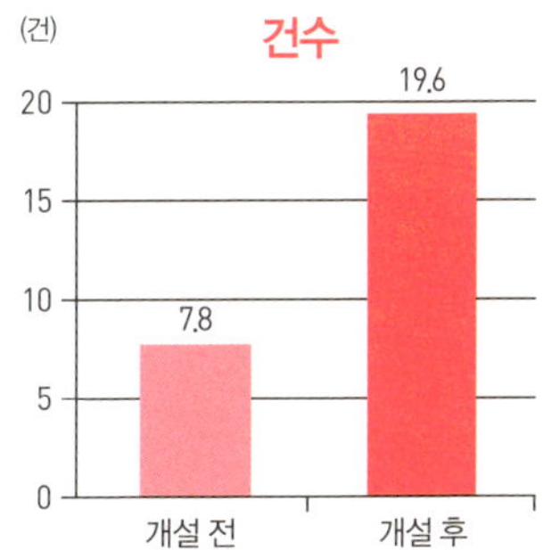

본사의 심사를 거친 후에 TFA가 A⁺에셋 라운지를 운영할 수 있는데 라운지 전담 부서에서 전적으로 지원한다. 지원 내용은 임차보증금, 라운지 간판 등 내·외부 인테리어, 사무 집기 및 OA, 화상 교육 시스템 등이다. 특히 라운지 내에서 고객 서비스를 하는 데 전혀 불편함이 없도록 세심하게 지원을 한다.

앞으로 10년 안에 전체 생명보험 판매의 60% 이상은 GA가 점유하게 될 것이라 예상된다. 소비자가 금융에 눈을 뜰수록 브랜드보다 보장 내용이나 합리적인 가격 등을 따지기 때문이다. 금융 소비자가 보험부터 예·적금, 카드까지 한곳에서 비교해보고 선택할 수 있는 '원스톱 금융 백화점 시대'는 거스를 수 없는 대세다.

A⁺에셋 라운지는 한국 금융시장의 패러다임을 바꾸겠다는 우리 회사의 신념을 실현하는 전초기지이며 고객들에게 양질의 서비스를 제공하는 A⁺에셋만의 차별화된 핵심 전략이다.

고객 맞춤형 보장분석 지원, 증권분석팀

A⁺에셋은 고액계약을 낳을 수 있는 시스템을 확고히 하고 있는 회사이지만, 고액계약만을 위해 몰두하는 회사가 아니다. 영업 최일선의 요구와 고객의 소리에 언제나 귀 기울이며 주도적으로 혁신을 일구어나가고자 노력하고 있다.

영업 현장의 변화를 눈여겨보자. 보험연구원이 발표한 '2012년 보험 소비자 설문조사'에 따르면, 가구 보험 가입률은 96.1%에 이르는 것으로 조사되었다. 100가구 중 네 가구 정도만 보험에 가입하지 않았다는 의미다.

그런데 소득이 낮은 가구일수록 보험 가입률은 더 떨어진 것으로 집계됐다. 연간 소득이 3,000만 원 이하인 가구의 경우 2011년 92.8%이던 가입률이 2012년 86.7%로 줄었다. 2008년 서브프라임 사태 이후 계속되는 경제난이 보험 가입에도 영향을 미치는 것으로 나타난 것이다. 반면 연간 소득이 5,000만 원 이상인 가구의 경우 2012년 보험 가입률이 100%에 달했다.

보험상품 가입에도 양극화가 두드러졌다. 보험 가입 시 판매 채널을 보면 대면 채널을 통한 보험 가입이 생명보험은 96%, 손해보험은 92.7%에 달했고, 대면 채널 가입자와 보험설계사의 관계는 87.6%가 지인인 것으로 나타났다.

보험 가입률은 포화상태에 놓여 있는데, 대부분의 보험계약이 지인을 통해 이루어지기 때문에 설계사의 경우 시장 확대에 한계를 안고 있다. 또한 보험 소비자도 보험 서비스의 전문성과 추가 구매력의 한계에 놓여 있음을 알 수 있다.

보험 가입자가 보험회사 선택 시 가장 중요한 고려사항으로 상품경쟁력을 들었으며 보험료가 저렴할 경우 생명보험의 경우 10명 중 2명이, 손해보험의 경우 10명 중 4명이 상품을 변경할 의사가 있다는 결과가 나왔다.

이러한 조사 결과는 보험료 경쟁력을 통한 상품경쟁력 확보와 보험 서비스의 전문성 제고가 앞으로 보험업계의 화두가 될 것임을 예상할 수 있게 한다. 다양한 보험사와 제휴하여 보험상품을 비교하여 판매하는 GA는 보험료 경쟁력을 이미 확보하고 있다고 해도 과언이 아니다. 그렇지만 보험 서비스의 전문성을 제고하기 위한 체계적인 서비스의 저변 확대는 아직 미흡한 상황이다. 기존 보험회사에서는 보장분석 시스템을 통해 고객이 보유한 보험을 통해 받을 수 있는 혜택을 분석하여 전문적인 보장분석 서비스를 제공하고 있다. 이러한 보장분석 시스템은 대형 보험사에서만 가능했던 것이 사실이다. 막대한 투자자금을 필요로 하고 방대한 데이터베이스를 확보해야 하기 때문에 진입장벽도 무척 높았다. 그래서 자금력이 부족한 중소형 보험사나 GA는 엄두조차 내지 못하는 것이 현실이었다. 당연히 그러한 회사에서 활동하는 설계사는 내·외적으로 팍팍한 현실 앞에서 갈등할 수밖에 없었다. 현장의 변화 속도에 금융회사의 질적 변화는 더디기만 한 현실이다.

A⁺에셋은 보험 서비스의 전문성을 확보하기 위해 2012년 5월 '증권분석팀'이라는 전문가 그룹을 출범시켜 고객이 보유한 보험에 대한 체계적인 보장분석을 시도하여 고객만족과 TFA 소득 향상이라는 일석이조의 효과를 보았다.

사례1. S사 종신보험 업그레이드 사례 

보장내용	S사 종신보험	비고	업그레이드 Point.
일반사망	1억 원	공시이율 종신	1. 일반사망 보장금액 고정
			2. 유니버셜기능 없음 (납입중지, 중도인출 불가)
암 진단비	3000만 원	80세만기	3. 낮은 예정이율 (3.75%)
뇌출혈 진단비	2000만 원	80세만기	4. 연금개시시점 경험생명표 적용
급성심근경색 진단비	2000만 원	80세만기	5. 암 진단비 80세만기
			6. 암 진단비 보장금액 고정
입원비	3만 원	4일이상	7. 뇌혈관질환 보장 범위 협소 (뇌출혈만 보장)
수술특약	1종20만 원 3종100만 원	갱신형	8. 심장질환 보장범위 협소 (급성심근경색만 보장)
			9. 입원비 4일이상 지급
보험료	282,000원		10. 수술특약 갱신형

※ 42세 남성, 공시이율 종신보험, 월납 28만2,000원, 28년납, 2007년 가입, 현재 10년 납입

고객님의 보장자산 업그레이드 제안 

가입회사	상품명	일반사망	암 진단비	뇌출혈	급성 심근경색	입원비	월 보험료	해약 환급금
A사	종신보험	1억 원	3000만 (80세)	2000만 (80세)	2000만 (80세)	3만 원 (4일 이상)	282,000원	약 600만원

가입회사	상품명	일반사망	암 진단비	뇌졸중	급성 심근경색	입원비	월 보험료
동부생명	업그레이드 VUL 암종신	3000만 원	3000만 원 (종신)				85,000원
우리아비바생명	슈퍼세이브 VUL 종신	1억원				2만 원	160,000원
MERITZ 메리츠화재	알파플러스 보장보험			2000만 원 (100세)	2000만 원 (100세)	2만 원	35,000원
총		1억3000만 원	3000만+a	2000만 원	2000만 원	4만 원	270,000원
업그레이드 효과		▲ 3000만 원 VUL종신	보장기간 종신	뇌혈관질환 보장	허혈성 심장질환	첫날부터 입원비	▼16,000원 절감

＊담당설계사 및 쀄에어플러스에셋어드바이저는 어떠한 방법으로도 보험료를 직접 수납하지 않습니다. ＊자료는 A+에셋의 공식의견이 아니며 담당 TFA의 개인 컨설팅 의견이므로 참고용으로만 활용하시기 바랍니다.

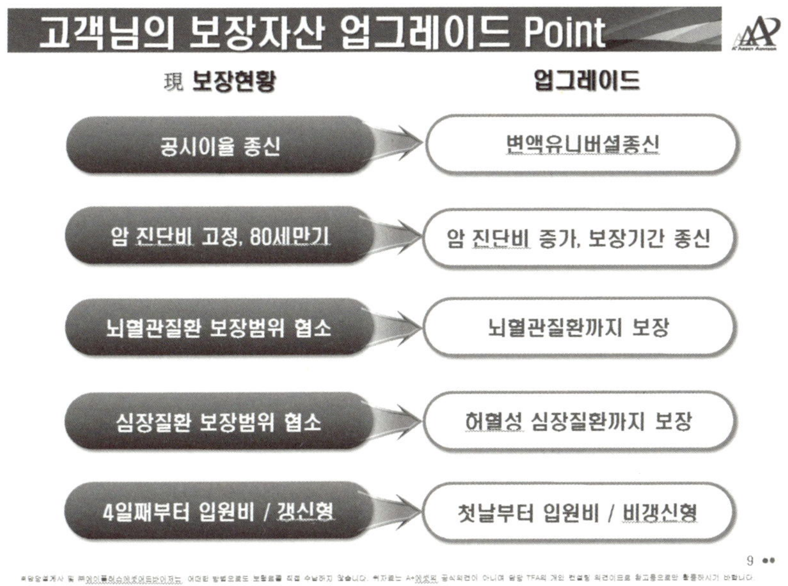

TFA가 고객을 만나다 보면 3~4개의 보험을 가지고 있는 가정에서부터 30~40개의 보험증권을 보유하고 있는 가정까지 다양한 경우를 경험하게 된다. 수십 개의 보험에 가입한 고객을 만나면, 자신이 어떠한 보장 혜택을 받는지도 모르는 경우가 다반사다. 그런데 아무리 경력이 오래된 TFA라 하더라도 전 보험사 상품의 특장점을 모두 알고 비교하기 어렵다. 더군다나 보험업계에 처음으로 진입하는 신입 TFA는 본인이 소화하기 어려운 부담감으로 인해 영업에 자신감을 잃는 경우도 허다했다. 이런 현장의 고민을 적극적으로 수용한 것이 A⁺에셋의 보장분석팀이다.

A⁺에셋은 모든 생명 및 손해보험사의 상품을 꿰차고 있는 보장분석의 달인들로 증권분석팀을 구성했다. 이들은 체계적인 보장분석과 함

께 효과적인 해결책까지 담은 증권분석 리포트를 제공해주어 자신감 있는 TFA의 영업 전개에 일조하고 있다.

차별화된 보장분석 전산 시스템, TRD 시스템

고객의 보험증권에 대한 입체적인 분석을 담당하는 A⁺에셋 증권분석팀은 현장 TFA의 폭발적인 호응과 높은 고객만족을 이끌어내며 성공적인 출발을 했다. 그런데 인적 조직의 한계 때문에 서비스 제공 범위를 기존 고객이나 TFA의 가망고객 전체로 확산하기에 역부족이었다. 이러한 아쉬움은 체계적인 보장분석 전산 시스템의 필요성을 각인하는 계기가 되었다. 그리고 한 걸음 더 나아가 또 다른 혁신을 추구했다. 기존 보험사의 보장분석 시스템의 한계를 극복한 새로운 시스템 개발에 돌입한 것이다.

기존 보험사의 보장분석 시스템은 분명한 한계가 존재했다.

첫째, 보장에 대한 분석이 해당 보험사의 상품만 가능하다. 따라서 생명 및 손해보험을 통합한 보장분석이 불가능했다.

둘째, 솔루션으로 제시하는 상품설계 역시 자사의 상품으로만 구성되어 고객과 TFA의 욕구를 충족하는 데 한계가 있었다.

셋째, 보장분석을 위한 프로세스 역시 고객 정보 동의 등의 복잡한 절차를 거쳐야 했다. 그래서 실제 영업 현장에서 TFA가 고객에게 보장분석 서비스를 효율적으로 제공하기 어렵다는 치명적인 단점이 있었다.

A⁺에셋은 보장분석 TF팀을 가동하여 기존 보험사의 보장분석 시스

템의 한계를 극복하고, 상품경쟁력을 강점으로 하는 GA의 특성을 가미한 획기적인 보장분석 시스템을 개발했다. 2013년 1월 4일 오픈한 이 시스템은 업계 최초의 기념비적인 성과물이다.

A⁺에셋의 보장분석 시스템인 TRD(Total Risk Design) 시스템은 기존의 시스템에 비해 진일보한 역량을 가지고 있다.

첫째, 생명 및 손해보험을 통합하여 어느 한 쪽으로 치우치지 않고 공평한 보장분석이 가능하게 했다.

둘째, 다양한 보험상품을 비교하여 저렴한 보험료로 폭넓은 보장을 받을 수 있는 경쟁력 있는 보험상품을 설계할 수 있도록 했다. 이 시스템을 기반으로 고객은 보장과 보험상품을 동시에 비교 판단할 수 있게 되었다.

셋째, 단순한 고객 동의만으로도 보장분석 시스템의 분석 프로세스를 진행할 수 있게 되었다. 훨씬 더 간편하게 보장분석 서비스를 제공할 수 있게 된 것이다.

넷째, 사용 환경을 스마트폰처럼 편리하게 구성하고 사용자 편의를 최대한 배려했기 때문에 보장분석 한 건에 소요되는 시간을 대폭 절감하게 되었다. 따라서 TFA는 신속하게 보장분석 서비스를 제공할 수 있게 되었다.

다섯째, 전속사의 전유물이라 할 수 있었던 보장분석 시스템을 자체 개발함으로써 GA업계 최초로 자사 브랜드가 담긴 보장분석 리포트를 제공할 수 있다.

실제 사례를 통해서도 이러한 시스템의 강점과 실효성을 확인할 수 있었다. 중소기업 CEO인 A씨는 지인을 통해 2년 전 가입한 보험상품

순번	회사	상품명	계약자	주피보험자	계약년월	만기년월	납입만료	납입주기	납입횟수	해당보험료	잔여보험료	총납입보험료
1	한화생명	무(노)스마트변액유니버셜통합종신보험..	노사장	노사장	2012.5	종신	2032.5	월납	9 / 240	926,400	213,998,400	202,336,000

합계 해당보험료	926,400	합계 잔여보험료	213,998,400	합계 총납입보험료	222,336,000

5 / 12

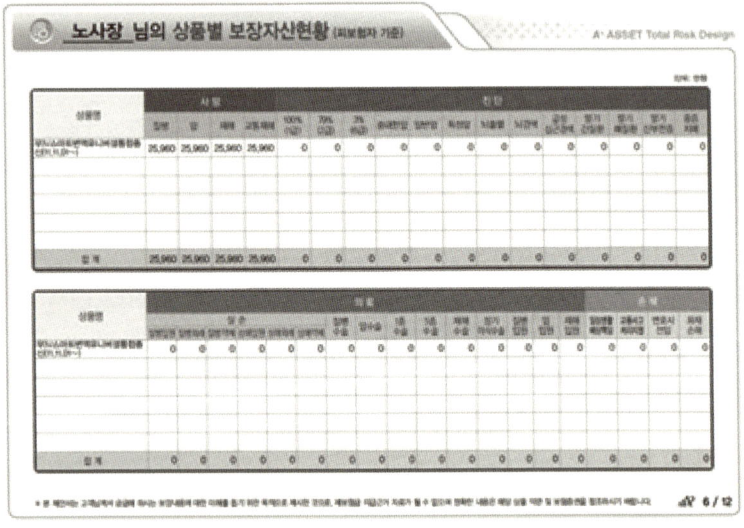

상품명	사망				진단												
	일반	암	재해	교통재해	100% (1급)	70% (2급)	2% (6급)	중대질병	일반암	특정암	뇌출혈	뇌경색					
무(노)스마트변액유니버셜통합종신보험..	25,960	25,960	25,960	25,960	0	0	0	0	0	0	0	0	0	0	0	0	0
합계	25,960	25,960	25,960	25,960	0	0	0	0	0	0	0	0	0	0	0	0	0

상품명	의료																
무(노)스마트변액유니버셜통합종신보험..	0	0	0	0	0	0	0	0	0	0	0	0	0	0	0	0	0
합계	0	0	0	0	0	0	0	0	0	0	0	0	0	0	0	0	0

6 / 12

노사장 님의 보장자산 Action Plan

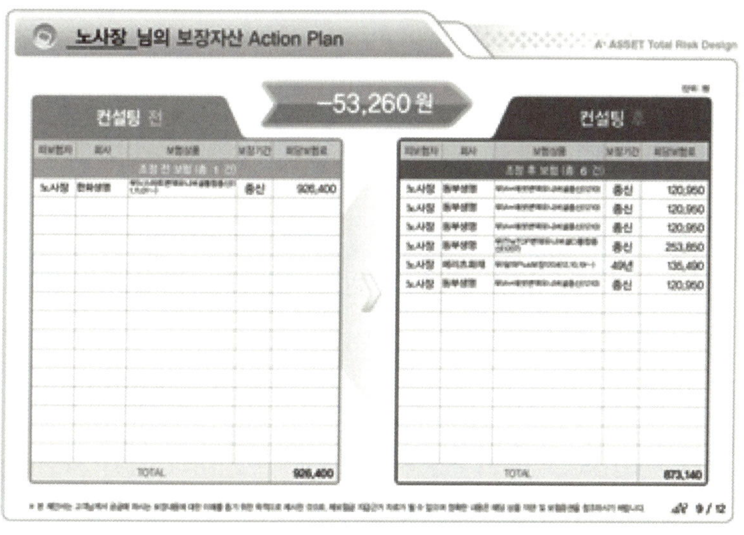

−53,260 원

컨설팅 전 — 조정 전 보험 (총 1건)

피보험자	회사	보험상품	보장기간	해당W보험료
노사장	한화생명		종신	926,400
TOTAL				926,400

컨설팅 후 — 조정 후 보험 (총 6건)

피보험자	회사	보험상품	보장기간	해당W보험료
노사장	동부생명		종신	120,960
노사장	동부생명		종신	120,960
노사장	동부생명		종신	120,960
노사장	동부생명		종신	253,850
노사장	메리츠화재		40세	135,400
노사장	동부생명		종신	120,960
TOTAL				673,140

※ 본 제안서는 고객님께서 궁금해 하시는 보장내용에 대한 이해를 돕기 위한 목적으로 제시한 것으로, 제보험금 지급근거 자료가 될 수 없으며 정확한 내용은 해당 상품 약관 및 보험증권을 참조하시기 바랍니다.

노사장 님을 위한 보장자산 전/후 요약

적정 : ♥   부족 : ▲   없음 : ✖

(단위 : 만원)

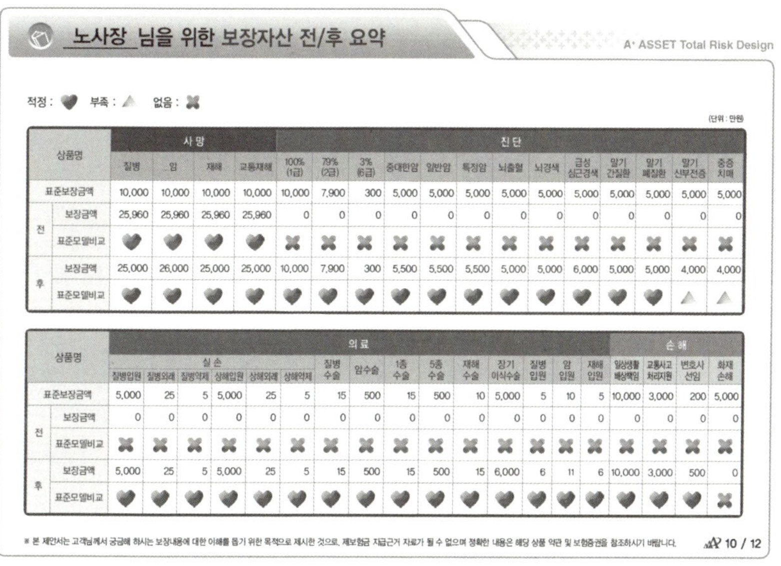

상품명	사망				진단												
	질병	임	재해	교통재해	100%(1급)	79%(2급)	3%(6급)	중대한암	일반암	특정암	뇌출혈	뇌경색	급성심근경색	말기간질환	말기폐질환	말기신부전증	중증치매
표준보장금액	10,000	10,000	10,000	10,000	10,000	7,900	300	5,000	5,000	5,000	5,000	5,000	5,000	5,000	5,000	5,000	5,000
전 보장금액	25,960	25,960	25,960	25,960	0	0	0	0	0	0	0	0	0	0	0	0	0
전 표준모델비교	♥	♥	♥	♥	✖	✖	✖	✖	✖	✖	✖	✖	✖	✖	✖	✖	✖
후 보장금액	25,000	26,000	25,000	25,000	10,000	7,900	300	5,500	5,500	5,500	5,000	5,000	6,000	5,000	5,000	4,000	4,000
후 표준모델비교	♥	♥	♥	♥	♥	♥	♥	♥	♥	♥	♥	♥	♥	♥	♥	▲	▲

상품명	의료															손해			
	실손						질병수술	암수술	1종수술	5종수술	재해수술	장기이식수술	질병입원	암입원	재해입원	일상생활배상책임	교통사고처리지원	변호사선임	화재손해
	질병입원	질병외래	질병약제	상해입원	상해외래	상해약제													
표준보장금액	5,000	25	5	5,000	25	5	15	500	15	500	10	5,000	5	10	5	10,000	3,000	200	5,000
전 보장금액	0	0	0	0	0	0	0	0	0	0	0	0	0	0	0	0	0	0	0
전 표준모델비교	✖	✖	✖	✖	✖	✖	✖	✖	✖	✖	✖	✖	✖	✖	✖	✖	✖	✖	✖
후 보장금액	5,000	25	5	5,000	25	5	15	500	15	500	15	6,000	6	11	6	10,000	3,000	500	0
후 표준모델비교	♥	♥	♥	♥	♥	♥	♥	♥	♥	♥	♥	♥	♥	♥	♥	♥	♥	♥	✖

※ 본 제안서는 고객님께서 궁금해 하시는 보장내용에 대한 이해를 돕기 위한 목적으로 제시한 것으로, 제보험금 지급근거 자료가 될 수 없으며 정확한 내용은 해당 상품 약관 및 보험증권을 참조하시기 바랍니다.

에 매달 92만 원을 납입하고 있었으나 본인이 어떠한 혜택을 받을 수 있는지 전혀 알지 못하고 있었다. 그런데 A⁺에셋 TFA로부터 보험증권만 있으면 보장에 대한 전반적인 분석이 가능하다는 이야기를 듣고 호기심이 생긴 A씨는 바로 서비스를 의뢰했다.

불과 며칠 뒤에 가져온 보장분석 리포트는 충격적이었다. 2억 5,000만 원의 사망보험금만 보장되고 있었을 뿐 암과 같은 고액의 치료비가 필요한 질병의 진단금이나 수술, 입원에 대한 보장이 전혀 포함되어 있지 않았기 때문이다. 그런데 그 리포트에는 동일한 사망보험금에 진단금, 수술, 입원 보장까지 두루 폭넓게 보장하는데도 보험료가 더 저렴한 솔루션이 함께 제시되어 있었다. 그것도 한 회사에 치우치지 않고 생명보험사와 손해보험사 모두 포함하여 세 개의 상품으로 구성되어 있었다. 더 저렴한 보험료로 더 많은 혜택을 볼 수 있음을 확인한 A씨는 A⁺에셋 TFA가 제안한 보험에 대한 리모델링에 동의하여 세 건의 상품을 계약하게 되었다.

이렇듯 A⁺에셋은 TRD 시스템을 통해 고객을 위한 최고의 보장분석 서비스를 제공함으로써 업계를 선도하고 보험에 대한 고객의 만족도를 한층 업그레이드하는 데 한 획을 긋는 신기원을 이루었다. 이 강력한 도구를 통해 고객만족과 TFA의 소득 향상이라는 두 마리 토끼를 잡음으로써 업계에 새 바람을 불러일으킬 것이라 확신한다.

펀드 변경 제언

투자형 금융상품을 선택한 고객들은 급변하는 금융환경 속에서 불안감을 느낀다. 시황의 움직임에 따라 수익률 변화가 생기기 때문이다. 그래서 이런 투자형 상품에는 리스크 관리와 수익률 극대화를 위한 전문적인 조언이 뒤따라야 한다. A⁺에셋은 창립 초기인 2007년부터 VIP 고객에게 투자형 상품인 변액보험의 펀드 변경 제언을 주기적으로 해왔다. 공식적인 리포트 형태로는 〈특별 포트폴리오 저널〉을 제공한다.

2011년 3월 3일 〈특별 포트폴리오 저널〉 제1호 리포트가 제공되었다. 그 당시 코스피지수는 1970p로 금융위기 이후 중요한 분기점이라 할 수 있었다. 우리는 주가지수가 1970p 이하로 내려가면 30%채권형 펀드로, 1970p를 넘어서면 30% 주식형 펀드로 펀드 변경 제언을 해드렸다. 이후 주가는 1970p를 상향 돌파하면서 상승 국면으로 전환되었고, 그 당시 주식형으로 펀드를 변경한 고객들은 높은 수익률을 올릴 수 있었다.

그 이후부터 지금까지 〈특별 포트폴리오 저널〉은 일곱 차례 더 발행되었다. 투자 시황의 중요한 변곡점이라 판단되는 시점에 VIP 고객에게 펀드 변경 리포트를 제공한 것이다. 그리고 그 제언에 따라 적절히 펀드를 변경하여 운용한 고객은 높은 수익을 거둘 수 있었다.

A⁺에셋은 월납 500만 원 이상 고객에게 담당 TFA가 분기 1회 유선으로 보고하고 반기 1회 방문하여 리포트를 제공하며 설명해드리는 것을 원칙으로 한다. 월납 1,000만 원 이상 고객에게는 분기 1회 방문하여 리포트와 설명을 드린다.

2001년 외자계 보험사에 의해 국내에 처음 소개된 변액보험은 지금까지 투자형 재테크 상품으로 물가상승을 헤지할 수 있는 금융상품으로 부각되어 많이 판매되었다. 그런데 정작 고객들은 변액보험에 포함된 다양한 펀드들을 잘 활용하지 못하고 시황에 따라 일희일비하다가 조기 해약하여 손실을 보는 경우가 많았다. 이것은 고객 책임으로만 돌릴 일이 아니다. 담당 설계사가 적절한 조언을 하지 못했기 때문이다.

물론 A⁺에셋이 투자의 신이 아니므로 시황 예측에 있어서 항상 정확하게 바닥과 꼭지를 짚어낼 수는 없다. 그러나 김경신 사장을 필두로 한 각 분야 전문가들이 어느 정도 차이는 있지만 대세적인 견지에서 상승과 하락의 큰 흐름을 짚어내어 VIP 고객에게 펀드 변경 제언을 드린다. 물론 최종적인 의사결정은 고객이 한다.

A⁺에셋의 펀드 변경 제언 서비스는 타사와 차별화된 고객만족을 극대화시킨다. 상품 가입만 권하고 그 이후 아무런 조언을 받을 수 없었던 고객은 A⁺에셋에서 시황 설명과 함께 펀드 변경 제언을 받고 무척 만족하고 있다.

사회적 책임을 다하는 나눔 경영의 실천

현대사회에서 기업은 사회의 한 구성원으로 자기 책임을 다해야 한다. 먼저 이익을 발생시켜 성실히 납세하고 고객에게 가치를 제공하는 본연적 역할에 충실해야 할 것이다. 깨끗하고 투명한 경영을 전개함으로써 사회의 룰을 지키고 발전시켜야 할 책임도 있다. 또한 기부와 봉

사를 통해 사회에 기여하는 데도 관심을 두어야 한다. 이렇듯 사회적 책임과 가치에 민감한 기업이 사회와 함께 발전하며 존경 받을 수 있다고 믿는다.

A⁺그룹은 기업의 사회적 책임을 다하기 위해 전 임직원과 TFA가 함께 참여하는 A⁺사랑나눔회로 봉사활동을 해오고 있다. A⁺사랑나눔회의 경우 A⁺그룹의 임직원은 정액기부펀드를, TFA는 본인 신계약 모집 건에 일정 금액을 기부하는 매칭기부펀드를, 회사는 TFA 매칭펀드금액과 1:1로 매칭기부를 하는 희망기부펀드를 운용하여 2013년 4월 현재 매월 1,500만 원 정도의 기금을 꾸준히 적립해나가고 있다.

최근 급속한 고령화와 가족 부양기능의 약화로 인해 독거노인들이 홀로 방치된 채 쓸쓸히 여생을 마치는 이른바 고독사의 증가가 심각한 사회문제로 대두되고 있는 실정이다. A⁺그룹 중 상조사업을 하고 있는

A⁺라이프의 경험을 토대로 2012년 6월 보건복지부와 MOU를 체결하고, 독거노인 장례식 지원사업을 임직원 및 TFA가 1일 상주가 되어 치러드리고, 독거노인 대상으로 장수사진(영정사진) 제작, 무료급식 봉사, 김장나눔 봉사, 가정방문 식품키트 전달 등 독거노인지원센터와 연계한 독거노인 대상 봉사활동을 꾸준히 해오고 있다.

그 외에도 농촌돕기 사업의 일환으로 강원도의 한 시골 마을과 자매결연을 맺고 한 해만 1억여 원의 농산물을 구매하여 고객과 함께 나누기도 했으며 임직원은 매년 농촌 봉사활동을 통해 농촌사랑을 실천하고 있다.

A⁺그룹은 '기업의 발전, 구성원의 성장, 사회로의 나눔' 철학을 바탕으로 한 공익 경영으로 2012년 디지털조선일보의 '사회적 책임을 다하는 기업'으로 선정되었으며 앞으로도 기업과 사회의 아름다운 동행이라는 기업 본연의 역할을 다하도록 노력할 것이다.

TFA를 위한
영업지원 시스템

고객은 수준이 높다. 이미 많은 정보와 지식을 보유하고 있으며 가장 빠르고 수준 높은 정보를 제공해주는 사람들 속에서 산다. 이런 고객을 상대하기 위해서는 경쟁자들과 차별화된 아이디어가 언제든 샘솟아야 하고, 그러려면 더 많이 알아야 한다. 신종 상품의 정보 수집을 지속적으로 진행하고 현장에서 즉각적으로 새로운 아이디어로 대응해 나가기 위한 근본적인 대책은 착실히 공부하는 것뿐이다.

A⁺에셋은 지식과 정보를 가진 현대 고객을 대응하는 TFA가 높은 수준의 지식과 금융 정보, 마케팅 기법으로 무장할 수 있도록 양질의 다양한 교육 프로그램을 제공하고 있다.

독보적인 마케팅 역량 향상 프로그램, 교육 시스템

무형의 상품을 판매하는 금융 세일즈맨에게는 판매 능력이 무엇보다도 중요하다는 것을 부인할 수 없을 것이다. A+에셋은 TFA가 Specialty(전문성), Friendship(상호 배려), Better Thinking(앞선 생각), Creativity(새로운 가치창조)를 바탕으로 재무분석 능력, 커뮤니케이션 능력, 재무계획 수립, 자기계발 능력을 길러 최고의 종합자산관리 전문가로 성장하는 것을 교육목표로 삼고 있다. 이러한 목표를 바탕으로 A+에셋의 교육체계는 장기 활동과 높은 성과를 지향하고 있다. 활동 초창기에 기본적인 훈련과정, 그 후에는 재무설계 프로세스를 따라 단계적·체계적으로 교육과정을 이수하도록 되어 있다. 또한 각각의 전문과목별로 특화과정을 진행함으로써 TFA의 전문성 함양에 도움을 주고 있다.

따라서 활동 초기 훈련과정을 거치면 TFA는 영업 전반에 있어 체계적이고 계획적인 활동을 꾸준히 수행할 수 있게 된다. 그만큼 이 교육은 TFA의 초기 정착에 큰 영향을 미친다. A+에셋의 TFA 교육체계는 무경력자와 경력 TFA별로 이원화되어 진행된다. 무경력 신인은 'TFA Ship' 고취 및 고객의 심리 변화에 따른 세일즈 프로세스 체득을 통해 영업활동의 기본을 다진다. 그리고 활동 상황 단계별로 체계적인 교육 프로그램을 거치게 되어 있다. A+에셋은 현재, 보험 판매 경력이 없는 신인 TFA를 유치하여 이들을 금융 전문가로 육성하고자 무경력 신인의 교육을 전담하는 TFT(Total Financial Training) 교육센터를 별도로 운영하고 있다.

　경력자 교육의 경우 활동하고자 하는 TFA가 10일간의 교육과정을 통해 새로운 회사의 문화에 어려움 없이 적응할 수 있도록 돕고 있다. 이 교육과정에는 국내외 금융시장의 분석과 법인 영업 및 세금 강좌, 제휴사 강좌, 마케팅 기법 등 다양한 과목이 구성되어 있다. TFA는 이 과정을 거치면서 회사에 대한 이해와 재무설계에 대한 개념을 새롭게 정립하고 앞으로의 영업 방향과 고객 마케팅에 대한 기법을 익힌다. A⁺에셋 TFA에게 교육은 특정 직무를 수행하는 데 필요한 지식과 기술을 높이기 위한 것이므로 문제해결, 태도, 관행, 행동의 변화를 통해 실제 직무 수행에 있어서 부족한 점이나 개선할 점에 관해 각 과목마다 생생한 교재를 사용하여 이해를 돕는다.

　경력 및 무경력 TFA의 1차년도 교육과정을 포함한 A⁺에셋의 금융아카데미 교육과정은 190~191쪽 그림과 같다.

　또한 전문성 강화와 관심 분야의 학습의지를 충족시켜 주기 위해 1차년도 이상 우수 TFA 및 희망자를 대상으로 전문 교육과정을 실시하고 있다.

　이 교육 프로그램과는 별도로 부유층 마케팅을 위해 세금, 부동산 등에 특화된 일일 과정도 운영하고 있다. 이 과정은 매 교육 때마다 100여 명의 TFA가 참석하여 큰 호응을 얻고 있는 교육 중 하나다. 집합과정으로는 세미나 마케팅 강사 양성과정, MDRT 도전과정 등이 있다. 세미나 마케팅 강사 양성과정의 경우 기업을 대상으로 영업활동을 하는 TFA에게 도움을 주고자 시작한 교육으로 대중 앞에 서는 법에서부터 효율을 극대화시킬 수 있는 화법 및 동작에 관한 교육이 집중적으로 이루어지고 있다.

교육과정	대상자	교육내용	기간

경력신인
입문과정
	보험금융업 경력자
	(경력 6차월 이상)
		• A+에셋 영업지원
		  시스템 활용방법
		• 주력상품 Line-up
		  및 세일즈 콘셉트
			10일

금융전문가 과정	순수 무경력 신인 (경력 6차월 이하)	• TFA Ship 고취 • Sales Process 체득 • 생보·손보 상품교육	4주

마스터과정

교육과정	대상자	교육내용
손해보험 마스터 과정	등록 1~3차월	• 자동차 / 일반 / 장기보험심화교육 • 생·손보 세트판매 기법 • 실손 보험을 통한 시장확대 방법
종신·CI 마스터 과정	등록 1~3차월	• 보장자산 Ship 고취 • A+에셋 세일즈 프로세스 정립 • 종신·CI상품 비교판매 컨셉
은퇴플랜 마스터 과정	등록 6~8차월	• 은퇴설계 니즈 환기방법 • 은퇴선계 상품 Line-up • 연금설계 R/P
재무설계 마스터 과정	등록 9~12차월	• 재무계산기 활용법 • 목적자금 만들기 Case Study 실습 • TFA가 알아야 할 세금 • A+에셋 상속 및 증여 플랜

역량강화과정

교육과정	대상자	교육내용
EM 역량강화과정	본부/지점 EM	• EM R&R 확립 • 신인 육성 및 코칭 스킬 함양 • 성공사례 벤치마킹
지점장 양성과정	EM, ABM, TFA, Staff	• 우수신인 리크루팅 • TFA 생산성 향상 코칭 • 우수지점 벤치마킹
지점장 역량강화과정	6차월 이상 지점장	• 지점운영 • 조직관리 • 목표관리

스페셜과정

교육과정	대상자	교육내용
세미나 강사 양성과정	리더급 이상	• 세미나 기획~진행 전문강사 양성 • 신(新) 마켓 창출전략 및 역량 강화
법인시장 특화과정	법인시장 관심 TFA	• 가업승계 전략 • 업종별 세일즈 컨셉 전략 • A⁺에셋 법인 솔루션
MDRT 도전과정	평균 월소득 300~500만 원 TFA	• MDRT 달성을 위한 소득모델 • 소득달성을 위한 주력상품 Line—up • 법인시장 접근 전략
보험MBA 과정	BC팀 MDRT 이상 TFA	• 주요 대학 산학 연계운영

MDRT 도전과정은 현재 1~2기를 거쳐 3기까지 교육이 진행되었다. 교육의 목적으로 MDRT 달성을 통한 소득 향상을 추구한다. 그래서 교육은 실제 회의하는 듯한 방식으로 이루어진다. 교육 참가자들이 일정한 장소에 모여서 주어진 주제에 관한 각자의 견해, 지식, 경험 등을 발표·교환하고 문제점 등에 대해 토론하는 방식을 채택하고 있다. 이는 지식을 주입시키는 방식이 아니라 스스로 발표하고 깨닫고 생각하는 자기계발 방법이라고 할 수 있다.

예를 들어 100명의 교육생이 교육에 참가했다면 10명씩 10개 조로 구성하여 개별 토론을 시행한 다음 전체가 모여서 각 조별로 사례를 공유하고 문제점 해결방안을 발표하는 방식이다. 이 교육을 통해 TFA들은 MDRT 달성에 대한 도전의지와 자신감을 가지고 세밀한 계획을 작성하게 된다.

또한 TFA의 전문성 증대를 위한 자격증 취득 지원제도를 복리후생과 연계하여 실시하고 있다. 현재 A⁺에셋은 최고의 영업력을 갖춘 최고의 인재를 육성하기 위해 14개에 이르는 전문적인 자격을 갖출 수 있도록 지원하고 있고 또한 그 폭을 더 넓힐 예정이다.

A⁺에셋은 교육을 영업의 최우선으로 생각한다. 그래서 현재 전국 각 지역에 9곳(서울 4곳, 대전·대구·부산·광주·강릉 각 1곳)의 교육시설을 보유하고 있으며, 전문성과 다양성을 두루 갖춘 차별화된 교육을 개발하고 시행함으로써 TFA들이 직무능력 향상과 소득 증대라는 결실을 맺는 데 충분한 거름이 되도록 최선의 힘을 쏟고 있다.

A⁺에셋 전산 시스템(신월드)의 우수성

전속 설계사로 활동하다 GA로 옮긴 TFA들이 가장 곤란을 겪는 부분이 전산 시스템의 미비에서 비롯된 고객관리, 계약관리의 어려움이다. 각 제휴 보험사들에 흩어져 있는 고객과 계약을 각각의 제휴 보험사 전산 시스템을 통해 관리하기란 여간 어려운 일이 아니다. 특히 몇 개 정도의 보험사와 제휴 관계를 맺는 소형 GA와 달리 우리 A⁺에셋은 고객과 TFA의 상품 선택의 폭을 넓혀주기 위해 생·손보 27개 보험사와 제휴 관계를 맺고 있어서 제대로 된 전산 시스템 없이는 고객관리, 계약관리가 불가능에 가깝다. 더욱이 개인정보의 보안 문제가 업계의 화두가 되고 있는 상황에서 제대로 된 전산 시스템의 구비는 GA 생존의 필수 요소가 되고 있다.

(1) 고객관리

A⁺에셋 전산 시스템은 세대 단위의 고객관리를 기본으로 한다. 고객 상세 정보에서 세대 단위의 계약 정보 파악을 통해 개략적인 세대별 보장분석이 가능하며, 계약 정보뿐만 아니라 활동 이력, 자동차보험 상담 이력, SMS·이메일 등을 통한 고객접촉 이력 등을 세대 단위로 한눈에 볼 수 있다. 고객을 개인별로 한 명씩 따로 관리하는 것보다는 훨씬 더 효율적으로 고객을 관리할 수 있는 장점이 있다.

고객 리스트에서는 전산 시스템에 등록된 고객을 다양한 조건으로 검색하여 활용할 수 있도록 하여 고객관리의 효율성을 도모하고 있다. 고객관리의 주요한 수단인 SMS·이메일 발송 대상을 고객 리스트에서

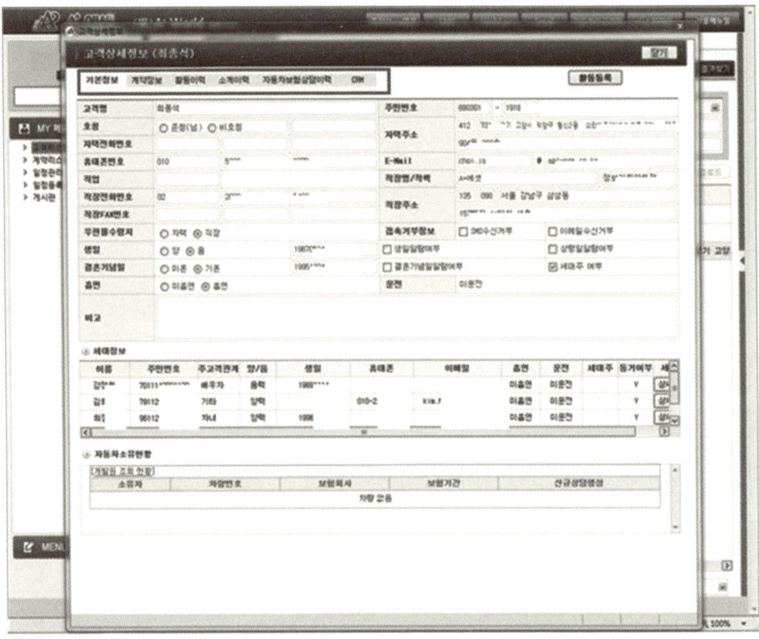

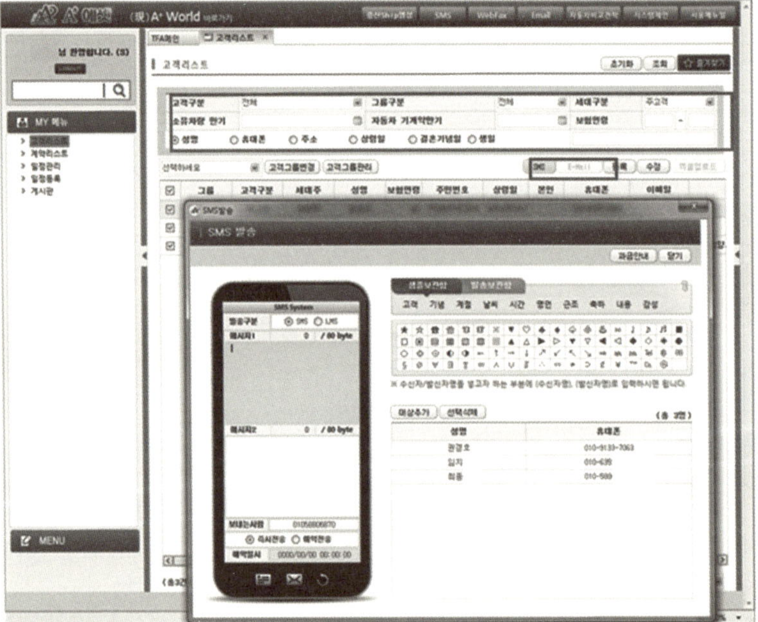

검색하여 바로 발송할 수 있도록 개발되어 있으며, SMS에서는 각종 템
플릿들을 제공하고 있어 편의성이 뛰어나다고 할 수 있다.

(2) 계약관리

계약관리에서 가장 중요한 것은 계약유지 상태를 파악하여 계약의
실효 및 해약을 미연에 방지하는 것이다. 전월 보험료 미납상태인 연체
계약과 당월 보험료 미납상태인 당월 미입금 계약을 검색하여 수금관
리를 위한 SMS를 발송할 수 있는 기능을 구현해놓았으며, 각종 검색
조건을 통해 편리하게 계약을 검색하여 활용할 수 있게 구성되어 있다.
계약 데이터는 현재 제휴 보험사로부터 엑셀 데이터를 제공받거나 제
휴 보험사 전산에서 다운로드하여 월 2회 상태를 반영하고 있으나, 제

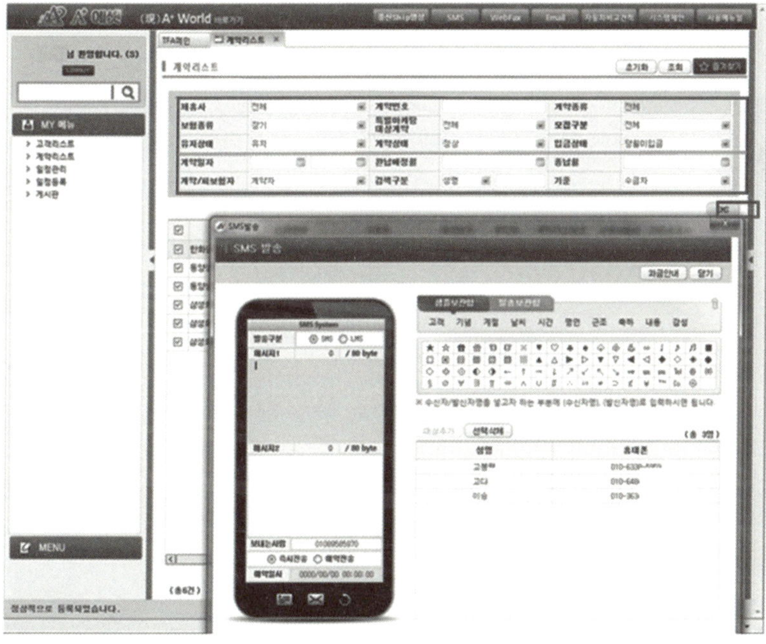

휴 보험사와 전문 송수신 방식으로 데이터를 실시간 제공받아 매일 상태 반영이 이루어지도록 협의 및 개발을 진행 중이다. 이것이 완성되면 제휴 보험사의 전속 설계사와 동일한 수준의 계약 관리가 이루어질 수 있을 것이다.

(3) 활동관리

세일즈 프로세스에 따라 자신의 활동계획과 결과를 입력하면서 스스로 피드백을 하다 보면 자신이 목표한 계약 건수를 달성하기 위해 어느 정도의 활동량이 필요한지를 스스로 깨닫게 된다. A+에셋 전산 시스템에서는 매달 자신의 활동목표를 등록하고 매일매일 활동계획과 결과를 입력해나가면서 세일즈 프로세스에 따라 활동이 이루어질 수 있도록 시스템적으로 뒷받침하고 있다. 활동계획과 결과는 세대별로 활

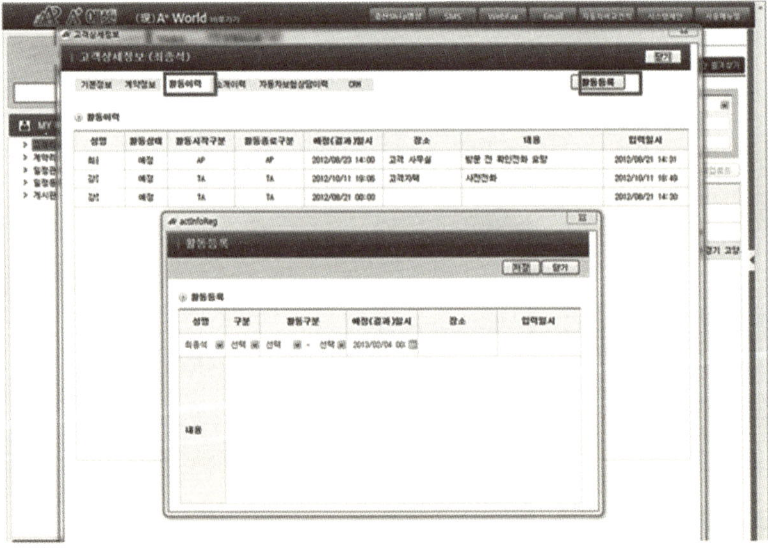

동이력에 저장되어 시간이 흐른 후에도 언제든 히스토리를 살펴볼 수 있도록 함으로써 고객과의 만남에서 중요한 정보를 잊지 않도록 하고 있다.

또한 활동계획은 일정관리와 연동되어 캘린더의 활동 탭에서 날짜별 활동계획을 확인할 수 있어 고객과의 만남을 준비하는 데 차질이 없도록 도움을 주고 있다. 아울러 캘린더의 탭에서 해당 월에 도래한 고객의 기념일(결혼기념일, 생일, 자동차보험 만기일), 회사의 공통 일정, 개인적 일정 등도 확인할 수 있어 일정을 일목요연하게 관리할 수 있게 되어 있다.

(4) 자동차보험 비교견적 시스템

고객의 입장에서 동일한 가입조건이면 저렴한 보험료로 보장을 받고 싶어 하는 것은 당연한 이치다. 자동차보험의 경우 차종별로, 지역별

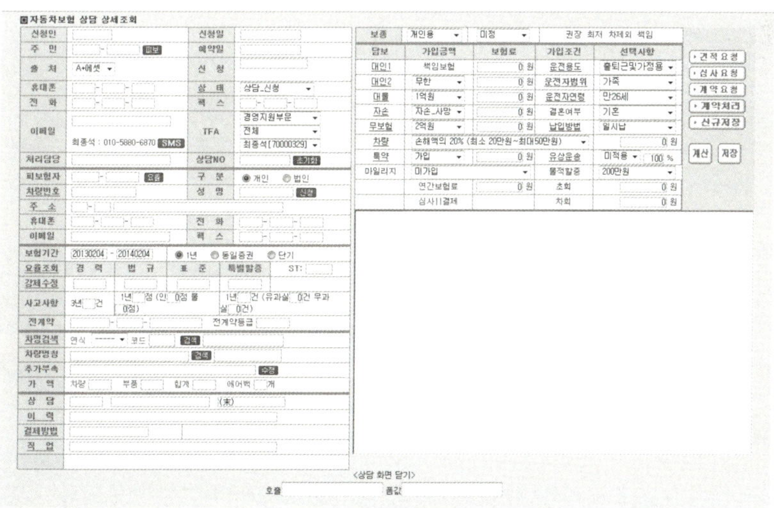

로, 가입조건에 따라 보험사별 보험료가 상이하기 때문에 비교견적을 통해 고객이 원하는 가입조건에서 보험료가 가장 저렴한 보험사를 선택하여 가입할 수 있다면 이보다 더한 고객만족은 없을 것이다.

A⁺에셋의 자동차보험 비교견적 시스템은 설계사가 비교견적을 요청하면 담당자는 SMS를 통해 진행 단계마다 설계사에게 피드백을 줌으로써 누구나 쉽게 비교견적을 진행해나갈 수 있다. 또 비교견적에 능숙한 설계사는 직접 비교견적을 하여 심사요청까지 진행할 수 있도록 함으로써 신속한 계약체결이 가능하도록 도움을 주고 있다.

이렇게 체결된 계약은 비교견적 시스템에 계약 데이터로 남아 갱신관리를 통해 한 번 맺은 자동차보험 계약은 매년 놓치지 않고 계약을 유지해나갈 수 있다.

(5) 영업 현장의 동반자 M-World

데스크톱이나 노트북을 통해 전산 시스템을 활용하여 고객, 계약, 활동을 체계적으로 관리하는 편리함이 사무실을 벗어나 활동하는 가운데서도 이어진다면 영업활동에 큰 도움이 될 것이다. 그래서 A⁺에셋에서는 모바일 기기(태블릿PC, 스마트폰)를 이용하여 언제 어디서나 고객, 계약, 활동을 관리할 수 있도록 'M-World'라는 모바일 애플리케이션을 제작하여 구글의 'Play스토어'와 애플의 '앱스토어'에 등록해놓고 설계사들이 다운받아 사용할 수 있도록 하고 있다.

전설적인 세일즈 왕 랠프 로버츠는 "계약의 80%는 거래한 적이 있는 20%에게서 나온다"라는 이야기를 했다. 그만큼 고객관리가 중요하다는 이야기인데 모바일 애플리케이션 M-World에서는 가망고객과 기존

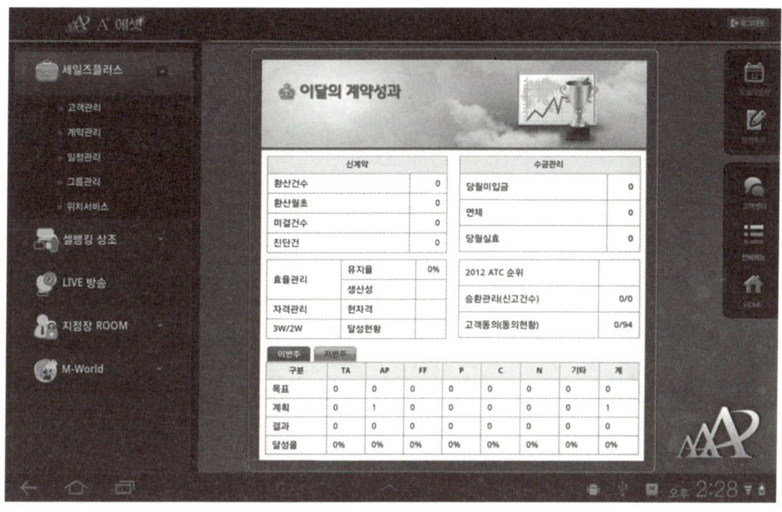

구분	TA	AP	FF	P	C	N	기타	계
목표	0	0	0	0	0	0	0	0
계획	0	1	0	0	0	0	0	1
결과	0	0	0	0	0	0	0	0
달성율	0%	0%	0%	0%	0%	0%	0%	0%

고객을 체계적으로 관리할 수 있도록 편리하게 시스템을 제작했다.

A⁺에셋 전산 시스템의 경우 주민번호를 정확히 모르는 가망고객의 경우 등록이 불가능하지만, 세일즈플러스의 고객관리 메뉴에서는 현장에서 만나는 가망고객들의 주민번호 앞 6자리만 입력해도 고객을 저장할 수 있도록 시스템을 구성했다. 이 고객정보를 바탕으로 일정관리의 오늘의 일정 메뉴에 해당 고객의 기념일(생일, 결혼기념일)이 자동으로 표시됨으로써 고객에게 SMS를 발송하는 등 고객을 적극적으로 관리할 수 있도록 했다.

또한 TFA들이 많은 시간을 투자하지 않아도 계약을 효율적으로 관리할 수 있도록 계약관리 메뉴에서 장기·일반·여행자·자동차 등 보험 종류별로, 그리고 상세검색을 통해 계약상태별로 계약을 조회할 수 있도록 했다. 특히 수금관리(당월 미입금, 연체)와 부활관리(실효 1, 2, 3차월), 만기관리 대상 계약은 별도의 검색 절차 없이 해당 버튼을 클릭하는

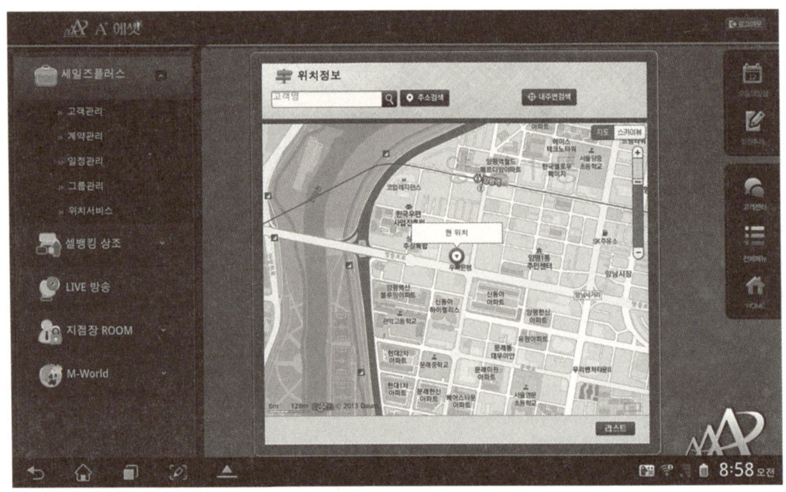

것만으로 검색 결과가 나오도록 구성했다. 또한 검색결과에 따라 해당 고객에게 SMS를 발송할 수 있어 현장에서 바쁘게 활동하는 TFA들의 시간과 수고를 덜 수 있도록 제작했다.

사무실 혹은 현장에서 고객과 방문 약속을 먼저 하고 영업 현장으로 달려나가지만 고객의 부득이한 사정에 의해 그 약속이 지켜지지 못하는 경우들이 있다. 이런 경우 대부분의 TFA들은 그 시간에 어떻게 보내야 할지 고민하게 되는데, 그런 고민을 덜어주고자 모바일 기기의 특성을 십분 활용하여 위치 서비스를 제공하고 있다. 위치 서비스 매뉴를 통해 고객의 주소도 지도상에서 검색 가능하며, '내주변검색'이라는 버튼을 통해 현재 내 위치 주변에 등록된 고객의 위치와 주소를 지도상에서 보여준다. 이렇게 지도상에 나타난 주변 지역의 고객에게 연락하고 방문함으로써 부득이하게 취소된 약속시간을 알차게 활용하도록 도움을 주고 있다.

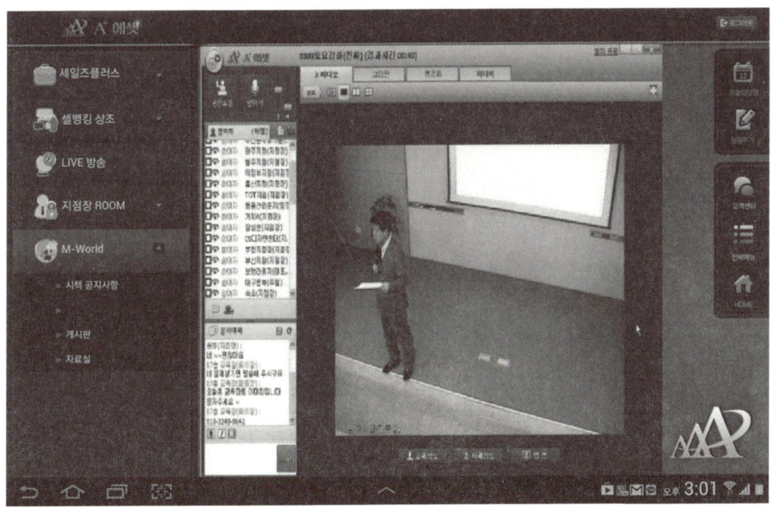

또한 이렇게 갑자기 고객을 방문하게 될 경우라도 그 고객과 가입한 보험상품에 대한 정보는 검색을 통해 파악이 가능하며, M-World 메뉴의 자료실에 각종 영업자료가 있기 때문에 단순한 친숙 방문에 그치지 않고 새로운 영업 이슈에 맞추어서 다양한 정보를 고객에게 제공할 수 있다.

셀뱅킹 상조 메뉴에는 우리 회사 관계사로 A+라이프의 상조 서비스인 효담과 세포치료 시대를 준비하며 내 몸의 세포를 활용한 면역세포와 줄기세포를 보관하는 셀뱅킹에 대한 영업자료와 동영상도 들어 있어 고객에게 설명하기 힘든 전문적인 의학용어도 쉽고 정확하게 전달할 수 있게 되어 있다.

A+에셋이 짧은 역사에도 불구하고 급성장한 비결 중에 하나는 잘 갖추어진 교육 시스템이 존재하고 있기 때문이다. 그중에도 매주 운영되고 있는 토요강좌는 영업 이슈에 맞춘 심도 있는 상품 교육이 진행되

는 중요한 교육의 장으로 TFA들의 뜨거운 호응을 얻고 있다. 고객과의 만남이나 개인 사정으로 인해 강좌에 참석하지 못한 경우 언제 어디서라도 M-World 메뉴의 자료실을 통해 동영상 강의를 시청할 수 있도록 함으로써 교육을 통한 전문성 확보를 뒷받침하고 있다.

(5) 앞으로……

A⁺에셋 전산 시스템은 완성된 시스템이 아니라 개발 진행 중인 시스템이다. 이것은 지금 보이는 것보다 더 많은 도움을 영업 현장에 줄 수 있는 시스템으로 진화할 수 있다는 이야기다. 영업 현장의 목소리에 귀를 기울여 영업활동에 도움이 되는 전산 시스템의 개발은 A⁺에셋이 항상 고민하고 연구하는 과제이자 숙원이다. 뜨거운 영업 현장의 열기만큼이나 알찬 전산 시스템의 완성을 위해 매진해나갈 것이다.

살아 있는 현장 교육, 상품전략 워크숍

리쿠르팅은 보험영업의 알파이자 오메가이며 보험이 존속하는 한 불변할 마케팅 경쟁력일 것이다. 그러나 날이 갈수록 리쿠르팅 시장이 축소되고 혼탁해지면서 보험사마다 아우성이다. 리쿠르팅이 하늘의 별을 따는 것만큼이나 힘들어졌기 때문이다.

1990년대 생명보험사에는 이른바 '보험 아줌마'로 불리는 영업 조직의 규모가 34만 명에 이르렀다. 당시 기혼 여성이 선택할 수 있는 직업이 제한적이었던 이유도 있었지만, 주부로서 가장 높은 수입을 올릴 수 있는 부업이 설계사였기 때문에 인기가 높았다. 그러나 2011년 기준 전국의 생명보험 설계사는 1990년대의 절반에도 못 미치는 15만 7,119명으로 떨어졌다. 이렇게 영업조직이 축소되고 리쿠르팅이 힘들어진 요인에는 여러 가지가 있지만 우리 사회에서 여성의 직업 진출 영역이 폭넓어진 이유가 크다. 또 과거에 비해 수입이 많이 줄어들고 있는 추세도 반영되었다. 이와 같은 상황에서 기존의 리쿠르팅 방식과는 차별화된, 후보자 입장에서 직접 보고 믿고 선택할 수 있는 리쿠르팅 시스템 도입이 절실히 필요하다. 혁신적인 시스템이라 하더라도 시대 변화에 너무 앞선다면 반드시 성공한다는 보장은 없다. 추구하는 방향이 후보자에게 도움이 된다고 하더라도 영업지원 시스템이 뒷받침되지 않으면 후보자의 사업적 성공 또한 확신할 수 없기 때문이다.

금융자산 종합관리 서비스 제공, 금융판매전문회사의 설립 등으로 은행, 증권, 보험 등 어느 분야에도 종속되지 않고 토털 서비스가 가능한 종합 전문가의 필요성이 절실한 이 시대에 이러한 시장의 요구에 가장 신속하고 적극적으로 대응해나갈 수 있는 조직과 시스템을 갖추고 있는 곳이 바로 A⁺에셋이다.

A⁺에셋은 TFA뿐만 아니라 각계각층의 영업인을 대상으로 상품전략 워크숍을 개최하고 있다. 사람들이 투자 방법이나 상품에 대한 관심이 높아진 만큼 리쿠르팅 대상자를 직접 초청해 강연회를 들어보도록 이끈다. 설계사 개인이 설명하는 것보다 전문가가 나와서 회사의 장점에 대해 설명하면 관심도가 훨씬 높아진다. 회사에 대한 전문성과 비전을 직접 체험하라는 취지에서 리쿠르팅 대상자를 초청하는 것이다.

이렇게 회사 행사에 초대해 A⁺에셋의 '전략'과 '전술'을 공유하면 리쿠르팅의 효율을 더욱 높일 수 있다. 격월로 개최되는 A⁺에셋 상품전략 워크숍에서는 금융업계의 동향과 세제 개편 등 금융환경 변화와 이슈에 따른 발 빠른 상품 판매전략과 A⁺에셋만의 오더메이드 신상품을 발표한다. 영업전략에 따른 A⁺에셋만의 오더메이드 상품의 탄생 배경과 판매 콘셉트 및 전략은 상품전략 워크숍에 참석한 이들을 숨죽이게 만든다. 금융 변화에 가장 빠르게 반응하고 고객들의 니즈에 가장 부합하는 가장 최신의 오더메이드 상품은 A⁺에셋 영업 시스템의 우수성을 다시 한 번 실감하게 만든다.

또한 에셋의 보험뿐만 아니라 셀뱅킹, 상조, 부동산 등 토털 라이프 케어를 지향하는 영업지원 시스템 활용 사례, 손해보험사 출신 TFA의 소득 증대 우수 사례, A⁺라운지 우수 사례 등 TFA의 신시장 확대 방법과 소득 업그레이드 실제 사례 등 현장의 목소리도 전파한다.

분기별 최고의 영업실적에 빛나는 TFA 한 분을 선정해 챔피언 도전의 의지를 다지는 것으로 마무리되는 상품전략 워크숍은 회를 거듭할수록 A⁺에셋 TFA의 자부심으로 자리 잡고 있다. 또한 업계의 고능률 후보자들이 대거 참여하는 전 금융업계의 이목이 집중되는 명실상부한 행사가 되고 있다.

한 금융회사가 은행의 예금·적금, 증권사·보험사의 모든 상품을 다 취급할 수 있는 시대가 다가오고 있다. 실질적으로 종합자산관리를 할 수 있는 때가 목전에 도달한 것이다. 세일즈맨으로서 얼마나 가슴이 뛰는 일인가? 그러면 지금까지 판매해왔던 보험이나 펀드의 영역을 완전히 뛰어넘게 된다. 그러나 이렇게 좋은 환경이 다가오고 있지만 모든 회사가 세일즈맨이 원하는 시스템을 제공해주지는 못할 것이다.

점점 IFA(Independent Financial Advisor)● 업계는 대형화·전문화되어 가고 그런 선두업체 몇 곳이 업계를 이끌 것이다. 그 선두에는 당연히 A⁺에셋이 있을 것이다. 그 이유는 A⁺에셋 상품전략 워크숍에서 찾을 수 있다.

● IFA: 특정 금융회사에 소속되지 않고 독립적으로 고객을 위한 재무 상담과 설계를 수행하는 사람. 고객의 요구에 의해 활동하며 다양한 금융회사의 상품을 취급한다.

토털 라이프 케어를 위한
신수종 사업

A⁺에셋은 늘 배우며 커가는 회사다. 그렇기에 지금까지 해온 일보다 앞으로 해야 할 일이 훨씬 많다. 궁극적으로 A⁺에셋은 인간이 출생하여 생을 마감하는 순간까지 삶과 관련된 모든 서비스를 제공하는 것이 목표다.

사람이 태어나서 죽음에 이르기까지 발생하는 여러 가지 상황을 해결하는 데 있어 돈은 매우 중요하지만 모든 것을 돈으로 해결할 수는 없다. 대표적인 것이 질병이 발생하는 상황이다. 우리는 언제 어디서 올지 모르는 질병이나 상해 상황이 초래하는 리스크에 대비하기 위해 보험이라는 소중한 제도를 만들었고 이를 통해 효과적으로 대처하고 있다. 그러나 돈이 있으면 치료할 기회를 가질 수 있지만 그것이 곧 완치를 의미하지는 않는다. 현대의학으로 여전히 완치 불가능한 난치병들이 다수 존재하며, 많은 환자가 고통스럽게 언제 끝날지도 모르는 질병과의 싸움을 이어가고 있다. 또한 새롭게 생기는 난치병들도 우리의 삶을 지속적으로 위협하고 있다.

인생에서 가장 중요한 가치는 무엇일까? 개인마다 차이는 있겠지만 그 가치 달성을 통해 느끼는 감정은 결국 '행복'이 아닐까 싶다. 대부분의 사람은 '행복'하게 살기를 원한다. 또한 행복하게 살기 위해서는 '돈'과 '건강' 두 가지가 핵심일 것이다.

A⁺그룹은 고객의 행복한 삶을 위해 '돈'으로부터 자유로워질 수 있는 방법, 즉 재무적 해결 방안을 효과적으로 제공하고 실행하도록 도와주고 있다. 또한 돈 이외의 비재무적인 문제도 고객의 행복을 위해 굉장히 중요한 부분이라는 인식 아래 기본적으로 필요한 서비스를 중심으로 사업을 점차 확대해나가고 있다.

A⁺라이프는 2009년 2월 창립과 함께 가족의 사망으로 인해 유족이 겪을 수 있는 고통과 슬픔을 위로하고 고인의 마지막을 품격 있게 마무리할 수 있도록 도와주는 '효담'이라는 상조 서비스를 제공하고 있다.

자본금 200억의 A⁺라이프는 업계 최고 수준의 자본금을 갖추고 상조업계 최초로 5대 품질 보장제를 시행하는 등 시장을 선도하고 있다. 과도한 비용이 들어가는 광고를 하지 않고 서비스 품질을 최우선으로 하는 노력들의 결과로 현재 '효담'은 포스코, 한국전력, 우정사업본부 등 국내 굴지의 기업과 제휴를 통해 기업 임직원들에게 상조 서비스를 제공하고 있다. M사의 경우 자체 2012년 만족도 조사에서 98.2%라는 놀라운 성과를 이루어냈다. 무질서와 혼란이 가중되고 있는 상조업계가 점차 조정을 거쳐 양적·질적으로 탄탄하게 성장하는 시장구조로 재편되는 과정에서 정도 영업과 품질로 승부하는 A⁺라이프가 굳건히 성장할 것으로 확신한다.

더불어 상조 서비스 외에 '세포보관 서비스'라는 신수종 사업을 본격적으로 추진하고 있다. '세포보관 서비스'란 건강할 때 자신의 줄기세포와 면역세포를 추출하여 냉동 보관하는 서비스인데 향후 난치성 질병 발생 시 보관된 세포를 이용하여 치료에 활용하고자 하는 데 목적이 있다.

본인 및 타인의 세포를 활용하여 질병을 치료하는 것을 '세포 치료'라고 한다. 세포 치료는 수술 및 화학 약물 치료에 이은 제3세대 의학이라고 불리며 현재 의학계의 핫이슈로 부각되고 있는 차세대 치료방법이다.

사실 우리나라 국민 대부분이 황우석 박사 사태로 인해 줄기세포(stem-cell)에 대해 들어봤거나 어느 정도 알고 있다. 세계적으로도 온 국민이 줄기세포를 알고 있는 나라는 대한민국이 유일할 것이다. 황우석 박사 사건 이후 줄기세포에 대해 부정적인 인식이 대부분이었지만 최근 세계 최초로 줄기세포 치료제가 식약청 허가를 받고 상용화되어 병원에서 시술이 이루어지고 있으며 현재까지 세 개의 세포 치료제가 상용화에 성공하는 등 바야흐로 '세포 치료' 시대로 접어들었다고 해도 과언은 아니다. 하지만 아직은 대부분이 잘 모르고 있고 '세포 치료'라는 말도 생소하게 들릴 수 있겠지만 이미 시장은 변화되고 있고 그 속도 또한 매우 빠르다.

나이가 들면서 '건강'이라는 화두는 점점 중요한 의미로 다가온다.

국민소득 2만 달러가 넘는 지금 사람들의 관심은 단순한 의식주 해결
이 아닌 어떻게 하면 삶의 질을 높일 수 있을까 하는 데 있다. 행복감을
느낄 수 있는 삶의 질이란 건강이 뒷받침되지 않으면 이루어질 수 없다.
주위를 보면 모두 건강한 삶을 살기 위해 다각적인 노력을 하고 있다.
규칙적인 운동을 하고 몸에 좋은 음식을 찾아서 먹고 건강보조제쯤은
저마다 한 가지 이상 복용하고 있다. 더불어 자신의 건강상태를 주기적
으로 검사함으로써 질병의 조기발견에도 많은 관심을 기울이고 있다.
그러나 아무리 주의를 기울인다 해도 질병 발생은 막을 수 없다. 통계
에 의하면 국민 10명 중 약 9명은 질병으로 사망한다. 질병 발생 원인
은 노화, 잘못된 식습관, 스트레스, 유전적 원인 등 다양하다. 어쨌든 우
리 모두는 언제일지 모르지만 필연적으로 질병 발생의 위험을 가지고
있는 것이다.

우리의 몸은 세포로 이루어져 있다. 사람에 따라 60조~100조 정
도의 세포로 이루어져 있으며 이는 놀랍게도 최초 단 한 개의 세포로
부터 분화되어 만들어진다. 세포는 매일 수만 개씩 소멸하며 다시 새
로운 세포가 그 자리를 대체해 생성된다. 생성되는 세포는 어떻게 만
들어지는가? 바로 우리 몸에 존재하는 줄기세포가 그 주인공이다. 줄
기세포는 우리 몸속에서 마치 스페어 타이어처럼 존재하다가 죽어나
가는 세포를 대체해 새로운 체세포로 변화된다. 이를 세포 분화라 부
른다.

생각해보자. 우리는 우리 몸을 단 하나의 개체로 생각하지만 현미경
으로 자세히 들여다보면 수십조 개의 세포들이 모여 각각 완벽한 생명
체로서 주어진 역할을 하며 살아가고 있는 것이다. 정말 놀랍지 아니한

가? 우리 몸은 살아 있는 세포들의 집합체인 것이다.

사람들은 태어나면서 자연치유 능력을 두 가지 보유하고 있다. 재생 능력과 면역 능력이다.

상처가 나면 아물고, 뼈가 부러져도 다시 붙는 현상이 바로 우리 몸이 가지고 있는 재생(복원) 능력이다. 이러한 재생 및 복원 기능은 줄기세포가 있기에 가능하다. 웬만한 부상이나 상처쯤은 줄기세포를 통해 완벽히 복구된다.

또한 우리 몸에는 외부로부터 바이러스나 세균이 침입할 경우에 작동하는 방어 시스템이 있다. 바로 면역 시스템인데 이러한 면역 기능을 담당하는 것이 바로 면역세포다. 면역세포는 마치 군인처럼 우리 몸을 외부 또는 내부의 적으로부터 지키고 보호한다. 특히 면역세포는 우리의 건강한 삶을 가장 크게 위협하는 암과 밀접한 관계가 있다.

이 부분은 뒤에서 자세히 설명하기로 하고 먼저 줄기세포에 대해 알아보자. 줄기세포는 크게 배아줄기세포와 성체줄기세포로 구분되는데 황우석 박사가 연구한 것이 바로 배아줄기세포다. 배아줄기세포는 신체 어떤 부위로도 될 수 있고 심지어 사람 자체를 복제할 수 있는 그야말로 만능세포로서 활용도가 무궁무진하지만 상용화하기에는 기술적으로 매우 어렵고 특히 사람으로 될 수 있는 원시세포를 이용하기에 생명윤리 문제가 가장 큰 걸림돌로 작용하고 있다. 반면 성체줄기세포는 필요한 체세포로 분화될 수 있는 뛰어난 능력이 있으나 복제 및 윤리 문제에서 자유롭고 사람 몸에 매우 많이 존재하기 때문에 활용성이 뛰어나다. 현재 세포치료 연구는 대부분 성체줄기세포로 이루어지고 있다.

줄기세포는 스스로 자기증식 능력(self-renewal)을 가지고 있으며, 적정한 환경이 주어지면 여러 종류의 신체 조직으로 분화할 수 있는 전능성(totipotency)을 갖는 미분화 세포다. 이러한 줄기세포의 특성을 이용한 질병 치료 분야를 '재생의학'이라고 한다. 어떤 조직이나 기관에 질병이 생겼을 때 약물요법이나 수술요법과 같은 수동적인 치료를 넘어 죽거나 병든 세포를 새로운 세포로 바꿔주는 능동적인 치료법이다.

10년 전만 해도 줄기세포는 동물 실험 등을 통해 치료의 가능성만을 타진하는 정도였지만, 현재는 줄기세포를 이용한 치료제 임상(유효성 평가 포함)이 전 세계 3,000여 건이 넘게 진행되고 있으며, 상용화를 앞두고 있는 치료제도 총 27건에 이르고 있다. 앞에서도 언급했지만 한국에서는 세계 최초의 줄기세포 치료제가 2011년 품목 허가되었으며 이후 두 개의 줄기세포 치료제가 품목 허가되면서 본격적인 줄기세포 치료시대로 접어들고 있다. 줄기세포를 이용한 치료 분야는 거의 모든 종류의 질병을 대상으로 확대되고 있는 추세다.

또한 줄기세포 치료 시장규모도 2012년 5,000억 원 정도에서 2020년이 되면 약 16조 원 정도로 성장할 것으로 예측되고 있다. 이렇게 폭발적인 성장이 예측됨에 따라 선진국을 중심으로 시장 선점을 위한 치열한 각축이 이루어지고 있으며 화이자, 머크, 로슈 등 거대 자본을 앞세운 다국적 제약회사들도 글로벌 세포 치료제 개발에 박차를 가하고 있다.

A⁺에셋은 이 시장에 적극적으로 진출할 계기를 만들었다. A⁺라이프는 한국줄기세포뱅크의 셀뱅킹 판매에 대한 독점권을 확보하고 이를 바탕으로 헬스케어 영업에 박차를 가하고 있다. 돈을 준비하는 보험과

함께 건강을 준비하는 보험인 이 사업은 우리의 기업 목표와 문화에 잘 맞아떨어진다. 그리고 이는 미래를 위한 A⁺에셋의 새로운 무기이기도 하다.

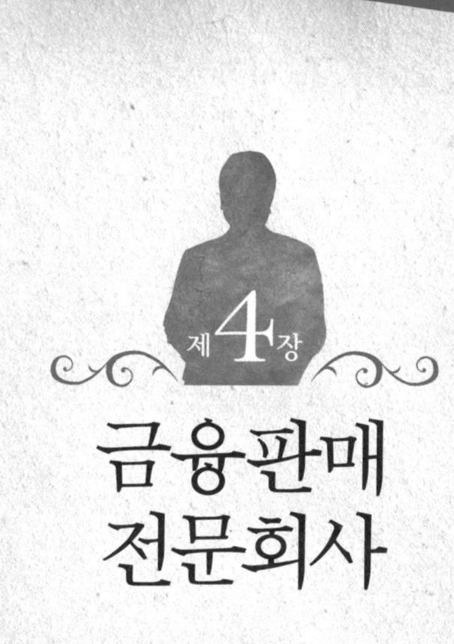

금융판매
전문회사

고객을 향한
착한 금융을 위해

사회적 환경과 금융 소비자의 니즈 변화

오늘날 금융을 둘러싸고 있는 사회적 환경은 이전과는 사뭇 다른 양상을 보이고 있다. 인구구성만 해도 그렇다. 대한민국의 인구 고령화 속도는 세계 최고 수준이다. 이러한 인구 고령화가 향후 우리 경제에 미칠 영향은 이웃나라 일본의 경우를 참고하면 대략적으로 짐작할 수 있다.

이웃 일본의 65세 이상 고령인구 비율은 1990년대 초반 12%대 수준에서 2000년경 17%대로 급격히 증가했고, 현재 세계 최고 수준인 약 22%대를 보이고 있다. 고령인구 비율이 10%를 넘어선 1990년대부터 현재까지 약 20년째 일본의 경제는 제자리를 맴돌고 있고, 잠재성장률은 1990년 4%대에서 급격히 하락하여 현재 1%도 넘기기 어려운 모습을 보이고 있다.

우리의 현재 모습은 1990년대 일본의 경우와 크게 다르지 않다. 고령인구 비율은 11%를 상회한 반면, 잠재성장률은 4.1% 수준에 불과하다. 1.15명이라는 OECD 국가 최저의 출산율로 인해 향후 고령인구의 비율은 2020년에는 15.6%, 2030년 24.3%로 급격하게 상승할 것으로 예상된다. 이렇게 될 경우 LG경제연구원의 추산에 따르면 잠재성장률은 2020년 1.9%, 2030년 -0.3%까지 하락할 것으로 예상된다.

고령인구 비율의 증가에는 기대수명이 늘어난 것도 한몫을 했다. 2011년 기준 기대수명은 남성 77.6년, 여성 84.5년으로 2001년 대비 남성 4.8년, 여성 4.4년 증가했으며, 1970년과 비교할 경우 남·여 각각 18.9년 증가했다.

연령별 인구구조에 있어서 6·25전쟁 이후인 1955년에서 1963년 사이 태어난 사람들의 비중이 특히 높다. 그래서 이들을 베이비붐 세대라고 한다. 현재 이들 베이비붐 세대 중 다수가 은퇴를 했거나 은퇴를 목전에 두고 있다. 이들 중 상당수는 나이 든 부모를 모시고, 취업시장 경색으로 미취업 상태인 자녀를 부양해야만 한다. 경제적 삶을 유지하기 위해 재취업이나 창업을 준비하는 이들도 있고, 이들을 지원하기 위한 사회적 장치도 늘고 있지만 여전히 그 기회는 많지 않다.

통계청의 2012년 가계금융조사를 기준으로 현재 50대인 이들의 평균적 재무상황을 요약하면 다음과 같다. 이들 중 66.5%가 금융부채를 지고 있으며, 평균적인 금융부채 규모는 7,634만 원이다. 반면 보유하고 있는 자산은 평균 4억 4,363만 원이지만 이 중 76.8%가 부동산

(단위 : 만 원)

구분			금액	구분			금액
자산	금융 자산	적립식 저축	3,957	부채	금융 부채	담보대출	4,170
		예치식 저축	3,236			신용대출	768
		전월세 보증금	1,701			신용카드대출	55
		기타금융자산	754			기타	87
		〈금융자산계〉	9,648			〈금융부채계〉	5,080
	실물 자산	거주주택	15,054		임대보증금		2,440
		기타부동산	14,353		기타		0
		계약금/중도금	268		〈부채계〉		7,521
		기타실물자산	2,288				
		〈실물자산계〉	31,962		순재산		34,090
자산총액			41,611	부채 + 순재산			41,611

자료: 통계청, 2012년 가계금융조사

으로 묶여 있다. 연평균 소득은 5,409만 원이지만, 이것도 부채에 대한 원리금 상환 등을 고려하면 평균적인 가처분소득은 4,176만 원에 불과하다. 이런 상황에서 노후 준비가 되어 있느냐는 질문에 그렇다고 응답한 사람은 67.6%이며, 나머지 32.4%가 준비되어 있지 않다고 답했다. 그나마 노후 준비가 되어 있다고 응답한 사람도 그 준비를 공적연금에 의존하고 있는 경우가 44.3%인 반면, 개인연금, 예·적금, 부동산 등으로 별도의 개인적 준비를 하고 있는 사람의 비중은 각각 10%대에 불과하다.

베이비붐 세대보다 앞서 이미 은퇴생활을 하고 있는 사람들을 대상으로 은퇴 후 생활비 충당에 대해 질문한 결과, 가족이나 친지의 용돈이 32%, 기초노령연금 등이 32.8%, 공적연금이 23.5%인 반면, 과거 본인이 저축한 부분으로 충당하는 경우는 11.7%에 불과했다. 그러다 보니 은퇴생활자 중 61.2%가 생활비가 부족하다고 답변했다.

이러한 인구구조의 변화와 더불어 은퇴 후 노후생활을 더욱 불안하게 만드는 요인은 또 있다. 공적연금이 그것이다. 공적연금은 노후소득 위험에 대비하기 위한 3층 보장론(three pillar system) 중 최하단에 있는, 가장 기초적인 노후생활을 보장하기 위한 장치다.

최근 한국보건사회연구원이 발표한 〈국민연금 적정부담수준에 관한 연구〉에 따르면 국민연금 수급자는 2010년 약 140만 명에서 2020년 398만 명, 2030년 804만 명, 2040년 1,272만 명, 2050년 1,587만 명으로 기하급수적으로 증가한다. 이에 따라 국민연금 기금은 2041년 949조 원을 정점으로 하여 급격히 하락하고, 결국 2059년에는 완전히 고갈된다고 한다. 기금 고갈 시기를 2080년까지 이연하기 위해서는 수급액을 그대로 둔다면 국민연금납입액을 40% 이상 인상하는 조치를 해야 한다고 주장한다.

공무원연금을 보면 그 상황은 더욱더 심각하다. 1993년 처음 적자를 기록한 후 제도 개선 등을 통하여 일시 안정세를 보였지만, 2003년 548억 원, 2005년 6,096억 원, 2007년 9,892억 원, 2011년 1조 3,577억 원의 적자를 보였다. 공무원연금공단에 따르면 그 적자 폭은 2014년에는 2조 원을 넘고, 2020년에는 6조 원을 초과할 것으로 예측된다. 이러한 적자는 결국 국고에 의해 충당되어 왔다. 하지만 향후 국민들의 저항 등을 고려할 때 연금액 축소 등 추가적인 제도 개편은 부득이 할 것으로 보인다. 군인연금 또한 공무원연금과 상황이 크게 다르지 않다.

앞에서 언급한 인구의 고령화, 베이비부머의 은퇴시기 도래, 공적연금에 대한 불안 등 사회적 현상은 최근 저금리의 지속, 부동산시장 침체라는 경제적 여건의 변화와 더불어 많은 이들로 하여금 향후 노후생활이나 투자에 대한 불안과 근심을 야기했으며, 노후생활이나 투자에 대한 불안과 근심은 금융 소비자들의 인식과 니즈를 변화시켰다.

불안한 미래에 대해 어떻게 대비해야 할 것인가? 이러한 대비를 위해 가장 좋은 수단은 무엇일까? 그리고 나를 대신하여 혹은 내 곁에서 나를 도와줄 전문가는 없는 것일까?

이런 의문이나 니즈는 비단 개인적 차원에서만 나온 것은 아니다. 기업은 기업대로 종업원들의 안정적인 직장생활을 담보할 수 있도록 종업원의 은퇴 대비에 신경을 써야 한다.

한편 순재산을 많이 보유하고 있는 자산가들의 니즈도 바뀌었다. 통계청의 2012년 가계금융조사에 따르면 순재산 기준 상위 20%에 해당하는 이들은 평균적으로 7.7억 원의 실물자산 외의 금융자산만으로도 2억 원 이상을 보유하고 있는 것으로 나타났다. 금융자산의 축적에 따라 이들은 투자형 상품에 대한 관심을 보이고 있다. 하지만 이들은 직접투자보다는 전문가에 의한 조언이나 간접투자를 선호하고 있다. 전문가를 활용하고자 하는 금융 소비자의 니즈는 금융상품이나 연금제도 혹은 세제 등이 복잡하고 다양화되면서 개인 스스로 해결안을 찾는 것이 쉽지 않기 때문이기도 하다.

사람들은 저마다의 인생을 설계하고 있으며, 이러한 인생설계에 따라 그들의 재무목표는 서로 상이하다. 또한 동일한 재무목표를 가지고 있다고 하더라도 각자 투자에 대한 개인적 성향에서 차이가 있다. 따라서 각자의 인생설계, 재무목표, 투자성향 등에 맞는 가장 적합한 수단이 강구되어야 한다. 통상 이러한 수단으로 금융상품을 활용하는 것이 일반적인데, 이 경우 금융 소비자들에게 개개의 금융상품을 별도로 제시하는 것보다는 그들 개개인의 사정에 맞추어 개별적 재무목표에 맞게 다양한 금융상품의 조합으로 이루어진 맞춤형 포트폴리오가 제시되어야 할 것이다. 특히 베이비부머의 경우 향후 기대수명이 길어짐에 따라 그들이 앞으로도 30~40년 이상의 노후생활을 해야 한다는 점을 감안해야 한다. 비록 그들이 저축과 예금에 익숙해져 있다 하더라도 장기적인 인플레이션 헤징을 위한 금융상품의 조합이 제시되어야 한다. 그러기 위해서는 이들에게 펀드, 변액상품, 파생상품과 같은 다양한 투자형 금융상품을 활용하는 방안에 대해 이해시키고 제안할 수 있어야 한다.

맞춤형 금융상품 포트폴리오를 구성하여 이를 금융 소비자에게 제안하고, 금융 소비자가 이를 구매했다고 하여 모든 것이 끝나지는 않는다. 금융상품을 구매한 이후에도 금융 소비자가 원하는 재무목표를 달성하기 위한 수단들이 제대로 작동하는지 또는 상황의 변화에 따라 이를 변경해야 할 필요는 없는지 지속적으로 관심을 가지고 관리해야 한다. 이러한 관리는 재무설계 능력과 금융상품에 대한 전문지식, 그리고 금융 소비자에 대한 서비스 정신과 윤리의식을 갖춘 금융상품 전문가에 의해 제공되어야 할 것이다.

금융상품의 다양화·복잡화와 금융회사의 모럴헤저드

2008년 많은 수출기업을 파산으로 몰고 갔던 KIKO 사태와 관련된 한 소송에서 법원은 "금융투자상품에 대한 투자 위험은 투자자가 부담하는 것이 원칙이나, 금융투자업자와 투자자 사이에는 전문성과 정보에 관한 현저한 차이가 존재한다"며 금융회사가 '손실 발생의 위험성에 관해 금융회사의 인식과 비슷한 수준으로 인식할 수 있을 정도'로 설명했다고 보기 어렵다며 손해액의 70%를 금융회사가 배상금액으로 지급하도록 한 바 있다.

KIKO는 대표적인 첨단 파생금융상품이다. 환율변동에 대해 풋옵션과 콜옵션을 조합하되, 옵션의 행사에 배리어(barrier)를 설정하고 풋옵션에는 'knock-out' 기능을, 콜옵션에는 'knock-in' 기능을 탑재한 형태다. 환율이 소폭 변동할 경우에는 투자자에게 어느 정도 이익이 보장되지만, 환율이 큰 폭으로 변동할 경우에는 극심한 손실을 볼 수밖에 없다. 이러한 복잡한 구조를 금융 소비자가 알리도 없거니와 금융회사는 이 구조에 대해 제대로 설명하지 않은 채 자기 상품의 구매를 권유한 것이다.

IMF 이후 촉발된 금융상품에 대한 규제완화와 최근의 정보기술 발달은 과거와 달리 금융상품을 훨씬 복잡하고 다양하게 만들었다. 금융회사들은 치열한 경쟁에서 살아남기 위해 하루가 다르게 새로운 형태의 상품들을 내놓고 있다. 파생상품 등 첨단금융상품에는 수학과 통계학, 금융공학을 모두 동원하기도 한다. 금융업의 겸영화 진전으로 인해 금융권 간 연계·결합된 복합금융상품이 계속하여 등장하고 있다.

이러한 금융상품의 다양화·복잡화는 상품 정보에 대한 상대적 편중을 심화시켰다. 다시 말해 금융 소비자로서는 각 금융상품에 대한 정확한 내용과 그 상품이 초래할 수 있는 리스크, 그리고 금융상품 구매로 인한 효과를 쉽사리 알지 못하게 되었다. 금융 소비자는 더 이상 수많은 금융상품들을 제대로 비교·분석하여 어느 상품이 어떤 장점이 있는지, 어떤 상품이 가장 자기에게 적합한 것인지 스스로 판단할 수 없다. 비교·분석에 의한 금융상품 선택이 힘들다 보니 금융회사나 판매 조직에서 권유하는 금융상품을 수동적으로 구매하게 되었다. 결국 금융상품에 대한 정보의 비대칭성을 심화시킨 것이다.

정보의 비대칭성이 심화된 데에는 최근에 늘어난 통신판매도 한몫을 했다. 금융상품에 대한 온라인 판매, 홈쇼핑, 텔레마케팅 등 단방향의 일방적 상품 정보 제공은 금융 소비자의 알 권리를 제대로 보장하지 못한다.

규제완화와 금융상품 자율화로 인해 금융감독당국의 사전적 감독 통제는 약화되었지만, 오히려 금융시장의 개방과 자본시장의 국제화로 인해 금융시장 내 변동성은 더욱 증가되었다. 다양한 파생금융상품의 등장과 금융상품의 영역 확대로 금융 소비자의 리스크는 급증한 반면, 금융상품 자율화 이후 금융회사의 모럴헤저드는 오히려 증가한 양상을 보였다. 금융지식이 부족한 소비자에게 부적절한 금융상품을 권유하거나 수익성만 강조하고, 위험에 대한 구체적인 설명 없이 금융상품을 판매하기도 한다. 대표적인 사례로는 앞에서 언급한 KIKO 사태를 들 수 있지만, 이것 외에도 유사한 사례는 많다.

2008년 100엔당 800원대의 환율을 보일 때 저금리의 엔화대출을 받은 중소기업들이 그해 말 100엔당 1,600원까지 환율이 치솟자 담보물건을 경매처분하거나 파산하는 사례가 속출했다. 엔화대출을 받을 때는 금리보다 환율이 더 중요하다는 것을 알지 못했기 때문이다. 그 외에도 역외펀드 투자 시 환헤지를 잘못하여 깡통계좌가 발생한 사례, 상호저축은행의 후순위채를 매입했다가 상호저축은행이 영업정지되면서 피해를 입은 사례, 원금이 보장된다는 사실을 제대로 설명을 듣지 못하고 원금 비보장형 ELS를 매입했다가 주가하락으로 인해 손실을 입은 사례 등 최근만 하더라도 복잡한 금융상품으로 인해, 또는 금융회사의 일방적 권유로 인해, 그리고 정보 부족으로 제대로 금융상품을 비교분석하지 못함으로 인해 수많은 금융 소비자들이 막대한 피해를 입었다.

이에 따라 감독당국은 금융상품 판매에 대한 감독을 강화했다. 공시제도를 강화하고, 금융상품에 대한 설명의무를 부과했으며, 적합성 원칙을 도입하는 등 제도적 장치를 마련하거나 보완함으로써 불완전판매에 대한 감독을 강화했다. 하지만 이러한 행정적 규제만으로 금융 소비자의 선택권을 보호하기에는 한계가 있다.

불완전판매에 대한 감독 강화, 즉 판매자에 대한 감독강화도 중요하지만, 현재의 판매자 중심의 금융상품 유통구조로는 금융 소비자 보호를 제대로 할 수 없다. 금융상품 유통구조라는 큰 틀 자체를 기존의 판매자 중심에서 구매자 중심으로 전환하는 것이 필요하게 되었다.

구매자 중심의 유통구조로의 전환을 위해서는 금융상품 구매자가 스스로를 보호할 수 있는 역량을 제고시키는 것이 필요하다. 금융 교육을 통해 금융상품에 대한 지식을 전파하고 스스로 체계적이고 계획

Phase	I	II	III	IV
단계 특성	금융상품 초기	전통상품 성장기	금융상품 다변화	금융서비스 융합
	생사혼합보험	보장성 보험 ·종신 ·정기 ·보장성 특약	저축성(투자형)보험 ·금리연동형 저축 · 금리연동형 연금 · 변액저축 · 변액연금 등	금융상품·서비스 · 보험, 펀드, 퇴직연금 · 재무설계 서비스 · 상속 등 상담
	베트남, 인도	중국	한국	영국, 미국
	· 단위비용 통제에 대한 압력 · 목표시장 부재 · 연고 판매 · 판매 중심		· 채널 독립성에 대한 니즈 증대 · 시장세분화 · 지속적인 서비스 중시	

자료: 안철경·이경희, 〈소비자 보호를 위한 보험유통채널 개선방안〉, 보험연구원

적인 금융상품 구매를 할 수 있는 능력을 키우는 것이다. 자라나는 어린이나 청소년들에게 금융경제 교육을 하고, 각 금융회사나 금융판매 회사에서 고객들을 상대로 금융강좌를 개설하는 것 등도 한 방편일 것이다.

하지만 오늘날과 같이 다원화되고 전문화된 사회에서 모든 금융상품 소비자에게 이를 요구하기는 쉽지 않은 일이다. 그래서 금융 소비자의 편에서 금융 소비자를 지원하고 보완해줄 수 있는 민간 시스템, 즉 '금융주치의'와 같은 제도의 도입과 육성이 절대적으로 필요한 것이다. 누군가 금융 소비자의 입장에서 금융상품들을 분석하고 비교하여 그에 따른 객관적인 정보를 금융 소비자에게 제공하는 것이 요구된다. 이러한 제도의 도입과 육성을 통해 금융상품에 대한 정보 비대칭의 문제

를 해결할 때만이 비로소 금융 소비자는 자신에게 가장 적합한 금융 상품을 선택할 수 있게 될 것이다.

이는 비단 우리만의 문제가 아니다. 미국이나 영국 등 금융 선진국들도 1990년대 이후 이미 겪었던 경험들이다. 224쪽의 도표는 앞으로 금융의 패러다임이 금융과 서비스의 융합, 재무설계 서비스의 중시 등으로 진화될 것인바 향후 종합금융판매회사의 도입이 필요불가결한 것임을 보여준다.

우리나라
금융 시스템의 한계

법률적·제도적 한계

사회적 여건과 금융시장 내부적 환경 변화로 인해 금융 소비자의 니즈는 이전과 다른 양상을 띠고 있지만, 현재 우리의 금융시장에 대한 법적·제도적 장치는 어떠한가?

2000년대 이후 금융업의 겸업화 및 통합화의 가속에 따라 각 금융권역 간 장벽이 상당 폭 해소되었다. 2003년 방카슈랑스 제도의 도입을 통해 은행이나 증권회사도 보험상품을 직접 판매할 수 있게 되었고, 근로자퇴직급여보장법의 도입으로 이들 금융기관에서 연금상품인 퇴직연금사업을 영위할 수 있게 되었다. 또한 은행은 채권의 매매와 인수, 집합투자증권의 중개나 매매 등도 할 수 있게 되었다. 따라서 금융 소비자는 시중은행 어느 지점을 방문하더라도 보험상품을 구매할 수 있고, 펀드를 매입할 수 있게 되었다. 물론 증권회사 점포를 방문하여 보험상품을 구매하는 것도 가능하다.

하지만 보험권은 어떠한가? 전통적으로 보험은 별도의 점포를 두고 금융 소비자의 내방에 따라 금융상품을 권유하는 은행이나 증권회사와 다른 영업 방식을 지니고 있다. 보험설계사나 보험대리점 등을 통해 직접 고객을 대면하고 고객과의 상담을 통해 보험상품을 권유하는 특성을 가지고 있다. 비록 보험업법상으로 집합투자증권에 대한 매매업 등이 허용되어 있음에도 불구하고, 그 영업행태의 특성상 그리고 후술하는 것처럼 각종 금융상품 판매가 일사전속주의라는 틀 안에서 운영되는 한 이를 제대로 실행하기는 어려운 상황이다.

2000년대 이후 법인대리점(GA)들이 본격적으로 출현했고, 이들은 자체 성장 혹은 이합집산을 통해 대형화되었다. 그리고 여러 보험회사와 제휴를 통해 보험 소비자들에게 적합한 보험상품을 선택하여 제시하고 있다. 보험 소비자들도 여러 보험상품을 비교 판매할 수 있는 대형 법인대리점을 통해 보험상품을 구매하는 것에 많이 익숙해졌다.

하지만 법인보험대리점은 보험업법상 '보험회사를 위하여 보험계약의 체결을 대리'하는 것만 허용되어 있을 뿐, 펀드나 퇴직연금 등 시너지를 활용한 다른 금융상품의 판매는 현 상황에서 법적·제도적으로 불가능하다. 일상생활에서 다반사로 일어나는 예금은 물론 대출, 펀드, 채권, 파생상품, 보험상품, 퇴직연금, 신용카드, 증권투자 등 거의 모든 금융상품을 취급할 수 있는 은행 점포와 비교할 때 제도적으로 경쟁에서 제한되어 있는 것이다. 이러한 부분적이고 제한적인 금융상품 판매

2012년 9월 기준

구분	보험사 전속	비전속 대리점	합계
인원	240,432명	150,688명	391,120명
점유율	61.5%	38.5%	100%

제도로 인해 법인보험대리점이나 은행 점포에 대한 금융 소비자의 인식도 양극화되었다. 금융 소비자에게 법인보험대리점은 단순히 보험을 판매하는 회사일 뿐이라는 인식을 심어준 반면, 은행 점포는 다품종의 금융상품을 연계하여 판매할 수 있는 종합금융상품매장이라는 인식을 심어주었다. 이러한 경쟁 제한과 금융 소비자 인식의 차이로 인해 아직도 많은 법인보험대리점이 매출 감소, 소속 보험설계사의 충성도 하락 및 조직 이탈 등의 문제로 고심하고 있는 실정이다.

참고로 2012년 9월 말 현재 전체 보험업계에서 보험상품 판매를 하는 보험설계사 수는 약 39만 명이다. 이 중 약 40%가 보험대리점 소속 설계사다.

금융회사의 금융상품 판매 행태

그렇다면 은행 등 금융회사가 직접 자기의 점포나 전속 조직을 활용하여 판매하는 것이 금융 소비자 입장에서 과연 좋은 것인가? 최근의

2012년 7월 31일 기준

운용사	A사	B사	C사	D사
자기계열 판매사 비중	78.6%	78.6%	71.2%	62.9%

자료: 금융투자협회

통계는 반드시 그런 것은 아니라는 점을 보여주고 있다. 현 시스템 하에 서는 금융상품 제조자인 금융회사가 전속채널로 하여금 자기 회사 또 는 자기 계열사의 상품을 중점적으로 판매하도록 유도하고 있고, 판매 자 역시 이들의 요구에 따라 자신이 소속된 회사나 계열사의 금융상품 을 판매하는 데 주력하고 있다. 대표적인 금융상품인 펀드의 경우 자기 계열 판매사의 판매 비중이 심한 경우 78%를 상회하고 있다.

상황이 이렇다 보니 자본시장연구원 같은 연구기관에서는 '계열사 의 판매 비중에 대한 한도를 50%로 제한하는 등 직접적인 규제를 도 입해야 한다'는 의견을 내고 있으며, 조만간 이러한 규제는 금융위원회 에 의해 실행에 옮겨질 전망이다. 이외에도 금융위원회는 시대적 조류 와 금융 소비자의 알 권리 및 선택권 보장을 위해 독립 금융판매전문회 사와 개방형 펀드 판매망인 '펀드 슈퍼마켓'을 2013년 하반기부터 도 입하기로 했다. 이와 같은 펀드 슈퍼마켓의 경우 이미 외국에서는 도입 되어 유용하게 운용되고 있는 시스템이다. 싱가포르의 iFAST, 영국의 Cofunds 등 국제적인 펀드슈퍼마켓은 독립 재무 전문가인 IFA를 통 해 투자자문과 투자중개 등을 실행하고 있다.

일사전속제도의 문제점

현재 대부분의 금융상품은 금융회사 1사 전속주의에 의해 판매되고 있다. 즉 판매인이 한 회사에 소속되어 그 회사의 금융상품만 판매하고 있다. 그러다 보니 금융 소비자가 금융상품 판매인과 상담을 통해 금융상품을 구매할 때 그들이 제시하는 특정 금융상품에 대한 정보만 제공받고, 동 상품에 대한 구매 여부를 결정하도록 사실상 강요받게 된다. 신용카드 모집인, 대출모집인, 투자권유대행인, 퇴직연금모집인, 보험설계사 등 대부분의 금융상품 판매인이 그러하다. 다만 법인보험대리점과 보험중개사는 예외적으로 전속의무가 없이 여러 보험회사와의 계약에 의해 다양한 보험상품을 판매할 수 있지만, 이 또한 현실적으로 보험상품에 한정되어 있다.

특히 투자권유대행인 및 퇴직연금모집인이 문제가 된다. 투자권유대행인은 '자본시장과 금융투자업에 관한 법률 시행령'에 의해, 퇴직연금모집인은 '근로자퇴직급여보장법 시행령'에 의해 둘 이상의 금융투자업자 내지는 퇴직연금사업자와 위탁계약을 체결하는 행위가 금지된다. 금융회사와 1:1 계약에 의한 전속만을 허용함으로써 고객에게 유리한 상품을 선택하여 추천할 수 있는 길을 애초부터 차단하고 있는 셈이다.

투자권유대행인이나 퇴직연금모집인의 경우 문제는 이것뿐만이 아니다. 법인대리점 소속 설계사들도 개별적으로 금융회사와의 계약에 의해 1개 금융회사를 위해 투자권유 행위나 퇴직연금 모집을 할 수 있다. 하지만 이들이 소속된 법인대리점에게는 이들 금융상품의 판매가 법

구분	신용카드 모집인	대출 모집인	투자권유 대행인	보험설계사/ 보험대리점/ 보험중개사	퇴직연금 모집인
법적 근거	여신전문 금융업법	대출모집인 모범규준	자본시장법	보험업법	근로자퇴직 급여보장법
운영 기관	전업계 신용카드사, 겸영은행	은행, 상호저축은행, 보험회사, 할부금융 등	금융투자업자	보험회사	금융투자업자, 보험회사 등
신분	1사 전속	1사 전속	1사 전속	보험대리점, 보험중개사 전속의무 없음	1사 전속
취급 상품	신용카드	대출	증권/펀드	보험	퇴직연금
법인 여부	법상 가능 (사실상 불가)	가능	불가	가능	불가
자격 시험	없음 (10시간 교육)	없음 (12시간 교육)	자격+교육	자격+경력	자격+경력(보험설계사, 투자권유대행인 1년)+교육

적으로 막혀 있다. 그러다 보니 법인대리점은 실질적으로 소속 보험설계사에 대해 판매지원, 교육, 자문 등을 해주고 영업을 위한 각종 인프라를 제공하고 있음에도 이들 금융상품 판매에 대한 어떠한 대가도 수취할 수가 없다. 소속 설계사들의 불완전판매를 막기 위해 금융상품의 판매행태를 사전에 점검하고 사후적으로 모니터링하는 등 관리·통제할 사실상의 명분도 없다. 그럼에도 불구하고 소속 설계사가 불완전판매로 민원이나 분쟁을 야기한 경우 법인대리점은 이를 처리하기 위한 비용을 지출해야만 하고, 경우에 따라서는 회사의 브랜드 이미지 실추를 감수해야만 한다.

판매 채널의 역량 부족

금융 소비자의 니즈를 충족하기에는 법적·제도적 장치도 변경되어야 하고, 자기 계열사 상품 위주로 금융상품을 제공하는 금융회사의 관행도 시정되어야 한다. 하지만 그것 못지 않게 중요한 것은 금융상품을 판매하는 판매자의 역량 또한 강화되어야 한다는 점이다.

향후 독립 금융상품판매회사가 도입될 경우 가장 우선적으로 이 사업에 진출할 수 있는 자는 대형 법인보험대리점이 될 것이다. 왜냐하면 이들은 이미 여러 생명보험회사나 손해보험회사와의 제휴를 통해 저축성 상품, 보장성 상품 그리고 펀드를 활용한 변액보험 등 다양한 보험상품을 취급해본 경험이 있을 뿐 아니라 은행 지점장 출신, 세무사 출신, 공인회계사 출신 등 금융 관련 각종 다양한 경력자와 투자권유대행인이나 퇴직연금판매인으로서 활동 경험을 갖춘 설계사들을 다수 보유하고 있기 때문이다. 그렇다면 이들 법인대리점들이 향후 대다수 금융상품을 취급할 수 있는 종합금융상품판매회사로 거듭나기 위한 준비가 되어 있는가 하는 부분을 살펴봐야 한다.

법인보험대리점에 대해서는 보험 외 타 금융권 영역으로 진출하는 것이 제한되어 있었다. 그러다 보니 상당수 법인보험대리점들이 규모면에서 영세함을 면치 못하고 있고, 규모의 경제에 이르지 못한 대다수 법인보험대리점들은 보험상품 판매에서 얻는 수수료 수입에 집중된 영업을 지향해온 것이 사실이다. 금융 소비자의 이익보다 소속 설계사의 수입, 그리고 회사의 유지관리에 필요한 수입을 중시하다 보니 소속 설계사들의 무리한 영업 관행에도 관대했다. 금융상품과 윤리에 대한 교육, 내부통제 시스템의 구축, 고객관리 프로세스 개선 등에 대한 투자는 등한시되었고 '리크루팅-자격 취득-현장 투입'이 짧은 시간 내에 이루어져 빠른 시간 내 현장 투입으로 실적을 끌어오기 바빴다. 금융에 대한 지식이나 상담 능력도 미처 갖추지 못한 채 보험상품의 판매를 강행하다 보니 보험 소비자의 신뢰는 멀어지고, 민원은 늘어났다. 이는 결국 만성적인 유지율 저하, 고아·이탈·불만 고객을 양산시켰고, 보험설계사 스스로도 자긍심을 잃고 상당수가 조기에 탈락했으며, 그나마 남아 있는 설계사도 장기적으로 자신의 직업에 대한 불안을 느끼고 있다.

참고로 우리나라 보험설계사의 13회차 유지율은 79.6%(2012년 상반기)로 2008년 금융위기 직후의 71.8%에 대비하여 상당폭 개선되었으나 90%를 상회하고 있는 미국, 영국, 일본 등 보험 선진국에 한참 미치지 못하고 있다. 보험설계사 13회차 정착률의 경우도 39.8%(2012년 상반기)로 85%에 달하는 캐나다나 65%를 상회하는 미국에 훨씬 뒤처져 있다.

이러한 문제를 해소하고자 금융감독당국은 2010년 보험업법 개정 시 많은 변화를 시도했다. 일정한 자격 이상을 갖춘 자에 한하여 법인보험대리점의 임원이 되도록 자격기준을 도입했고, 100인 이상의 대형 법인보험대리점에 대하여는 내부통제 기준과 준법감시인제도를 반드시 도입하도록 했으며, 일정 수준 이상의 전산설비와 물적 시설을 갖추도록 의무화했다. 공시의무도 강화하여 업무의 종류, 모집조직, 모집실적을 공시함은 물론 보험계약자 보호를 위해 금융위원회가 필요하다고는 인정하는 추가적인 사항도 매 반기별로 일반인에게 알리도록 했다.

한편 대형 법인대리점 스스로도 이제 종합금융판매회사로 성장하기 위한 준비를 하고 있다. 불완전판매를 방지하기 위한 윤리 교육을 강화하고, 다양한 형태의 금융 교육을 통해 소속 설계사의 금융지식을 함양하며, 보험회사에 못지않은 내부통제 및 관리 매뉴얼과 프로세스를 수립하여 시행하고 있거나 시행하려고 준비 중이다. 하지만 이러한 노력은 각각의 법인대리점별로 각 사의 상황에 맞춰 이뤄지고 있는 것이 현실이다. 더욱 효율적이고 체계적인 준비를 위해 전문적인 금융지식에 대한 공동 연수, 세미나를 통한 정보 공유, 통일되면서도 효율적인 관리 통제 시스템의 수립과 시행, 완전판매를 위한 자율규제 기능의 도입, 상호 간의 질서유지를 위한 협정 체결 등 모든 대형 법인대리점의 참여를 통한 공동의 노력이 절실히 필요한 시점이다.

외국 독립 금융상품판매 전문회사 사례

미국

미국에서 독립 금융상품판매회사가 최초로 도입된 것은 1850년대였다. 하지만 20세기 초반까지는 저임금의 노동자를 대상으로 한 소액 보험 판매를 위주로 한 지역밀착형 전속 설계사가, 이후에는 노동임금이 상승하는 가운데 종신보험을 주로 판매하는 전속 설계사가 대종을 이루었다. 하지만 1990년대 중반 이후부터 다양한 환경 변화로 인해 독립 금융상품판매회사가 급성장하기 시작했다. 이에 따라 그동안 전속채널에 속해 활동하던 전속 설계사들도 대거 독립채널로 이동하는 현상을 보였다.

1990년대 독립 판매전문회사가 급격하게 확장된 이유는 다음과 같다.

연도	1983	1993	1999	2003	2007
독립채널	36%	43%	49%	52%	58%
전속채널	62%	55%	44%	38%	35%

자료: Insurance Information Institute, 각 연도

먼저 인구구조의 변화를 들 수 있다. 고령화의 진전에 따라 베이비붐 세대의 은퇴시기가 도래함에 따라 은퇴설계에 대한 관심이 사회적으로 급격하게 확산되기 시작했다. 금융상품도 다양화되었다. 기존의 전통형 상품과 달리 변액보험이나 파생상품을 활용한 복잡한 금융상품이 등장하기 시작했다. 이에 따라 금융 소비자의 니즈도 변했다. 단순 금융상품 구매 중심에서 전문가에 의한 재무설계를 기반으로 한 계획적 투자나 위험관리에 대한 수요가 늘어났다. 금융산업의 패러다임도 기존의 공급자 중심에서 소비자 중심으로 이전되었다. 이러한 사회적 변화와 금융환경의 변화에 따라 고객맞춤형, 개인자문형 독립채널의 발전이 필요하게 되었다.

물론 이것 외에도 금융회사 내부적인 니즈도 있었다. 전속 설계사 조직의 불완전판매로 인한 소송이 증가하고 징벌적 배상액을 포함한 손해배상책임액이 높아지면서 경제적 손실과 브랜드 이미지 손상에 따른 피해가 증가했다. 결국 금융회사 스스로 'compliance risk' 부담을 경감하고자 전속채널 조직을 슬림화하지 않을 수 없었다.

1990년대 미국에서 독립 금융상품판매회사가 성장할 때의 사회적·

금융환경적 요인은 현재 국내의 여건과 극히 흡사하다. 의료기술의 발달에 따른 고령화의 진전, 베이비붐 세대의 은퇴시기 도래, 금융상품의 복잡성 증대, 저금리, 주가와 환율 변동성 증대 등 우리의 시대적 상황 역시 당시 미국과 마찬가지로 독립 금융상품판매회사의 도입과 활성화를 촉진할 것으로 보인다.

그러면 미국의 독립 금융상품판매회사는 어떤 상품과 서비스를 금융 소비자에게 제공하고 있는가?

먼저 미국 전 지역의 소규모 독립법인의 연합체에서 출발해 1999년 별도 법인으로 설립된 NFP(National Finacial Partners)의 경우를 보자. 이 회사는 현재 3,383명의 직원을 두고 판매 수수료와 자문수수료로 높은 수입을 올리고 있다. NFP는 현재 개인고객을 대상으로 보험상품과 연금상품을 판매하고 상속 설계나 부동산 설계 서비스를 제공하고 있다. 기업고객 대상으로는 단체보험, 장기간병보험, 단체건강보험, 401(k) 등 은퇴 관련 상품을 판매하고, 임직원 복지 서비스와 각종 금융자문 서비스 등을 제공하고 있다.

또 다른 독립 금융상품판매회사인 M 파이낸셜 그룹(M Financial Group)은 1978년에 설립된 금융 서비스 판매 네트워크로서 116개 GA를 회원사로 두고 그 지분을 보유한 미국의 대표적인 독립채널 지원전문 네트워크다. 주로 금융자산 100만 달러 이상 초부유층 및 기업체를 주된 고객으로 하고 있다. 제공되는 금융상품은 보험상품, 단체보험, 퇴직연금 이외에도 뮤추얼 펀드나 사적투자펀드 등이 있으며, 제공하는 금융 서비스로는 투자자문 서비스나 상속 등 재무설계 서비스는 물론 증권중개 서비스와 생명보험계약 정산업무(Life Settlement) 등도 제공하고 있다.

한편 악사 어드바이저(AXA advisor)는 에퀴타블(Equitable)사를 인수한 AXA가 1999년 금융 환경 변화에 따라 제조와 판매를 분리하여 영업조직의 고능률화를 위해 별도로 설립한 판매전문회사다. 75개 지점, 7,000여 명의 판매인력으로 구성되어 있으며 판매인력은 증권사 브로커나 딜러 수준 이상의 역량을 갖추어 이 부분에서 타사 대비 경쟁우위에 있다. 고객에게 제공하는 상품에는 보험상품, 단체보험, 퇴직연금, 401(k) 이외에도 주식, 채권, 펀드, 옵션, 은행CD, 자영업자나 개인은퇴용 절세상품 등을 포함하고 있다. 제공되는 재무설계 서비스도 노트북을 이용하여 즉시 제공되는 무료 서비스와 고객 요청에 따라 교육, 은퇴, 종합으로 구분되어 제공되는 유료 서비스가 있다. 그 외에도 별도로 기업을 대상으로 한 임원보상 플랜, 기업복지 플랜, 개인을 대상으로 한 상속 트러스트(trust), 생명보험 트러스트 등 고급 서비스도 제공하고 있다.

미국 내 독립 금융상품판매회사의 소속 직원 혹은 설계사에게 어떤 자격이 요구되는지 살펴보자. 전문성 등급에 따라 요구되는 필수 자격이 상이하다. 그리고 자격 보유 여부에 따라 취급 가능한 상품과 서비스에 차이가 난다. 악사 어드바이저의 경우는 설계사를 일반설계사인 에이전트(Agent), R/R(Registered Representative, 투자상담사), FC(Financial Consultant, 재무컨설턴트), FA(Financial Advisor, 재무상담사) 등 4단계로 구분하고 있다.

먼저 일반설계사인 에이전트가 생명보험이나 건강보험 등 보험상품을 판매하기 위해서는 'Life & Health Insurance License' 자격을 취득해야 한다. 하지만 R/R은 agent 자격 이외에도 FINRA(Financial

Industry Regulatory Authority, 미 증권투자협회)에서 주관하는 변액보험에 관한 자격시험인 Series 6과 뮤추얼펀드에 대한 자격시험인 Series 63을 통과해야 한다. 이들은 보험상품, 변액상품, 뮤추얼펀드 상품을 판매하며, 무료 재무설계 서비스를 제공할 수 있다. 반면 FC가 되기 위해서는 R/R에게 요구되는 자격 이외에도 Series 7과 Series 65를 통과해야 한다. Series 7은 주식, 채권, 부동산 증권, 선물 옵션 등에 관한 것이고, Series 65는 투자상담에 대한 전반적인 내용을 담고 있다. FC가 되면 R/R이 할 수 있는 업무 이외에도 주식에 대한 상담과 유료 재무설계 서비스 제공이 가능하다. 설계사로서 최고 등급인 FA가 되기 위해서는 FC 자격 이외에도 CFP(Certified Financial Planner, 국제공인 재무설계사) 자격과 더불어 IAA(Investment Advisory Associates, 투자자문 전문가) 자격을 취득해야 한다. FA는 FC가 취급하는 영역 이외에도 주식매매, 랩어카운트, CMA, 종합자산관리 등을 담당한다.

한편 설계사들을 관리하는 지점장이 되려면 설계사 중 최고 등급인 FC의 자격증 이외에도 감독자 자격증인 Series 24 시험을 통과해야 한다.

미국의 독립 금융상품판매회사가 취급하는 금융상품이나 서비스의 영역은 폭넓지만, 그 취급 분야에 따라 소속 설계사는 각기 별도로 정한 자격요건을 충족해야 하며, 더군다나 그 관리자인 지점장에 대해서는 소속 설계사에게 요구되는 자격보다 더욱 엄격한 자격요건을 추가적으로 요구하고 있는 것이다.

1990년대 이후 독립채널의 급격한 성장에 따라 현재 미국의 대형 생명보험회사들은 독립채널의 인수 또는 지분 참여 등의 방식을 통해 시장 확장을 도모하거나, 전속채널을 분리하여 독립채널화하는 경향을 보이고 있다. 또한 NFP와 같은 독립판매회사는 추가적인 독립채널을 편입시키기 위해 M&A 전문가로 구성된 인수팀을 운영하고 있다. 이들을 통해 NFP로 편입된 기업은 대부분 만족해하며 추가 편입시킬 회사를 추천하고 있다.

이 같은 미국 독립 금융상품판매회사의 성공 및 확장은 결국 이를 뒷받침하는 전문화된 교육, 자격과 능력에 따른 커리어 패스(career path) 제도, 그리고 영업 프로세스, 대고객 관리 시스템, 내부통제 시스템 등의 체계화 등을 통해 전문화·고능률화·시스템화가 되었기에 가능했던 것으로 보인다.

영국

영국은 전통적으로 생명보험과 연금보험의 경우 투자상품의 범주에 포함되어 규제되었다. 1986년 금융서비스법(Financial Service Act)이 도입되기 전에는 판매자에 대한 명확한 구분이 없는 상태에서 주로 전속설계사가 주력채널인 상태에서 독립적인 신분의 보험중개사, 주택금융조합, 은행, 여행사, 회계사 등이 부업으로 보험상품을 판매하고 있었다.

하지만 1988년 금융 소비자 보호를 강화하기 위해 양극화 규정(Polarization rule)이 도입됨에 따라 판매채널은 IFA(Independent Financial Advisors, 독립 금융설계사)와 금융회사 전속채널로 양분되었다.

연도	1992	1995	2000	2003	2005	2006
IFA	29%	35%	51%	64%	71%	69%
전속 및 방카	68%	62%	42%	27%	22%	25%

자료: Tillinghast, The Insurance Pocket Book, 각 연도

전속채널이 소속 금융회사 상품 이외에는 취급할 수 없었던 반면, 전속 관계가 없는 IFA(IFA는 개인 형태로도 가능하며 개인의 연합체인 IFA사 형태도 가능하다)는 불완전판매로부터 금융 소비자를 보호하기 위해 금융시장의 전체 보험상품과 투자상품을 취급했다. 이후 경쟁력이 약화된 전속 설계사들이 대거 IFA로 이탈하자 이의 해결을 위해 2004년 12월 양극화 규정이 폐지되었고, IFA와 전속채널의 중간 형태로서 최대 여섯 개 보험회사와 제휴하여 보험상품을 판매하는 'Multi-tied Agent'가 등장했으나, 오늘날까지 여전히 영국에서는 IFA가 금융상품 판매의 주력 채널이다.

현재 IFA사의 수는 1990년대 이후 지속적으로 증가하여 2008년 기준 1만 2,000개가 활동하고 있으며, 개인 생명보험시장에서 IFA가 차지하는 비중은 약 70% 수준에 달한다. 규모 면에서는 4명 이하로 구성된 IFA가 전체의 80%를 넘어서지만, 2000년대 중반 이후 감독당국의 소규모 IFA 설립 규제와 M&A를 통한 대형화가 진행됨으로써 그 수가 조금씩 감소하고 있는 반면, 금융회사의 IFA에 대한 지분투자는 지속적으로 증가하고 있다.

1990년대 이후 영국에서 IFA가 급격하게 성장하게 된 이유는 앞서 살펴본 미국의 경우와 유사하다. 금융 소비자 입장에서는 부의 양극화가 심화되면서 부유층 고객의 자산이 축적됨에 따라 금융상품에 대한 니즈가 다양화되었고, 금융상품에 대한 자문이나 금융지식에 대한 수요도 증가했다. 그리고 1개 회사의 상품만 제시하는 전속채널과 대비되어 금융시장 내 전체 상품을 비교하여 판매하는 IFA의 대면 자문에 대한 금융 소비자들의 신뢰도 높았다.

금융회사 입장에서도 비용 효율적인 채널이 필요했다. 판매 수수료는 IFA가 상대적으로 높았으나, 교육훈련비 및 관리비 등 간접비용을 포함시킬 경우 IFA가 전속채널보다 훨씬 효율적이었다. 건당 생산성도 상대적으로 더 높게 나타났다. 미국에서와 마찬가지로 전속채널의 불완전판매에 대한 배상책임이 사회적 문제화됨에 따라 금융회사 스스로도 'compliance risk'를 회피하기 위한 방안으로써 이를 활용할 필요가 있었다.

전통적으로 IFA는 팩트파인딩(fact finding)을 통해 고객의 재무상황, 선호도, 재무목표에 대한 상세한 조사를 하고 나서 고객의 재무목표에 가장 적합한 실행방안을 제시해야 한다. 그리고 고객이 필요로 하는 경우 고객의 니즈에 맞는, 가장 적합한 금융상품을 제안해야 한다. 투자상품, 은퇴설계, 보험, 모기지나 기타 대출을 취급하거나 이에 대한 상담을 해주는 것은 물론 경우에 따라 세금 문제나 법률 문제에 대한 조언을 하기도 한다.

2008년 기준으로 이들의 총 수입은 약 47억 파운드(약 8조 원)인데, 이 중 약 75%가 연금상품이나 투자형 상품의 판매에 의해 창출된다.

상품	투자형	연금	보장형	모기지
IFA ĐĐ	36.5%	39.1%	15.6%	8.9%
Sesame Ltd	22%	19%	20%	37%
Openwork Ltd	53%	27%	12%	6%
The Money Portal	50%	30%	10%	10%
Barclays Bank	–	–	–	–
HSBC Group	92%	4%	4%	0%
Hargreaves Lansdown	100%	0%	0%	0%
The Tenet Group	51%	–	28%	16%
Smith&Williamson	98%	–	2%	–
Positive Solutions	56%	–	11%	28%
AWD Group plc	25%	30%	10%	20%

자료: Matrix—Data; Datamonitor 2008

IFA사 중 상위 10개사가 전체 IFA 시장의 약 18%를 점유하고 있는데, 이 중 영국 내 최대 IFA사인 새서미(Sesame Ltd)의 경우에는 2008년 동안 7,500명의 판매직원을 활용하여 3억 파운드(원화 약 5,200억 원)의 매출을 올렸다.

이어서 IFA의 자격기준을 살펴보자. IFA가 되기 위해서는 QCF 레벨 4까지 자격을 취득해야 한다. QCF(Qualifications and Credit Framework)란 일종의 자격학점제로서, FSA(Financial Services Authority, 금융서비스청)가 정한 기준에 의해 설정된 영국의 국가자격제도다. 자격 레벨은 취득 학점과 테스트 결과에 따라 입문 레벨, 그리고 레벨 1에서 레벨 8까지 총 9단계로 이루어져 있으며, 자격교육과정평가원(QCA)이 이를 평가한다.

각 레벨은 30~50학점 이상을 요구하며, 1학점당 10시간의 학습이 필요하다. 2013년에는 IFA에 대한 자격기준이 훨씬 강화되었다. 2012년 말까지는 QCF 레벨 3 이상의 자격이 요구되었지만, 2013년 이후 부터는 레벨 4 이상이 요구된다. 레벨 4의 수준은 영국 대학에서 1년 정도의 금융과정을 이수한 것과 유사한 정도다. 참고로 레벨 6을 취득한 경우 금융 서비스 분야 대학 졸업자와 동등한 수준으로, 레벨 7을 획득한 경우 금융 서비스 석사학위와 동등한 수준으로, 가장 높은 레벨 8을 획득한 경우 금융 서비스 박사학위와 동등한 수준으로 인정되고 있다.

한편 2013년부터 모든 IFA는 매년 전문자격유지증명서(Statement of Professional Standing)를 획득해야 한다. 이 증명서는 IFA가 필요한 적정한 자격을 갖추고 있고, 윤리규정을 준수하겠다는 서명을 했으며, 매년 35시간 이상 금융산업과 관련 법령에 대한 보수교육을 통해 최근의 금융지식을 습득했음을 인정하는 증명서다.

IFA에 대한 보상은 금융상품 판매 수수료와 자문 수수료 중에서 고객이 선택하는 방식이다. 실제 IFA가 받는 수입의 약 90% 이상이 판매 수수료에 의한 것이다. 하지만 최근 금융상품에 대한 원가공개와 금융상품 가격비교 확대로 인해 IFA 간에도 경쟁이 격화되어 IFA에 대한 수수료가 인하될 수도 있다.

2013년부터는 IFA에 대해 과거와 달리 새로운 규정이 적용된다. IFA가 제공하는 서비스는 독립(independent) 형태와 한정(restricted) 형태라는 두 가지 형태로 구분된다. 원칙적으로 IFA는 투자형 상품의 신규 판매에 대해 더 이상 금융회사로부터 커미션을 수령할 수 없고, 고객으로부터 보수(fee)만 수령해야 한다. 그리고 IFA는 제공하는 서비스를 기준으로 보수를 미리 책정하여 서비스 제공 전에 고객과 동 보수에 대해 사전합의를 해야만 한다. 만약 이러한 기본 요건이 충족하지 못한 상태로 제공되는 서비스에 대해서는 '한정(restricted)' 형태임을 표시해야만 한다. 또한 IFA는 감독기관인 FSA(Financial Services Authority, 금융서비스청)가 요구하는 경우 고객을 위해 금융시장 내 모든 적합한 상품을 검토했으며, 고객에게 공정하고 편파적이지 않으며 한정되지 않은 자문을 수행했음을 입증해야만 한다. 이러한 새로운 제반 조치로 인해 IFA에 대한 보수는 더욱 투명하게 되고, 그들이 수행하는 자문활동은 보다 더 독립성을 띠게 될 것으로 전망된다.

하지만 이 조치에도 불구하고 경과규정에 의해 2012년 이전에 판매된 투자상품에 대해 계속 커미션 형태의 수수료를 받는 것은 허용된다. 또한 일반적인 저축, 보장성 보험, 손해보험, 모기지 등의 경우 이들 상품을 규정에 정한 금융투자상품의 형태로 판매하는 것이 아닌 한 커미션 수수 금지 조항이 적용되지 않는다.

그 외에도 IFA가 금융상품 제조회사인 금융회사로부터 독립성을 유지할 수 있도록 제도적 장치를 두고 있다. 예를 들어 IFA는 보험 판매 수수료 수입 전체의 35% 이상을 단일 보험회사로부터 지급받는 것이 금지되어 있다. 그리고 대형 IFA사의 지분을 10% 이상 보유한 금융회사의 상품을 취급하는 것도 금지되어 있다.

금융 소비자 보호를 위해 모든 IFA에게 일정 금액 이상의 자본금 요건을 부여하고 있다. 고객 자금을 취급하지 않는 경우는 연간 소득의 5% 이상의 자본금 보유를, 다만 연간 소득의 5%가 5,000파운드 미만인 경우에는 최소 5,000파운드 이상의 자본금 보유를 의무화하고 있다. 반면 고객의 자금을 취급하는 경우에는 연간 소득의 5% 또는 고객 평균 자금의 5% 이상의 자본금 보유를, 이 금액이 1만 파운드 미만인 경우에는 최소 1만 파운드 이상의 자본금 보유를 의무화하고 있다.

IFA는 EU보험중개지침에서 정한 IFA전문인배상책임보험에 가입해야 한다. 이 보험은 IFA가 고객에게 손해를 가한 경우 1사고당 최소 112만 유로 이상을 보상하는 것이어야 한다. 그리고 연수입이 600만 파운드를 초과하는 IFA의 경우 추가적인 보상이 가능하도록 담보금액을 상향조정해야만 한다.

또한 IFA는 소비자민원처리기구인 FOS(Financial Ombudsman Service)와 예금보험공사인 FSCS(Financial Service Compensation Scheme)에 의무적으로 가입해야 한다. 그리고 모든 IFA사는 회사 내부적으로 효율적인 민원처리 프로그램을 설립하여 운영해야 한다. IFA 내부 민원처리 프로그램의 처분 결과에 불만을 가진 고객은 FOS(Financial Ombudsman Service)에 직접 민원을 제기하고 손해배상을 청구할 수 있다. FOS는 독립된 조사권을 가지고 손해배상 사건에 대해 조사를 할 수 있으며, 조사 결과 정해진 손해배상금을 직접 지급할 권한을 가진다. 대부분의 사례에서 FOS의 업무처리는 공정한 것으로 평가받아 왔다.

금융판매전문회사 도입 경과

2009년 보험판매전문회사 도입 추진

금융위원회가 2008년 11월 입법예고한 보험업법 개정안은 보험 소비자의 선택권을 확대하고 소비자 보호장치를 대폭적으로 강화하는 것을 주된 내용으로 하고 있었다. 보험 소비자의 권익 보호의 한 방편으로 기존 보험대리점에 비해 업무범위를 대폭 확대한 보험판매전문회사 제도를 신설키로 했다. 보험판매전문회사는 생·손보사 상품은 물론 일정 자격요건을 갖추면 펀드 등 투자형 금융상품까지 판매할 수 있으며, 특히 고객을 대변하여 보험사에 사업비 인하를 요구할 수 있도록 하는 내용도 포함되어 있었다. 대신 보험판매전문회사가 보험 판매 과정에서 소비자에게 피해를 입힌 경우 이를 배상해야 하며 매출액

업무범위	규제
· 보험계약 모집 · 보험사고 접수 및 사고발생 사실 확인 · 소액의 보험금 지급 대행 · 보험 계약자를 위한 보험료 협상 · 펀드 판매 영위 허용	· 불완전판매율 및 경영공시 의무화 · 매출액 비례 영업보증금 예탁 · 직접 손해배상책임 부담 · 법 위반 시 과징금, 과태료 부과

에 비례해 영업보증금을 위탁하도록 의무화한 내용 등도 포함하고 있었다.

당시 금융위원회의 보험판매전문회사 도입 추진은 보험 소비자를 위한 One-stop 서비스 제공을 통해 보험 소비자의 권익을 보호하기 위한 목적도 있었지만, 비전속채널 활성화를 통한 보험사의 과잉투자 예방이나 보험산업의 제·판 분리 추세의 반영이라는, 학계나 업계에서 지속적으로 개진되어 온 의견들을 반영한 측면도 있었다.

하지만 동 보험업법 개정(안)이 2009년 국회에 제출되어 논의되는 과정에 기득권 유지와 자사 모집조직의 이탈을 방지하고자 하는 보험회사들의 강한 반발로 보험판매전문회사 도입은 무산되었고, 2010년 2월 보험업법은 '적합성 원칙' '설명의무 도입' 등 보험 소비자 보호를 위한 일부 규정의 신설과 더불어 보험판매전문회사 도입은 빠진 상태에서 이를 전제로 마련된 '법인대리점 임원 자격기준' '대형 법인대리점에 대한 공시 강화' 등 보험대리점에 대한 더욱 엄격한 규제를 담은 채 공포되어 현재에 이르고 있다.

당시 보험회사나 보험회사를 대변하는 이들이 주장한 반대 논리는 대략 다음과 같다. 아래와 같은 이유로 그들은 보험판매전문회사를 도입하는 것이 2009년 당시의 여건상 시기상조라고 주장했다.

- 우월적 지위를 이용하여 보험판매전문회사가 보험사에 대해 부당한 영향력을 행사할 수 있다.
- 채널비용이 상승하여 보험원가가 증가하게 된다.
- 보험판매전문회사에게 요율협상권을 부여할 경우 보험사와 소비자에게 폐해를 야기할 수 있다.
- 보험사고 접수, 사고 발생 확인 등을 보험판매전문회사에 제공하는 경우 손해사정사 제도와 상충하게 된다.
- 당시 법인보험대리점이 고객에게 1차적 배상책임을 부담하는 형태인 판매전문회사로 전환할 가능성이 희박하다.

과연 그들이 주장한 반대 논리가 맞는 것인지 간단히 살펴보자.

은행에서 보험 판매를 허용하는 방카슈랑스 도입 시에도 많은 이들이 은행의 우월적 지위를 이용한 부당한 영향력 행사를 걱정했고, 따라서 많은 제도적 장치를 마련했다. 한 개 보험회사의 판매량을 25%로 제한하는 25%룰을 만들었고, 판매인을 제한했으며, 대출 등과 함께 보험상품 판매를 취급하는 것을 금지했다. 그리고 기타 우월적 지위를 남용할 수 있는 행위를 법으로 규제했다. 그러한 우여곡절 끝에 방카슈랑스는 허용되었고, 은행을 통한 보험상품 판매는 급격히 늘어났으며, 은행 점포를 이용하는 보험 소비자의 편익은 이전보다 증가했다.

보험판매전문회사의 경우에도 마찬가지다. 판매행위를 철저히 규제하고, 영국과 같이 35%룰이나 방카슈랑스와 같이 25%룰 등 1개 금융회사에 대한 판매한도를 설정하는 등의 제도적 장치를 통해 이러한 걱정을 불식시킬 수 있으며, 이를 통해 전체적인 금융 소비자의 편익을 증가시킬 수 있을 것이다.

요율협상권의 부여 또한 하방 협상만 허용함으로써 소비자에게 더욱 유리할 것이다. 채널비용 상승이라는 부분도 그렇다. 해외 사례의 경우에서도 판매직접비에 있어서는 보험회사의 전속채널보다 보험판매전문회사가 비용이 높은 것은 사실이지만, 전속채널 운영에 부수되는 점포임대료, 교육비, 조직관리비, 마케팅비용 등을 감안하여 종합적으로 비교할 때, 보험판매전문회사가 전속채널에 비해 비용 효율적이라는 것이 일반적인 평가다. 그렇기 때문에 보험회사의 과잉투자를 방지하기 위한 것도 보험판매전문회사의 도입 배경으로 언급되고 있는 것이다.

보험사고 접수 등이 손해사정사 제도와 상충한다고 하지만, 법상 손해사정사의 업무인 손해사정 업무는 보험판매전문회사가 수행하지 않는다. 다만 보험 소비자에게 보험사고가 발생한 경우 보험 소비자의 편익을 위해 그 내용을 1차적으로 확인하고 보험회사의 손해사정부서에 통보하는 서비스를 대행할 뿐이다. 이를 두고 법적 권한의 상충이라는 주장은 지나친 억측에 불과하다.

보험판매전문회사에게 1차적 손해배상책임을 부담시키기 때문에 현재 GA 중에는 보험판매전문회사로 전환할 가능성이 희박하다는 주장 또한 전혀 사실과 다르다. 국내 상당수 GA가 당시 보험 소비자에 대한 손해배상 책임을 강화한 금융위원회의 보험판매전문회사 도입방안에 찬성한 것 자체가 이를 반증한다.

당시 보험판매전문회사의 도입을 반대했던 여러 보험회사들이 현재 보험판매전문회사 도입을 대비하여 자회사 형태의 법인보험대리점을 설립하는 방안을 검토하거나 실제 설립하고 있다. 이것은 무엇을 말하는가? 결국 현재의 사회적 상황과 금융환경의 변화를 감안할 때 금융 소비자의 다양한 니즈를 충족하기 위해 보험판매전문회사, 나아가 금융판매전문회사의 육성은 절대적으로 필요한 과제임에 틀림없다는 사실을 오히려 증명하고 있는 것이다.

금융 소비자 보호법 제정 추진

2012년 5월 금융위원회는 '금융 소비자 보호에 관한 법률'(약칭, 금융 소비자 보호법) 제정안을 발표했다. 금융위원회가 동법 제정안을 마련한 취지는 금융업의 겸영화 추세에 따라 다양한 금융상품이 등장했으나 기존의 금융상품에 대한 판매규제가 금융 소비자의 보호에 미흡함에 따라 금융상품 및 판매행위를 기능 및 유형별로 재분류하여 체계적인 규제를 마련하여 금융 소비자의 권익을 증진하고 금융상품 판매업과 신설되는 금융상품자문업을 건전하게 육성하기 위한 것이다. 동법의 주요 내용은 다음과 같다.

- 금융상품 판매업 및 금융상품자문업 등록제 마련
  - 금융 소비자에 대한 자산운용 종합 자문 제공의 근거 및 기반 마련
  - 실질적 금융상품 판매업 영위자에 대한 규제 마련: 금융 소비자 보호의 사각지대 제거
  - 금융상품 및 금융상품 판매업자 재분류 및 체계화(4×3 matrix)
  - 금융상품: 보장성 상품, 투자성 상품, 예금성 상품 및 대출성 상품으로 분류
  - 판매업자: 금융상품 직접판매업자, 금융상품 판매대리·중개업자 및 금융상품 자문업자로 분류
- 금융상품 직접판매업자의 손해배상책임 확대: 사용자책임 도입
- 영업행위 준수사항 마련
  - 적합성 원칙 등 6대 판매행위 규제 원칙 도입(금융상품별 규제 차별화)
  - 과징금제도 도입: 위반행위로 인한 수입의 30%
  - 이해상충 방지장치 도입(금융상품자문업): 세부 기준은 시행령으로 위임
- 소비자 보호 장치
  - 금감원 내 금융 소비자보호원 설치: 준(準)독립기구화
  - 분쟁조정제도 개선: 소송중지제도 도입 등

현재 동법 제정안은 2012년 7월 국무회의를 거쳐 현재 국회에 계류 중인 상태로 국회 차원에서 정책토론회 개최 등을 통해 의견 수렴 중이다. 2012년 11월 19일에는 국회의원회관에서 신동우 국회의원의 주관 하에 '금융 소비자 보호를 위한 금융개혁 관련 토론회'가 개최되었

다. 여기에서 금융 소비자 보호에 관심 있는 학계, 감독기관, 소비자 보호단체의 영향력 있는 패널들이 참석했는데, 세부적인 의견 차이에도 불구하고 토론자 대부분이 '금융 소비자의 권익 보호 및 판매채널의 변화 등을 감안할 때 금융판매전문회사의 도입이 시대의 흐름에 합치하며, 금융판매전문회사 도입을 위해서는 불완전 판매를 방지하기 위한 진입 및 관리에 대한 규제 등이 필요하다'는 점에 공감했다.

금융 소비자 보호법 제정이 금융판매전문회사 도입에 미치는 영향은 다음과 같다.

첫째, 하나의 판매법인에서 금융투자상품, 예금, 대출, 카드, 리스 등 다양한 금융상품을 판매할 수 있는 근거가 마련되었다는 점이다. 동법에서는 금융상품 유형을 크게 보장성, 투자성, 예금성, 대출성으로 구분하고 있다. 세부적인 기준은 향후 마련될 시행령에서 정하게 된다. 각 유형별 금융상품을 취급하고자 하는 경우 각각의 개별 금융관계법에서 정한 바가 있다면 그에 따라, 없다면 제정되는 금융 소비자 보호법에 따라 등록을 하면 된다.

둘째, 금융상품자문업이 허용된다. 그리고 금융 소비자의 이익과 상충하지 않는 한 현재의 법인보험대리점 등도 금융상품자문업 겸영이 가능하다. 금융상품자문업을 영위하기 위해서는 인적·물적 요건, 자기자본 기준 등 등록요건을 갖추어야 한다. 그리고 별도로 정한 것 이외에는 금융회사로부터 커미션 등을 수취하는 것은 금지된다. 등록요건, 금융 소비자와의 이익 상충에 대한 기준, 자문 수수료 이외 커미션 수령이 가능한 경우 업무와 관련된 금지행위 등 세부 기준은 향후 마련될 시행령에서 규제될 예정이다.

금융 소비자 보호법의 제정으로 인해 우리가 지향하는 독립된 종합 금융판매회사의 도입 및 자문업 겸영의 근거는 마련될 예정이다. 하지만 그 세부 기준은 개별 금융관계법과 시행령에서 정하도록 하여 실질적으로 법인보험대리점의 종합금융판매회사로의 전환 또는 종합금융판매회사와 금융상품자문업 육성을 위한 제도의 적정성 여부는 이후 시행령 내용 및 개별 법률의 제·개정 내용에 따라 좌우될 것이다.

다만 현재 제정 추진 중인 금융 소비자 보호법과 관련하여 몇 가지 개인적으로 언급하고자 하는 것이 있다.

먼저, 금융상품 자문을 할 수 있는 자에 대한 자격요건이다. 현재 동법 제정(안)에는 이에 대한 구체적인 내용을 담고 있지 않다. 시행령으로 정할 예정이라고 한다. 그러나 2011년 11월 금융위원회의 설명자료에 의하면 '자본금 5억 원 이상 법인 소속의 직원'으로 제한하는 내용이 포함되어 있었다. 그렇게 할 경우 일반 국민에게 실질적인 자문 서비스가 폭넓게 제공될 수 있을지 의문이다. 일정 자격을 갖춘 법인대리점 소속 설계사들에게도 금융상품 자문을 수행할 수 있도록 허용해야 한다. 이를 허용하지 않는다는 것은 금융상품에 대한 자문 활성화와 금융 소비자에 대한 금융 서비스 질 향상을 목적으로 한 동법 제정 취지에 어긋난다. 미국이나 영국에서처럼 금융 서비스 제공에는 일정한 자격요건을 부여하여 해당 자격요건을 갖춘 자에게만 해당 금융 서비스 제공을 할 수 있도록 하는 것이 중요하다. '법인의 직원'이라는 고용과 신분 구조에 의해 업무범위를 제한하는 것은 법 제정 취지에도 어긋난 전 근대적인 발상이다.

그리고 한 가지는 금융 소비자 보호법의 시행시기에 관한 것이다. 동법 부칙에 의하면, 대부분의 조항은 법 제정 공포 후 6월이 경과한 날부터 시행됨에도 불구하고, 금융상품자문업과 관련된 부분은 공포 후 1년 6개월이 경과한 때부터 시행하도록 되어 있다. 뒤에 언급하는 바와 같이 금융시장에서 금융 소비자에게 금융상품에 대한 자문행위가 실질적으로 이루어지고 있음을 감안할 때, 1년 6개월 동안 업무 영위요건이나 행위 규제가 적용되지 않음으로 인해 금융 소비자 보호에 있어 사각지대가 발생할 수 있다. 가능한 한 시행시기를 앞당겨야 할 것이다.

자산운용업 지원 방안(2013년 1월 금융위원회)

2013년 1월 31일 금융위원회와 금융감독원, 금융투자업계가 공동으로 '자산운용업 지원방안'을 마련하여 발표했다. 동 내용의 핵심은 보험업계에 존재하는 독립판매법인(GA)과 같은 제도를 금융투자업계에도 도입하겠다는 내용이다. 금융상품 판매 방식을 다변화하여 금융 소비자의 선택권을 넓히도록 하겠다는 의미다.

이것이 현실화되면 여러 회사가 만든 펀드 및 금융상품을 함께 판매할 수 있는 금융판매전문회사 형태인 '복수전속모집법인'제도가 도입되게 된다. 이 법인은 투자권유대행인을 고용하여 여러 가지 금융상품에 가입할 수 있도록 판매사와 금융 소비자를 연결하는 일을 하게 된다. 현재는 투자권유인 자격을 가진 개인이 특정 회사 한 곳의 금융상품만 권유할 수 있을 뿐이다. 여러 보험회사의 보험상품을 취급하고 있는 GA도 보험, 연금 이외에 펀드와 같은 금융상품을 판매할 수 있게

구분	제도	내용	시행시기
금융상품 판매 전문회사	독립투자자문업 도입	펀드·투자권유업·재무설계 등을 전문으로 하는 독립 투자자문업 도입	2013년 하반기
	복수전속 모집법인 도입	여러 회사가 만든 금융상품(연금, 보험, 펀드 등)을 판매할 수 있는 회사 형태	
펀드 슈퍼마켓	개방형 펀드 판매망 도입	증권사, 자산운용사, 정책금융기관이 공동 참여한 온라인 기반 펀드판매기관 설치	2013년 하반기 이후
펀드 평가지표	신인의무지표 개발	매니저당 펀드수, 초과수익당 펀드비용, 중개 수수료, 주식회전율, 계열판매의존도 등으로 펀드 평가	가변적
사모펀드 활성화		14개 개별법의 사모펀드 관련 법령을 개정하여 크게 3가지 유형으로 나누어 규제	미정
부동산, 대체투자펀드 활성화		영업용순자본비율(NCR) 기준 완화 등	미정
세제혜택 장기펀드 도입		근로자 총급여 5,000만 원, 자영업자 소득 3,500만 원 이하인 사람들이 주식형 펀드에 5년 이상 투자 시 연 납입액 40% 소득공제	미정

자료: 자본시장연구원, 〈자산운용 산업 활성화를 위한 제도 개선방안〉

된다. 또한 개인을 대상으로 재무설계와 투자자문 업무를 수행할 수 있는 '독립투자자문업'제도도 도입되게 된다. 이와 더불어 자산운용사, 증권사, 정책금융기관이 공동 출자하여 개방형 펀드 판매망인 '펀드 슈퍼마켓'도 도입할 예정이다. 대부분의 자산운용사들이 내놓은 펀드를 온라인을 통해 제공함으로써 금융 소비자가 부담하는 가입비용을 낮추게 될 전망이다.

금융위원회는 2013년 하반기 법률 개정을 통해 이를 허용할 방침이며, '복수전속모집법인'의 도입은 투자자 보호를 위해 법인보험대리점 등 금융상품 판매법인 가운데 재무요건, 내부통제요건, 불완전판매, 민원 건수 등을 감안하여 제한적으로 허용할 예정이다. 이외에도 시행시기는 아직 정해지지 않았지만, 투자자들이 쉽게 비교 확인할 수 있도록 펀드평가지표를 개발하고, 세제혜택장기펀드도 도입할 예정이다.

이 모든 변화는 결국 오늘날 금융시장에서 금융 소비자의 알 권리를 보장하고, 이를 지원할 수 있는 민간 영역을 확대하고 육성해야 할 사회적 필요성이 증대했기 때문이다.

독립 금융판매전문회사의 도입

왜 독립 금융판매전문회사인가?

앞에서 언급한 바와 같이 오늘날 금융상품은 이전과 다른 특징을 가지고 있다. 훨씬 다양화되고 복잡화되었다. 금융 소비자 입장에서는 각각의 금융상품의 장점이나 단점을 파악하기 어렵다. 따라서 특정 금융상품을 구매할 경우 이 상품이 금융 소비자에게 향후에 어떤 효과를 가져올지 예측하기란 쉬운 일이 아니다. 그럼에도 불구하고 금융업의 겸업화로 인해 새로운 복합금융상품이 계속하여 등장하고 있다. 주가지수 선물과 옵션이 부가된 보험상품이나 투자상품은 물론, 심지어 환선물이나 환옵션까지 부가되면서 금융상품의 정보 비대칭성은 더욱 심화되었다. 금융 소비자가 금융상품 판매자를 만나 금융상품에 대한 정보를 얻을 때마저도 금융상품 판매자가 단 1개의 금융회사를 위하여 금융상품을 판매하도록 제한되어 있기에 그가 제공하는 상품에 한정되어 그 상품의 구매 여부만을 결정해야 한다. 금융 소비자가 일일이 금융상품을 판매하고 있는 여러 명의 판매자를 직접 접촉하여 만나지 않는 한 다른 금융회사가 제공할 수도 있는, 본인 상황에 더 알맞은 금융상품에 대한 접근이 원천적으로 차단되어 있다. 최근 온라인이나 홈쇼핑, 또는 텔레마케팅을 통해 소개되는 금융상품은 짧은 시간 내에 일방적으로 해당 상품의 장점만 크게 부각하고 있기 때문에 금융 소비자를 더욱 혼란스럽게 한다.

그렇기 때문에 오늘날 금융 소비자들에게 고객맞춤형 재무설계가 필요한 것이다. 금융 소비자 개개인의 라이프 스테이지와 라이프 스타일에 맞는 재무계획이 수립되어야 한다. 그리고 이 재무계획의 달성을 위해 필요한 자금의 지출시기와 필요자금을 준비하기 위한 기간을 적절하게 연계시켜야 한다. 이것이 자산·부채관리의 듀레이션 매칭이다. 듀레이션 매칭은 원래 기업의 재무관리에서 나온 말이다. 기업이 부채의 가중평균기간과 자산의 가중평균기간을 일치시켜 전체적인 자금흐름상 문제가 발생하지 않도록 관리하는 방법이다. 이제 개인의 재무관리에도 듀레이션 매칭의 기법이 적용되어야 한다. 이를 통해 재무설계상 목적자금과 이 목적자금을 준비하기 위한 자금 속성별 금융상품을 매칭시켜야 한다.

독립 금융상품판매회사는 금융 소비자의 이런 니즈를 현실적으로 가능케 하는 것이다. 독립 금융상품판매회사란 금융업종을 불문하고 유사한 기능을 가진 모든 금융상품 가운데 금융 소비자의 수요에 가장 적합한 금융상품을 권유·판매하는 회사다.

독립 금융상품판매회사가 제대로 성장하기 위해서는 세 가지 전제 조건이 있다. 첫째, 독립성이다. 즉 복수의 금융회사와 제휴를 통해 그들의 모든 금융상품을 취급할 수 있어야 한다. 그러기 위해서는 현행 제도상의 일사전속주의에서 탈피해야 한다. 둘째, 다양한 금융상품을 취급할 수 있어야 한다. 보험과 금융투자상품은 물론 대출, 카드, 퇴직연금 등도 취급할 수 있어야 한다. 그래야 이른바 One-stop 서비스라고 하는 금융 소비자를 위한 토털 금융 서비스가 가능하다. 셋째, 금융상품에 대한 자문업무를 영위할 수 있어야 한다. 이를 통해 독립적이고 객관적 입장에서 금융 소비자의 알 권리와 선택권을 보호할 수 있기 때문이다.

A⁺에셋은 독립성, 다양한 상품 취급, 자문 능력의 세 가지 조건을 이미 갖추고 더욱 고도화하고 있기 때문에 독립 금융상품판매회사에 최적화되어 있다고 할 수 있다.

나는 A⁺에셋이 하루라도 빨리 독립 금융판매회사로서 착한 마케팅을 통해 따뜻한 금융을 만들어가는 꿈을 오늘도 꾸고 있다.

부록

A⁺에셋 사람들

TFA가 성공할 수밖에 없는 시스템

전북본부 영등지점 안말례 상무

2001~2002년	COT
2003년~현재	TOT(11년 연속 달성)
1996~2012년	2월 삼성생명
	– 삼성생명 연도상 14회 수상(34~47회)
	– 삼성생명 3회 연속 호남사업부 챔피언
2012년 3월	A⁺에셋 위촉
	– 2013년 A⁺에셋 연도상 슈퍼챔피언(1위)

월 80만 원에서 시작하여 이룬 꿈

나는 1996년 처음으로 설계사의 길로 들어섰다. 대학원에 다니던 남편과 어린 아들을 뒷바라지하기 위해서다. 3년 동안 매일같이 도시락을 싸 들고 하루 50명이 넘는 사람들을 만났다. 이제 그 고객들은 나에겐 소중한 가족이자 든든한 버팀목이 되어주고 있다.

보험 마케팅을 시작한 첫해 나는 월 80만 원을 받았다. 그래서 동료들이 좋은 선물을 가지고 고객에게 다가설 때 나는 그럴 형편이 되지 못했다. 그렇지만 도매점에서 봉지 사탕을 사고 슈퍼마켓에서 요구르트를 한꺼번에 많이 사서 더 적은 금액으로 더 많은 고객을 만나기 위해 열정을 쏟았다. 하루에 고객 50명의 설문조사지를 받지 않으면 아예 귀가하지 않았다. 시간이 없어 차에서 김밥으로 끼니를 해결했고, 옷에 얼룩이 묻어도 급하게 차에서

갈아입었다. 그러면서 최대한 많은 고객을 만나기 위해 그 누구보다 열심히 뛰어다녔다.

그 성과가 조금씩 나타났다. 활동을 시작한 지 1년여 만에 팀장이 되고 9년차에는 영광스러운 '명인' 칭호도 받았다. 그리고 보험업계 최고의 영예인 TOT(Top of the table)•까지 달성하며 당당히 명예의 전당에 이름을 올렸다. 월 80만 원에서 시작한 S생명 17년은 희망과 영광의 세월이었다.

그러나 운명적인 결단의 시간이 찾아왔다. 세상이 변했고 고객은 변했지만 나는 그것을 눈치채지 못하고 있었다. 내 실적이 갑자기 떨어진 것은 아니기 때문이다. S생명의 상품이 최고라는 자부심으로 애써 현실을 외면하고 있었을지도 모른다.

그런데 어느 날 정신이 번쩍 드는 사건이 생겼다. 친분이 두터운 고객이 보험상품의 사업비 비중을 질문했다. 그리고 보험상품 비교판매에 대해서도 언급했다. 나는 두려움을 느꼈다. 고객을 위해 최선을 다하고 있다는 긍지를 갖고 활동했는데 그것이 나만의 착각일지도 모른다는 생각이 스쳤다. 내가 진정으로 고객을 배려하고 있는지 회의에 빠졌다. "고객이 있어야 내가 존재한다"고 입버릇처럼 말해왔던 내가 그 말에 책임져야 할 시간이 온 것이다.

그러다 A⁺에셋 상품전략 워크숍에 참석할 기회가 생겼다. 신선한 충격이었다. 믿을 수 없을 정도로 고객 친화적인 방식이 실제로 존재하고 있었다. 더는 주저할 수 없었다. 나는 진정으로 고객을 위해 활동하며 성공을 이룰 수 있는 터전으로 A⁺에셋을 선택했다.

늘 고객을 외치면서도 고객에게 진정으로 좋은 것을 주지 못했던 나는 지금 새로운 행복감을 느끼고 있다. 수천 가지 상품을 가지고 고객에게 가장 맞는 것을 찾아줄 수 있는 지금이 말할 수 없이 가슴 벅차다.

• COT(Court of Table)는 MDRT 기준 실적의 3배를 달성해야 가입 자격이 주어지며 TOT(Top of the Table)는 MDRT 기준 실적의 6배를 달성해야 가입 자격이 주어진다.

나는 새벽 다섯 시에 일어나 예배를 드리고 수영으로 건강을 챙긴 후에 여덟 시면 어김없이 사무실에 도착한다. 바쁜 일정으로 끼니도 거르기 일쑤지만 모두 일터를 떠난 저녁 시간까지 고객을 챙긴다. 밤 열 시가 넘어서야 귀가를 하고 하루에 네댓 시간밖에 자지 못하지만 하루 24시간 중 절반 이상을 고객과 함께하고 있는 것이 한없이 즐겁다. 보험은 눈에 보이지 않는 상품이기에 신뢰가 최우선이다. 게으름은 세일즈맨의 가장 큰 적이다. '약속'과 '성실'이 나의 성공비결이다. 나는 문을 나설 때마다 '초심'으로 돌아가 재밌게 일하자며 스스로를 채찍질한다.

당연히 이기는 게임

A⁺에셋은 땀 흘려 정직하게 성공을 이루고 싶은 TFA에게 최고의 공간이라 자부한다. A⁺에셋은 TFA가 성공할 수밖에 없는 시스템을 갖추고 있다. CFP본부, 투자강연회, 골프 마케팅, 자문위원제도, A⁺라운지, 보장분석 시스템, 교육 프로그램, 상품전략 워크숍 등 마케팅 지원 시스템은 어느 회사에서도 찾아볼 수 없을 만큼 뛰어나다. 이 시스템을 적절히 이용하면 영업일선에서 수월하게 고객을 만나고 마케팅을 진행할 수 있다.

그러나 나는 그 무엇보다도 A⁺에셋의 존재 방식 그 자체가 성공의 동력이라 믿는다. A⁺에셋의 다른 TFA 역시 마찬가지 마음이리라. 진정으로 고객을 위하는 마음과 정직한 태도가 A⁺에셋이 존재하는 방식이다. 우수한 도구들은 이것을 실천하는 과정에서 자연스럽게 생긴 것이다.

고객들은 어떤 회사가 또는 어떤 설계사가 자신을 진정으로 위하는지 알고 있다. 잘 모르는 것같이 보여도 소상히 알고 있다. 그리고 앞으로는 더 환히 알게 될 것이다. 개인적인 친분이나 소개한 사람과의 관계, 회사 브랜드를 앞세워 일방적으로 금융상품을 제시하는 사람과 여러 상품에 대한 정보를 투명하게 공개하고 그 고객의 상황에 가장 적합한 상품을 추천하는 사람 중 누구를 선택하게 될까?

금융의 시작과 끝은 고객이다. 고객은 결국 자신을 가장 위하는 회사를 선택하게 되어 있다. 이 당연한 사실이 나를 A$^+$에셋으로 이끌었다.

A$^+$에셋에서의 13개월은 너무나 바빴다. 회사의 시스템에 힘입어 기존 계약 컨설팅과 소개 계약 등으로 정신없이 바쁜 시간을 보냈다. 증권분석을 통해 본인이 가입한 모든 생명 및 손해보험 상품을 종합·정리하여 설명하면 고객 대부분이 크게 만족했다. 그리고 그 만족에 대한 보답을 해주셨다. 우리 언니도, 작은어머니도, 옆집 아주머니도, 나의 가장 친한 친구도 모두가 좋아했다. 나는 숨 가쁘게 바쁘면서도 행복하기 그지없는 시간을 보냈다.

내가 10W●를 13개월 연속해서 할 수 있으리라고 단 한 번도 생각해본 적이 없었다. 그러나 이제 10년 10W에 도전하겠다는 자신감이 생겼다.

진정으로 고객을 위하는 곳, 그래서 반드시 성공할 수밖에 없는 곳. A$^+$에셋에서 평생을 고객의 동반자로 함께할 것을 결심한다.

● 10W: 1주에 10건 이상의 계약을 체결하는 것. 6W는 1주에 6건을 이상의 계약을 체결하는 것을 의미한다.

초보 영업자에게 힘을 준 A⁺에셋의 교육과 지원 시스템

강북본부 유로지점 손희주 TFA

1984~1999년	미술 교사
2012년 5월	A⁺에셋 위촉
	– 2013년 A⁺에셋 연도상 신인최우수상(1위)

나는 '동남아'였다. '동네에 남아도는 아줌마'를 줄여서 부르는 우스갯소리다. 두 아이의 엄마로 남편을 위한 내조에 전념하던 나는 그게 성공이고 행복이라고 굳게 믿었다. 아이들도 보란 듯이 잘 자라주었고 '동남아' 생활을 하면서 얼마 동안은 재미도 있었다. 그러나 시간이 지날수록 함께 웃고 어울리는 시간이 그다지 즐겁지만은 않다는 걸 알았다. 여고 교사생활을 19년이나 했었던 탓인지는 몰라도 맘속 한편에서는 늘 '일'에 대한 열망이 자리 잡고 있었다.

2012년 제주에서 열렸던 A⁺에셋 VIP 고객 초청행사가 내 인생의 항로를 바꾸어놓았다. 골프 라운딩과 함께 진행된 고객 초청행사를 통해 회사와 고객지원 시스템에 대해 상세히 알게 되었다. 그리고 종합금융 시대에 발맞춰 진화하고 있는 GA의 현재와 미래를 한눈에 파악할 수 있었다. 그래서 '이 회사라면 나에게 날개를 달아줄 것 같다'는 생각에 과감하게 도전장을 냈고 금융 영업의 길로 들어서게 되었다.

그런데 보험과 금융에 대해 문외한인 내가 어떻게 A⁺에셋에서 정착할 수 있었을까? 탁월한 시스템이 있기 때문에 가능하다. 나처럼 무경력의 신인도 TFT(Total Financial Training) 교육센터를 통해 금융에 대한 기본 지식과 세일즈 프로세스를 효율적으로 익힐 수 있다. 그 이후에는 심화된 교육 프로그램을 활용할 수 있다. 정규 프로그램 외에도 세금, 부동산 등 부유층 자산관리에 특화된 일일 과정도 있다. 이때는 대단한 학습 열기를 느낄 수 있다.

업무를 신속하고 효율적으로 운영할 수 있는 전산 시스템도 훌륭하다. 컴퓨터뿐만 아니라 스마트폰으로도 업무를 처리할 수 있어 더더욱 편리하다. 고객의 보험증권을 분석하여 보장과 보험상품을 동시에 비교 판단할 수 있게 하고 최적의 대안을 내놓는 TRD(Total Risk Design) 시스템은 A⁺에셋의 독보적인 자랑거리다.

영업지원 시스템은 단연 최고다. 나는 우리 회사 영업지원 시스템을 십분 활용한다. 고객을 투자강연회에 모셔서 맛있는 식사도 대접하고 새로운 정보도 드리면 고객 입에서 자연스레 좀 보자는 이야기가 나온다. 그러면 CFP본부와 미팅 일정을 잡는다. CFP본부는 고객이 현재 유지하고 있는 보험을 비롯해 현금 자산과 부동산, 주식 등 현황 분석을 해드린다. 문제해결이 필요한 것은 속 시원히 긁어주고 솔루션을 척척 내주니 고객마다 '감동'이란다. 정말 고마울 따름이다. A⁺에셋은 매월 투자강연회를 개최한다. 현재 금융 트렌드도 알 수 있고 주식 및 부동산 등 각종 투자에 대한 브리핑도 들을 수 있어 A⁺에셋 투자강연회는 아는 분들 사이에 입소문이 난 지 오래

다. 그래서 조금 늦게 도착하면 앉을 자리는커녕 발 디딜 틈도 없을 정도로
인산인해를 이룬다.

초보자가 업계 선배를 리크루팅하다

나는 남편의 소개로 한 설계사를 만나게 되었다. 그녀는 외국계 보험사에
서 연소득 1억 원을 올렸던 유능한 사람이다. 국제변호사인 남편을 따라 한
국과 미국을 오가며 바쁘게 지내다 미국 생활을 접고 한국에 정착할 당시
나를 만났다. 그녀는 금융 흐름의 변화를 감지하고 있었고 A⁺ 비전에 동의하
며 기꺼이 TFA로 활동을 시작했다.

그런데 그녀는 활동 초기 험난한 시간을 거쳐야 했다. 생각한 대로 성과가
나오지 않아 무척 예민해 있었다. 나는 마케팅 상무님과 지점장님께 그녀를
많이 도와달라고 부탁드렸다.

그러던 어느 날 오전 그녀에게서 연락이 왔다. 고객에게 A⁺에셋 오더메이
드 상품 설명을 하고 월 100만 원 계약 건을 말씀드리니 "아니 이렇게 좋은
걸 왜 100만 원만 하냐?"고 하셨단다. 그래서 월 1,000만 원으로 다시 보
자고 하셔서 지금 사무실로 들어가는 길이라고 했다. 운전 중인데 자동차
핸들이 흔들릴 정도로 막 심장이 두근거린다고 난리였다. 결국 그분은 월
1,000만 원으로 가입하셨고 상품이 너무 좋다며 남편에게 추천해 2,000만
원으로 추가 계약까지 하게 되었다.

예전 전속사에서는 여러 제한적인 부분이 있어서 이런 고액계약은 엄두도
내지 못했는데 어렵지 않게 고객의 선택을 받고 보니 이제야 A⁺에셋의 위력
을 피부로 느낄 수 있다며 좋아했다. 그 일을 계기로 그녀는 A⁺에셋의 날개
를 달고 고공행진 중이다.

내가 이 일을 시작한 지 1년도 안 되지만 가장 기뻤던 일이 바로 내가 리크루팅한 TFA의 '만족'이었다. 나의 큰 계약 성사보다도 그녀가 "A⁺에셋 최고"라고 말했을 때 가장 감동적이고 눈물이 났다. 보험영업을 이제 막 시작한 새내기인 내가 업계 경력이 나보다 훨씬 더 오래된 선배를 리크루팅하다니. 이게 바로 'A⁺에셋의 힘'이 아닐까 싶다. 이렇게 함께하게 된 동료가 벌써 다섯 명이다.

내가 A⁺에셋에서 배운 최고의 것은 '정직'이다. 이것은 TFA에게 가장 중요한 덕목일 것이다. 보험영업은 장기적인 직업이다. 2~3년 해볼 생각으로 시작한다면 큰 낭패를 볼 수도 있다. 인생의 동반자로서 생·로·병·사에 대한 솔루션을 제공하는 TFA(Total Finacial Advisor)로서 일하려면 더욱 그렇다. 나는 고객을 처음 뵙게 되면 빈말이 아니라 진심으로 '고객과 함께 오래 일하는 것'이 나의 목표라고 정직하게 말한다. 진심은 통하는 걸까. 그동안 알고 지내던 지인 분들이 앞다투어 내 고객이 되어가고 있다. 아니, A⁺에셋의 소중한 고객으로 모시고 있다.

이렇게 A⁺에셋과 소중한 인연이 되어 고객에게 '감동'을 선물하고 나는 늘 나의 노력 이상의 소득을 얻게 되었다. 타인을 도움으로써 진정한 나의 가치를 발견할 수 있도록 도와주는 직업, TFA. 늘 고객 앞에 당당하고 자신감 있게 설 수 있도록 해주는 이곳, A⁺에셋. 난 오늘도 '감동'이라는 선물을 한 아름 안고 달리고 또 달린다.

스트레스를 날려버린
보장분석 시스템

대구본부 구미지점 손향민 TFA

2003년~현재	MDRT, COT, TOT
2003~2012년	삼성화재 설계사
	− 2003년 삼성화재 신인 우수상 수상
	− 2010~2011년 삼성화재 연도상 은상, 동상 수상
2012년 6월	A⁺에셋 위촉
	− 2013년 A⁺에셋 연도상 골드상 수상

어느 날 아침 회사로 가던 길이었다. 일찌감치 회사 건물에 도착한 나는 주차장에 차를 세우고 사무실이 있는 4층을 올려다보았다. 그런데 그 순간 머리가 핑하게 돌며 어지러웠다. 가슴에는 표현할 수 없는 통증이 찾아왔다. 피가 멎는 듯한 답답함과 두려움이 찾아왔다. 근처 종합병원까지는 자동차로 5분 거리다. '지금 운전할 수 있을까? 택시를 탈까, 아니면 남편에게 전화할까?' 차분히 가슴을 쓸어내리며 호흡을 가다듬었고 스스로 위로의 말을 건넸다. '괜찮아. 괜찮아. 곧 나아질 거야.' 잠시 후 극심한 통증이 주춤했고 나는 종합병원 심장내과를 찾아 진찰을 받았다. 방송에서나 보던 일이 나에게 찾아온 이유는 무엇이었을까? 검사 결과는 스트레스였다.

그 당시 나는 손해보험사에서 활동하고 있었다. 1만 4,000원짜리 실손보험에 매료되어 세월 가는 줄 모르고 열심히 일하던 중이었다. 10년 세월을 거치며 고객도 다양해지고 소득도 늘었다. 그러나 직업에 대한 프라이드는 지난 세월만큼 자라지 않았다.

보장에 대해 불만을 드러내는 고객도 많았다. 한 고객은 자녀 보험으로 월 6만 원의 생명보험과 월 1만 4,000원의 실손보험에 가입하고 있었다. 그러다 아주 가벼운 교통사고가 났다. 실손보험에서 18만 원이 나왔고 생명보험에 서는 한 푼도 나오지 않았다. 그런데도 이 고객은 실손보험 보장이 너무 적다 고 화를 냈다. 생명보험이야 당연히 그렇고 실제 금액만큼 보장받으려고 가 입한 실손보험의 보장금액이 형편없다는 것이었다. 속은 상했지만 나는 그 고객의 심정을 충분히 이해할 수 있었다. 문제는 그 고객이 가입 당시 보장 에 대해 충분히 이해하지 못했다는 사실이다. 가입할 때부터 어떤 보험에 어 떻게 들어야 하는지 상세하게 검토하지 못했기 때문에 나중에 이런 불만이 나오는 것이다. 이렇듯 보장에 대한 고객의 불만은 늘 내 가슴을 옥죄었고 이 스트레스가 신체적인 이상으로까지 나타났다.

그런데 A⁺에셋으로 옮긴 후 이 스트레스가 말끔히 사라졌다. A⁺에셋의 보 장분석 시스템 때문이다. 기존 보험사에도 보장분석 시스템이 있다. 그러나 이것으로는 해당 보험사 상품만 분석할 수 있다. 생명과 손해보험을 통합한 분석은 아예 엄두도 못 낼 일이다. 그리고 대안으로 제시되는 상품설계 역시 해당 보험사의 상품으로만 구성된다. 그러나 A⁺에셋의 보장분석 시스템은 생명과 손해보험을 통합하여 한쪽으로 치우치지 않은 객관적인 결과를 내 놓는다. 그래서 가장 저렴한 보험료로 가장 유리한 보장을 받을 수 있는 설 계를 할 수 있다.

나는 상담과 보장분석 시스템을 통해 고객이 꼭 필요한 보장이 무엇이고 이를 위해 어떤 보험에 가입하는 것이 가장 적합한지 신속하게 파악할 수 있게 되었다. 이것은 고객을 만족시키면서 실적을 올릴 수 있는 강력한 무기다.

정직과 투명성을 실현하는 고객만족 도구

A⁺에셋 보장분석 시스템은 고객에게 가장 유리한 상품을 권한다는 회사의 가치를 담고 있다. 그리고 그 자체로 모든 상품을 비교·분석하여 최적의 것을 제시하는 정직하고 투명한 마케팅이다.

가끔 고민에 시달리던 시절을 생각한다. 내가 판매하지 않는 상품이 고객에게 더 유리하다는 것을 알면서도 그것을 솔직하게 말하지 못했던 시절이 있었다. 어떤 때는 그 사실을 알려 하지 않았다. 여러 상품을 비교하며 분석하는 일은 꿈도 꾸지 않았다. 그래봐야 내가 어떻게 해결할 수 없었기 때문이다. 나는 그저 내 실적을 채우는 데 혈안이 된 가식적인 설계사였다. 고객에게 너무 미안한 생각이 들었다. 가슴속에 멍이 들었다.

A⁺에셋을 선택한 것은 정말 좋은 결심이었다. 그 시절 나는 죽음까지 생각했었다. 그러니 오히려 답이 쉽게 나왔다. 1번은 고객이었다. 존경하는 고객 몇 분에게 상담을 요청했다. 결론은 새롭게 출발하는 것으로 내려졌다. 변화는 있을 수 있는 것이다. 사업을 하다가도 확장을 하고 업종 변경도 한다. 잃어버리는 게 있어야 또 새롭게 얻는 것도 있다.

그리고 2012년 5월 대전에서 열린 사업설명회의 감동을 지금도 잊을 수가 없다. 1,200석을 꽉 채운 TFA와 임직원들의 열정은 가슴을 설레게 했다. 나는 생각했다.

'그래, 영업은 저렇게 하는 거야. 고객 외에 더 무엇이 필요하겠는가?'

'저런 분들과 함께 일할 수 있다면……'

새로운 열정이 샘솟기 시작했다. 그렇게 나는 A⁺에셋 TFA로 새 출발을 했

다. 나는 고객에게 진정으로 유리한 상품을 정확히 설명해주고 관련된 포트
폴리오를 제시할 수 있는 TFA만이 롱런할 수 있다고 믿는다. 끔찍하던 압박
을 벗어던진 나는 A⁺에셋의 도구를 바탕으로 부지런하고 열정적으로 일한
다면 반드시 성공하리라 확신한다. 6W 10년 도전! 나에게는 어려운 일이 아
닐 것이다. 정직과 투명함으로 오늘도 나는 달린다.

비전을 먹고 살자!

강남본부 위너스지점 나정수 지점장

1994~2000년	진로그룹(건설 기획 및 주택 사업 담당)
2002~2012년	MDRT, COT(2회 달성)
2000~2012년	삼성생명 설계사
	– 삼성생명 컨벤션 12년 연속 달성
	– 삼성생명 영업이사
2012년 11월	A⁺에셋 위촉
	– 2013년 위너스 지점장 승진

최고의 순간 최고의 직업

카르페 디엠(Carpe diem).

"지금 이 순간에 충실하라(Enjoy the moment)"로 번역되는 라틴어다. 사치나 향락에 빠져 인생을 낭비하는 것이 아니라 아무리 어렵고 힘든 일상이라 할지라도 결코 좌절하거나 실망하지 않고, 주어진 여건에 만족하면서 즐겁고 긍정적인 자세로 살아간다는 의미로 흔히 쓰인다.

나는 2000년 7월 1일 첫 보험영업 1호로 모셨던 고객분과 13년이 지난 지금도 아름다운 인생의 동반자로 함께하고 있음에 감사한다.

2001년 3월 제1회 컨벤션 행사의 수상자로 참석! 사랑하는 아내와 제2의 신혼여행의 행복감을 느끼며 마음껏 즐겼다. 그 이후 12년 연속 수상자로 기네스를 세우고 사랑하는 가족과 소중한 추억을 쌓았다.

2003년 6월 첫 MDRT 달성! 미국 라스베이거스 총회에 참가하여 전 세계인의 축제 분위기를 만끽했다. 그때 백발이 성성한 60대 미국 컨설턴트 분이 내게 다가오셔서 젊은 청년이 대단하다는 말씀을 하시던 모습이 생생하다. 나는 그분이 너무나 행복해 보여서 보험영업을 평생직업으로 살아야겠다는 결심을 했다. 그리고 이후 10년 연속 MDRT(COT 포함)를 달성하며 종신회원이 되었다.

시작이 좋아야 모든 일이 잘 풀린다는 말이 있듯이 지금까지 나는 '내가 선택할 일이 진정 가치가 있고, 비전이 보이는가'를 스스로 자문하고 그렇다는 답이 나왔을 때는 즐거운 마음으로 일사천리 실행에 옮겼다.

13년간 많은 분을 만나서 생명보험이라는 숭고한 가치를 전달하며 소중한 인연을 맺고, 그분들과 진실의 교감을 통해 기꺼이 청약서에 서명하는 모습을 보면서 컨설턴트 스스로가 느끼는 보람을 경험했다. 그리고 가족 사랑의 변하지 않는 진리를 끊임없이 확인하게 되었다.

새로운 비전이 넘치는 곳

지금까지 고객분들께 분에 넘치는 사랑을 받아왔기에 앞으로 10년, 20년 그 이상을 인생의 동반자로 보답하는 길은 미력하나마 시대 흐름에 맞는 한 차원 높은 종합 서비스를 제공함으로써 가능하다는 것을 A⁺에셋 관계자분과 경력자 교육과정을 통해 알게 되었고, 행복한 설렘으로 A⁺에셋 가족이 된 것이다.

물론 전(前) 회사에서 컨설턴트로 모셨던 많은 고객분께 회사를 옮기게 됨에 상세히 안내를 해드렸으며, 흔쾌히 성공을 기원해주셔서 감사함과 함께 행복한 무게감을 느낀다.

FOR TFA 마인드로 경영진을 포함한 모든 임직원이 한 방향으로 빠르게 소통하며 선택과 집중을 하는 모습들, 복지의 혜택도 가장 먼저 TFA 분들에게 배려하는 기업문화, 주인의식을 가지고 상호 윈-윈(Win-Win)하려는 교감, 상품의 경쟁력을 얘기하지 않더라도 이러한 열정들이 하나 둘 주변으로 전염되어 살아 움직이는, 그야말로 생동감 넘치는 A+에셋에서 비전을 보았다.

13년 전에 해왔던 자기주문처럼 새벽에 세면대 거울 앞에서 자신의 얼굴을 보면서 스스로 미소 지으며 '멋쟁이! 넌 오늘도 최선을 다해 잘할 수 있어, 파이팅!' 하고 하루를 시작하는 즐거움에 또다시 빠져든다.

아마도 위너스지점 TFA 분들과 함께 성공하고자 하는 열정이 넘쳐나는 것이 그 이유일 것이다. 지속적인 것이 혁명적이라는 말처럼 인생의 성공 파트너로서 신바람 나는 기업문화를 이루는 데 열정을 다하여 일조하고 싶다.

고민에 고민을 거듭한 선택

수도권본부 청담지점 전영혜 상무

2001년~현재 　MDRT, COT, TOT(3회 달성)
2000~2011년 　ING생명 설계사
　　　　　　　－ 2001~2011년 ING Convention Gold 달성
　　　　　　　－ 2009년 4월 Royal Lion 승격
2011년 3월 　A⁺에셋 위촉
　　　　　　　－ 2013년 A⁺에셋 연도상 챔피언(2위)

금융 프로를 향해

나는 2011년 새해 첫날 곽근호 회장님의 《부자 마케팅으로 승부하라》를 읽었다. 그리고 A⁺에셋으로 옮기는 문제에 대해 갈등하기 시작했다. 그런데 오늘은 회장님의 새로운 책을 위한 글을 직접 쓰게 되다니 감회가 남다르다.

나는 2000년 2월 I사에서 활동을 시작했다. 당시 나는 영업이 뭔지도 모르는 풋내기였다. 하나씩 배워가며 점차 목표를 이루어갔다. 나는 지인 영업을 하지 않고 100% 소개 영업만을 했다. 그래서 더 높은 단계로 갈 때마다 기쁨과 보람이 대단했다. 그렇게 할 수 있었던 것은 활동을 시작하기 전 절망에 빠져 있었을 때 용기를 새롭게 했기 때문이다. 그때 읽었던 고 정주영 회장님의 《이 세상에 태어나서》는 가진 것이 없어도 성실과 정직과 신용이 바탕이 된다면 세상 어떤 일이든 할 수 있고 또 그 일에 성공할 수 있다는 내용을 담고 있어 큰 감명이 되었다. 무엇보다 또 매 순간 도와주시는 하나님의 은혜와 주위의 좋은 사람들의 도움이 컸다.

남들이 10년 동안 이룰 수 있는 것을 3년 만에 이루고자 공휴일도 없이 목숨 걸고 일에 매진하며 목표를 이루고자 끊임없는 도전을 시도했다. 매년 목표를 이루어나가면서 '영업만큼 정직한 일은 없다'는 나름의 확신도 생겼다. 경제상황이 좋다고 영업이 잘되는 것도 아니고 경제상황이 안 좋아서 안 되는 것도 아니라고 생각했다. 영업이야말로 자신이 열정을 가지고 최선을 다해서 움직이는 만큼 결과물이 나오기에 그 누구도 속일 수 없는 정직한 일이라는 내 나름의 확신을 가졌다. 그랬기에 보이지 않는 안갯속 같은 터널 길도 언젠가는 끝이 있다는 믿음을 가지고 계속 걸어갈 수 있었다.

I사에서 매년 이루고자 했던 모든 것을 이루고 10년이 지날 즈음 아마추어가 아닌 진정한 금융 프로가 되어야겠다는 생각이 들었다. 그러나 회사에는 그것을 바쳐줄 시스템이 전혀 없었고, 나 혼자만의 극심한 방황이 시작되었다. 나를 도와주는 시스템을 갖춘 회사만 있다면 날개를 달고 프로다운 영업을 할 수 있겠는데 그것이 안 되니 매일매일 답답하기만 했다.

11년 기득권을 포기하고

그러던 중 먼저 움직인 동료의 소개로 운명처럼 A⁺에셋을 만나게 되었다. 고객의 다양한 욕구에 부응하는 금융상품과 시대의 트렌드에 맞는 ONE-STOP 종합금융 컨설팅이 가능한 회사라는 확신이 들었다. 그래서 많은 고뇌 끝에 I사에서 11년간 쌓아놓은 모든 기득권을 포기하기로 결심했다. 그 당시 얼마나 많이 고민했는지 옮기기 1주일 전부터는 밤마다 가위에 눌려가며 악몽에 시달렸고 잠을 이룰 수조차 없었다. 내 인생에서 최고의 용기를 필요로 하는 순간이었던 것이다. 그리고 두려움과 설렘을 품고 A⁺에셋에 새로운 둥지를 틀었다.

새로운 도전이 시작되었다. 나는 2013년 ATC 시상식에서 A⁺에셋 챔피언이 되었고, 상조 판매 1위, 셀뱅킹 판매 3위로 그랜드슬램을 달성하는 쾌거를 이루었다. 내가 상조와 셀뱅킹에서 좋은 성적을 낼 수 있었던 법인 영업에서 좋은 결과가 나왔기 때문이다. 나는 기업 방문을 할 때마다 항상 회사 복리후생 차원에서 직원들을 위한 상조와 임원을 위한 셀뱅킹 서비스를 꾸준히 권하고 있다. 이것이 좋은 성과로 이어진 것 같다.

나에게 A⁺Asset-Dream은 현재진행형이다. 그 꿈은 ATC에서 챔피언이 되는 꿈, 연소득 얼마의 꿈이 아니다. 이 시대 최고의 고객들에게 가장 품격 있는 금융 서비스를 해드리고 싶은 꿈이다. 이 꿈이 A⁺에셋에서는 가능하다. 오늘도 끊임없이 공부하고, 도전하며 인내를 가지고 묵묵히 이 길을 걸어간다.

내 영혼아 여호와를 송축하라. 내 속에 있는 것들아 다 그 성호를 송축하라.
내 영혼아 여호와를 송축하며 그 은혜를 잊지 말지어다.

종합자산관리 서비스가 가능한 곳

전북본부 청사지점 엄은영 상무

2010년~현재	MDRT, COT, TOT
2003~2012년	삼성생명 브랜치 매니저, 설계사
	– 2011~2012년 삼성생명 FC 사업부
	신인 챔피언, 챔피언
2012년 9월	A⁺에셋 위촉
	– 2013년 A⁺에셋 연도상 골드상 수상

고객의 니즈는 종합자산관리

'왜 보험, 주식 등 금융자산을 종합적으로 관리하는 회사는 없는 걸까?'

기존 금융의 매너리즘에 빠지지 않은 사람이라면 누구나 한 번쯤은 품게 되는 의문이다.

나는 보험회사에서 활동하기 시작할 무렵부터 여러 회사 상품들을 하나로 통합 관리하는 원스톱 컨설팅을 제공하고 싶어 했다. 전업주부 시절부터 그런 서비스를 받아보고 싶은 욕구가 강했기 때문이기도 하다. 금융업에 종사하는 사람이라면 다양한 상품들을 모두 통합적으로 다뤄보고 싶어 하는 마음이 인지상정이라 생각한다. 그리고 이런 활동을 통해 수입이 늘어날 가능성이 무궁무진할 것이다.

나는 화재보험으로 활동을 시작했다. 그런데 자사 상품지식뿐만 아니라 은행, 증권 등 금융 관련 지식을 습득하는 데 많은 노력을 기울였다. 고객의 눈높이에 나를 맞추는 것이 가장 중요한 일이라 생각했기 때문이다. 그러나 이것은 말처럼 쉽지 않았다. 그래도 이것만이 고객층을 다양하게 넓힐 유일한 방법이라 여겼기 때문에 선택의 여지는 없었다. 결과적으로 다양한 고객들과 눈높이를 맞출 수 있게 되어 고객층도 점점 더 넓어졌으며 자연히 수입도 늘었다. 그러나 고객이 늘어날수록 내가 그들의 자산이나 보장 부분에서 극히 일부분만을 담당하고 서비스할 수밖에 없다는 안타까움과 상실감 또한 커졌다.

금융 고객들은 더 다양한 서비스를 원하고 있었다. 그리고 이것을 유기적으로 연결해서 종합적인 서비스를 받고 싶어 했다. 보험의 보장을 넘어 노후에 대한 서비스, 잉여 자산관리, 절세 및 상속·증여 등 여러 문제에 대한 금융 및 자산 컨설팅을 요구하고 있었다.

나는 깊은 고민에 빠졌다.

'고객은 있지만 다양하고 충분한 서비스를 할 수 있는 상품목록은 있는가?'

'고객의 눈높이에 맞는 종합자산관리 컨설팅에 대한 능력과 시스템은 준비되어 있는가?'

그것이 문제였다. 그러한 변화들에 대비하여 그동안 나름대로 은행, 증권 등 다양한 금융 분야를 공부하고 있었지만, 이곳저곳에서 하나 둘씩 금융 욕구 불만이 현실이 되어 밀려온다는 중압감이 나를 눌렀다. 이 때문에 깊은 슬럼프에 빠지기도 했다.

그 무렵 금융시장에서는 노후 준비에 대한 사회적 이슈가 제기되었고 연금상품에 대한 관심이 한창 달아올랐다. 나는 자의 반 타의 반으로 일시납 상품을 포함한 생보사의 연금상품에 대해 관심을 갖고 자세히 알아보기로 했다. 그동안 여러 고객의 문의가 있던 터이기도 했다. 나는 연금상품의 수익구조, 시장규모, 고객 반응 등을 살펴보며 큰 충격을 받았다. 더는 정체될 수 없었다. 거대한 경제 흐름의 변화와 나의 성장을 외면해서는 안 되었다. 그리고 생보사로 활동공간을 옮겼다. 그리고 생보사에서 활동하는 3년 동안 10배 가까운 성장을 했다. 스스로도 놀랄 만한 일이었다. 이런 성장에는 고객들의 높은 금융지식과 눈높이에 맞추기 위해 활동 초기부터 원스톱 종합자산관리를 지향하며 실력을 꾸준히 배양한 노력이 바탕이 되었다. 그리고 고객들의 억눌렸던 금융 욕구가 한꺼번에 폭발한 이유도 컸다. 그들의 금융 욕구를 충족시켜 줄 수 있는 나에게 거액 자산가 고객들이 물밀 듯 밀려 들어왔던 것이다. 그러나 그곳에서는 화재보험 시절보다도 오히려 더 큰 한계와 약점이 존재했다.

자산규모가 클 때는 미세한 조건의 차이에 따라 금융상품 수익금액이 현저하게 달라졌다. 이미 내 고객 기반은 VIP 자산가 그룹으로 이동하고 있는 상황이었다. 그들은 작은 금리 차이와 소소한 포트폴리오 변화에도 민감했다. 더는 변화를 미룰 수 없었다. 고객과의 관계로 풀 수 있는 문제가 아니었다. 고객의 변화한 금융 니즈를 특정 회사의 상품만으로는 충족시킬 수 없기 때문이었다. 나는 종합자산관리가 가능한 곳을 찾아야만 했다.

"A⁺에셋…… 묻지도 따지지도 말고 가!"

고민이 깊어가던 어느 날 나는 모 금융회사의 센터장으로 계시는 가까운 지인께 속내를 털어놓고 자문을 구했다. 그분은 모든 상황을 다 파악하고 있다는 듯이 나의 말을 받아주었다. 그리고 명쾌하게 답을 주었다.

"A⁺에셋…… 묻지도 따지지도 말고 가!"

나의 경우는 늦은 편이라 했다. 이미 고객 요구의 동맥경화 현상이 상당히 심했다. 급히 치료하지 않으면 위험하다는 진단을 받은 셈이었다. A⁺에셋은 보험업계에서 10년여를 활동한 나로서도 전혀 생소한 이름이었다. 그래서 다음 날 바로 알아보기 시작했다. A⁺에셋은 내가 찾아 헤매던 유일한 회사였다. 금융판매전문회사를 지향하는 A⁺에셋은 그간의 내 문제의식에 대해 해답을 가지고 있었다. CFP본부는 VIP 고객을 대상으로 자산관리의 다양한 니즈에 대한 솔루션을 제시하고 있었다. 또한 오더메이드 상품을 비롯하여 여러 회사의 상품을 기반으로 고객에게 최적화된 포트폴리오를 제공했다. 이제 법률과 제도가 정비되는 일만 남았을 뿐이다. 내가 꿈꾸던 금융영업을 마음껏 펼칠 수 있는 공간이 바로 A⁺에셋이었다.

자산관리에 서비스도 탁월했다. 일정 이상의 월납 금액을 내고 있던 변액보험 가입자를 대상으로 매 분기 성과평가를 제공하고 심지어는 고객에게 펀드 변경 의사를 확인했다. 이는 대형 증권회사도 좀처럼 하지 않는 엄청난 서비스였다.

나는 조언을 얻은 지 3일째 날 회사 내에 있는 개인 사무실을 폐쇄했으며, 4일째 날 회사로 내용증명을 발송했다. 이 모두가 같은 해 8월에 일어난 일이다. 나는 활동 첫해에 신인왕을 차지했고 둘째 해에 지역 사업부 챔피언이 되었다. 그리고 그해는 2위와 실적 격차가 많이 나 2년 연속 사업부 챔피언을 사실상 확정 지은 상태였다. 이 성과를 나는 과감하게 버릴 수 있었다.

인생은 아주 큰 퍼즐 같기도 하다. 퍼즐 조각은 저마다 불완전하지만, 다 맞추고 나면 완벽하고 아름다운 그림이 된다. A⁺에셋에서 활동을 시작한 지 5개월째 접어드는 요즈음 조각난 저마다의 퍼즐들이 이제야 제자리를 찾아드는 느낌이 든다.

"실천은 진리를 검증하는 가장 유일한 기준"이라는 말처럼 고객들과의 지난 10년여 동안의 시간은 나에게 참으로 소중했다. 친구나 가까운 친척 지인들에게는 알리지 않는다는 약속을 남편에게 하고 나서야 이 직업을 가질 수 있었기에 고객 한 분 한 분들이 더욱 남다르고 늘 소중하게 느껴지는지도 모른다. 지금은 온 가족들이 후원자가 되어주고, 아이들이 누구보다도 엄마의 든든한 지원군이 되어주고 있다.

최선의 선택 A⁺에셋

수도권본부 희망지점 박상신 지점장

1991~2001년	삼성생명 영업소장, 인사 담당
2002~2008년	신한생명 지점장
2007년 9월	A⁺에셋 위촉
	– 2009년 센트럴지점에서 VIP지점 분할
	– 2012년 VIP지점에서 광화문지점 분할
	– 2013년 A⁺에셋 연도상 최우수 지점장상 수상

현실에 안주했다면 얻지 못했을 이점

나는 창업 때부터 A⁺에셋과 함께해왔다. 그 이전 S생명 지점장으로 일할 때부터 대한민국 금융 패러다임이 크게 변모하리라는 사실을 감지하고 있었고 그 대세에 합류하는 것이 좋은 선택이라 생각했지만 위험한 측면이 있었다.

당시 한국 풍토에서 GA는 미지의 영역에 가까웠다. 그리고 안정된 회사의 기득권을 버리고 새로 설립되는 회사의 불투명성에 미래를 맡겨야 했다. 그러나 나는 두려움 없이 A⁺에셋 호에 승선했다. 우선 회사의 비전과 가치를 굳게 믿었다. 고객 친화적인 비즈니스와 정도 경영이 성공하는 것은 단지 시간의 문제라 생각했다. 경영자인 곽근호 회장님의 역량과 철학, 전 회사에서 잔여 수당을 포기하면서까지 창업 회사에 동참한 FTA들의 헌신성도 내 믿음을 더욱 굳게 만들었다.

시간이 지나면서 내 판단이 최선이었다는 것이 점점 더 명백해졌다. A⁺에셋은 정직과 투명성을 내세운 착한 마케팅을 통해 고객의 신뢰를 얻었을 뿐 아니라 매출과 이익 등 재무적인 측면에서도 비약적인 성과를 거두었다. 창업 초기 회사는 고정자본 투자로 비용이 많고 외형 성장에 집중하기 때문에 수익구조가 불안정한 특수성이 있다. 그런데도 A⁺에셋은 이익을 발생시키면서 외형을 키웠다. A⁺에셋의 서비스에 대만족을 표현하면서 기쁘게 다른 분을 소개하는 고객들이 점점 더 늘고 있다. 고객이 또 다른 고객을 낳는 선순환 구조가 일어난 것이다.

나 개인적으로도 비약적으로 성장할 계기를 맞았다. 사업가형 지점장을 선택함으로써 발령, 평가, 고과 등에 얽매이지 않고 나의 능력을 마음껏 발휘할 기회가 생겼다. 지점을 책임지고 경영하며 직전 직장에 비해 평균 세 배의 고수익을 올릴 수 있게 되었다. 사업을 더욱 잘 수행할 수 있는 역량도 축적되었다. 나는 생명보험 영업에 관해서는 자신이 있었다. 16년간 생명보험 마케팅 일선에서 활동했기 때문이다. 그런데 A⁺에셋에서 손해보험과 주식 등 다른 금융상품에 관한 지식을 축적하면서 사업범위가 넓어졌다. 인적 네트워크도 크게 확장되었다. 우리가 판매하는 상품의 공급자들인 생명보험과 손해보험사 임원들과 교류할 기회가 늘었고 VIP 고객들과도 좋은 관계를 맺었다. 정년의 공포에서도 벗어났다. 만 55세 정년이 일반적인 업계 환경에서 A⁺에셋은 건강이 허락하는 한 65세까지 활동하는 것을 권한다. 나는 현재 지점장이지만 분할을 통해 지점을 독립시키고 사업부장의 단계로 올라설 목표와 계획을 갖고 있다. 전속사의 안정적인 지위에 만족했다면 이 모든 이점을 결코 누리지 못했을 것이다.

나는 지점장의 고객은 TFA라고 생각한다. TFA가 만족하며 더 열심히 활동할 때 지점장이 성장할 수 있기 때문이다. 그래서 TFA에게 최고의 지원을 제공하고 그들이 잘되는 것을 나의 업무 목표로 삼고 있다. A⁺에셋은 TFA를 중심으로 모든 업무가 돌아가는 구조다. 그것이 지점장인 나에게 크나큰 동력이 된다. 다른 회사에서 잘하던 TFA만 A⁺에셋에서 잘한다면 그것은 회사의 역량이 아니라 TFA 개인의 역량이다. 그런데 다른 회사에서 두각을 드러내지 못하던 TFA가 A⁺에셋에서 잘한다면 회사의 지원 시스템이 작용했다고 볼 수 있다.

A⁺에셋 TFA 중에는 A⁺에셋으로 옮긴 후 탁월한 역량을 드러내는 케이스가 많다. 예를 들어 우리 지점에는 전 보험사에서 연간 2,000~3,000만 원 정도의 소득을 올렸던 TFA가 한 사람 있다. 전에는 뭔가 하려고 해도 많이 막혀 있었다고 한다. 그런데 A⁺에셋의 시스템을 적극 활용할 수 있어 좋다고 한다. 그는 고객 한 사람을 소개받았다. 이분은 보험에 대해서는 부정적이었다. 그 대신 자신이 소유한 21층 건물 관리에 관심이 있었다. A⁺리얼티가 이분의 건물에 대한 적절한 관리 솔루션을 제공했다. 그리고 법인을 운영하다 보니 배당 수익이 많아 세금 문제에 고충이 있었다. 여기에 대해 CFP본부와 제휴 세무법인이 해결책을 찾아주었다. 그리고 이 고객을 골프행사에도 초대했다. A⁺그룹과 여러 차례 접촉하며 신뢰와 호감을 갖게 된 고객은 보험에 대한 부정적 편견을 씻고 상담을 의뢰했고 고액 종신보험과 연금을 계약했다. 그리고 비슷한 고민을 가진 다른 고객을 여러 명 소개해주었다. 이 고객을 모셔 온 TFA가 급성장한 것은 당연한 일이다. 지점장으로서 나는 TFA의 이러한 발전 과정을 볼 때 가장 즐겁다. 나는 우리 지점 TFA 일터를 책임진

사람이다. 그래서 우리 지점을 행복한 삶의 공간이자 발전의 기반으로 만들려 한다.

지점장과 TFA가 윈-윈의 관계를 형성하며 동반 성장할 수 있는 곳이 A+에셋이다. 좋은 문화가 좋은 조직을 만들고 좋은 조직이 좋은 사람을 만든다. 좋은 사람이 좋은 일을 하면 좋은 성과가 나타난다. 그리고 이는 다시 좋은 문화를 형성하는 데 기여한다. 이런 아름다운 순환 구조가 꼬리를 무는 A+에셋이야말로 지점장인 나에게 최적의 사업환경이 되고 있다.

고액계약의 성공 동반자 CFP본부

수도권본부 유니온지점 안효숙 상무

2006년~현재   MDRT, TOT(3회 달성)
2005~2008년   대한생명 설계사
                  – 2005~2008년 대한생명 FP부분 금상,
                    은상 수상
2008년 12월   A⁺에셋 위촉
                  – 2010년 A⁺에셋 연도상 본상 수상
                  – 2012년, 2013년 A⁺에셋 연도상 챔피언(3위)

CFP본부의 지원을 업고 VIP 마케팅에 성공하다

A⁺에셋에서 새롭게 활동을 시작하고 3개월이 지난 후 전사 건수 1등을 했다. 회사는 나에게 큰 관심을 보여주었다. 그리고 신입 강의 제의가 들어오면서 자신을 더욱 채찍질하게 되었다. 1년이 지났을 때는 ATC(A⁺Asset Top Conference) 19위를 달성할 수 있었다.

그리고 잊을 수 없는 일이 생겼다. 생전 처음으로 고액계약을 하게 된 것이다. "소 뒷걸음치다 쥐 하나 밟았다"고 농담을 하는 분도 계셨다. 그러나 그것은 단지 우연히 찾아온 행운만은 아니었다. CFP본부의 지원을 뒷받침으로 삼았기 때문이다. 그 이후 더욱 열심히 해서 1년 동안 매월 3,000만 원 이상의 계약을 했다. 그렇게 습관을 바꾸었고 이제 고액계약은 일상이 되었다.

부자 고객에는 문외한이던 내가 어떻게 고액계약을 일상처럼 여기게 되었는지 신기한 마음마저 생긴다. 생각해보면 A⁺에셋에 둥지를 튼 것이 가장 잘한 선택이다. A⁺에셋은 TFA가 부자 고객을 마케팅하는 데 필요한 강력한 지원을 해준다. 그래서 예전에 엄두도 못 내던 일을 어렵지 않게 할 수 있다. 그중에서도 나는 CFP본부의 지원이 최고라고 생각한다.

부자 고객들은 관심사가 다양할 뿐만 아니라 전문적이다. 세금 절감과 상속, 부동산, 법인 자금 등 여러 부분에 니즈를 갖고 있다. 일선 TFA는 이런 분들의 요구를 충족시킬 만한 상담과 자문을 진행하기에는 역부족이다. 이때 CFP본부가 역할을 톡톡히 한다. 고객과 함께 CFP본부를 찾으면 일이 술술 풀린다. 자신의 자산 상황, 관심사 등에 대해 전문가들로부터 상담을 받은 고객이 만족을 느끼기 때문이다. 그런데 CFP본부가 부자 고객 컨설팅을 미끼로 계약을 유도하는 것은 아니다. 정직하고 투명하게 그 고객에게 가장 적합한 포트폴리오를 추천할 뿐이다. 어떤 때는 부자 고객의 소득에 어울리지 않는 작은 계약을 권하기도 한다. 부자 고객들은 이런 A⁺에셋의 성실하고 정직한 상담에 신뢰를 느낀다. 그리고 제시된 포트폴리오에 따라 계약을 체결할 가능성이 높다. 주변의 소개도 활발해진다. 이런 CFP본부의 지원을 바탕으로 나는 부자 고객과 고액계약을 늘려나갈 수 있었다.

그러면서 2011년 4월 ATC 2위를 하게 되었다. 온 가족이, 지점 식구들이 모두 기뻐하며 축하해주니 '참, 이런 맛에 영업하는구나' 하는 생각이 들었다. 친정아버지가 첫딸 시집보낼 때 많이 우셨는데, 지금은 그렇게 말리던 보험영업에서 최고가 된 딸을 바라보시며 다시 눈물을 훔치셨다. 시부모님께서도 나의 굳은살이 붙은 손과 발을 보실 때마다 마음 아파하셨었다. 양가 부모님의 좋은 사람 만나라는 기도가 끊이지 않은 것이 내 성공의 원동력이 되었다. 2012년 ATC 4위를 기록했고 2013년에 ATC에는 챔피언의 자리에

오를 수 있었다.

"이것이 최선입니까?"

많은 이들이 그렇듯 나 역시 우여곡절 끝에 설계사 생활을 시작했다. 시작은 H사였다. 열심히 활동했고 소득이 2억 수준으로 올라섰다. 그야말로 정신없이 뛰어다니고 있을 때였다. 고객 한 분의 질문이 가슴을 후벼 팠다.

"이것이 최선입니까?"

금융에 대해 하나 둘 알아가면서 한 회사의 상품으로 고객에게 최선의 컨설팅을 하는 것에 한계가 있다는 것을 깨달았다. 그리고 나는 같이 일했던 지점장님과 함께 3년 8개월을 활동했던 곳을 떠나 A⁺에셋에 둥지를 틀게 되었다.

"소득도 높고 잘나가는데 왜 옮기죠? 귀가 너무 얇은 거 아니에요?"

의아스럽게 생각하는 사람들도 있었지만 내 생각은 이미 기울고 있었다.

'고객이 중요할까? 내 소득이 중요할까?'

'이 일을 내가 언제까지 할 수 있을까?'

'고객만족이 뭘까?'

'왜 거절이 많고 소개받기가 힘들까?'

근본적인 문제의식이 꿈틀거렸기 때문이다.

이 선택은 옳았다. 나는 고객에게 '최선'을 제시할 수 있게 되었고, 나를 위해서도 '최선의 선택'을 했기 때문이다.

영업의 세계에 들어온 지 어언 8년이 흘렀다. 그동안 한 번도 집에서 제대로 쉬어본 적이 없다. 그러나 결코 피곤하지 않다. 내게 주어진 시간이 짧으면 짧은 대로 스케줄을 조정하여 일하면 충분히 해낼 수 있다고 생각한다.

누군가 말했다. "사람은 산 사람과 죽은 사람으로 나뉜다. 꿈이 없는 사람은 살아 있어도 죽은 사람이요, 꿈을 잃지 않는 사람은 망해도 산 사람이다. 긍정의 마인드로 성공하고 성공한 뒤에는 '비관해야 생존한다'는 자세를 잃지 마라."

한 번 오른 성공을 낙관으로 바라보면서 쉬면 더 이상의 발전은 없는 것 같다. 이만하면 되었다고 안주하는 일이 실패로 가는 지름길이라는 생각이 든다. 나의 발전이 없으면 고객들이 일궈놓은 자산의 가치에 손해를 입히는 격이 되고, 고객의 지식과 정보의 눈을 가리게 된다. 그러니 항상 스스로에게 반문하며 부족함을 채워나가야 할 것이다. 또한 나 자신의 소득을 위해 일하기보다 '고객님께 어떤 도움을 드리면 될까?' '고객님께서 힘들어하시는 부분은 무엇일까?' 늘 고민하고 노력하는 TFA가 되려고 지금도 열심히 뛰고 있다.

최고 경쟁력을 갖춘
오더메이드 상품

서울본부 경인지점 **박입분 TFA**

2006년~현재　　COT
1998~2009년　　삼성생명
　　　　　　　　– 삼성생명 연도상 11년 연속 수상
　　　　　　　　– 삼성생명 보장자산 기네스 수상
2009년 7월　　　A⁺에셋 위촉
　　　　　　　　– 2013년 연도대상 3W 부문 수상

다건 영업의 비밀

A⁺에셋의 철학과 마케팅에 대한 회장님의 책에 참여할 기회를 얻게 되어 무척 영광스럽다. 부족하지만 나의 강점인 건수 영업에 관한 이야기를 하라고 이 지면이 마련된 것이라 생각한다.

나에게 다건 영업의 비결을 묻는 분들이 많다. 동료들은 간혹 "도대체 몇 시부터 몇 시까지 일하세요?" 하고 질문한다. 그때마다 나는 "남들이 일하는 낮 동안 똑같이 일해요"라고 답한다. 물론 지속적으로 다건을 하는 게 쉽지만은 않다. 그래도 전속사에 있을 때보다 고민이 훨씬 줄고 일하는 시간도 짧아졌다. 진정으로 고객을 위한 설계를 제안하게 되고 고객들이 그런 내 진심을 알게 되어 계약하는 데 어려움이 사라졌기 때문이다.

건수 영업을 위한 지원은 A⁺에셋이 대한민국 최고라고 생각한다. 그래서 나에게 6W란 그리 어려운 일이 아니다. 회사 시스템이 도와주고 CFP본부가 도와주고 오더메이드의 훌륭한 상품경쟁력이 도와주기에 이것이 수월해질 수 있는 것이 아닐까?

그중에서도 나는 A⁺에셋만의 탁월한 오더메이드 상품을 다건 영업의 최고 비결로 꼽고 싶다. A⁺에셋은 여러 금융회사의 다양한 상품을 비교·분석하여 고객에게 판매하는 선진적인 마케팅을 한다. 그런데 그것이 다가 아니다. 수많은 금융상품의 취지와 장점을 살리고, 고객에게 유리하거나 필요한 기능들을 추가하여 A⁺에셋만의 오더메이드 상품을 개발하여 판매한다. 그리고 이 오더메이드 상품들은 사회환경과 고객 니즈 변화에 따라 계속 진화하고 있다.

종신보험, 암보험, 저축성보험 등 각 영역의 오더메이드 상품들은 어떤 형태와 방식이 고객에게 가장 유리한가를 깊이 고민한 결과다. 그리고 현장에서 고객들이 내놓는 불만이나 요구를 적극적으로 반영했다. 당연히 고객의 상황에 잘 맞아떨어지고 고객에게 유리할 수밖에 없다. 나는 이 오더메이드 상품을 다건 영업의 무기로 삼고 있다.

우물 안 개구리의 충격에서 나와

나는 1998년 3월 S생명에서 설계사를 처음 시작했다. 그리고 열심히 활동한 결과 COT(Count of the table)의 명예를 얻었다. 나는 이 회사가 제공하는 최고 대우와 다양한 혜택에 만족했다. 그리고 나는 내 고객에게 최선을 다하고 있다고 굳게 믿었다. 내게 부족한 것이 있으리라고는 꿈에도 생각지 않았다. 나는 자타가 인정하는 모범적인 설계사였던 것이다.

그런데 2009년 5월 광주에서 열렸던 상품전략 워크숍은 내 자부심을 통째로 뒤흔들어 놓았다. 고객 최우선의 기업문화 속에서 열정적으로 일하는 사람들의 밝고 행복한 표정, 그리고 이전에 상상할 수도 없었던 차별적인 오더메이드 상품들. 나는 우물 안 개구리였다. 전속사의 설계사들은 자사 상품만이 최고인 양 말하고 판매한다. 나 역시 그중 한 사람에 지나지 않았다. 내가 열정을 바쳐 팔았던 상품들이 과연 진정으로 고객을 위한 것이었는가? 나는 무서워졌다.

지금까지의 안락함을 접어야겠다는 결심이 생겼다. 억대가 넘는 잔여 모집수당이 있었지만 이 결단을 꺾을 수는 없었다. 더는 고객에게 미안한 선택을 할 수 없었기 때문이다. A⁺에셋으로 옮긴 순간 고객에게 송구한 마음을 떨쳐버릴 수 있었다. 가슴 위의 무거운 돌덩이를 내려놓은 듯 마음이 홀가분했다.

이제 나는 진정으로 고객을 위하는 평화로움 속에서 활동한다. 가장 고객 친화적인 방식으로, 가장 고객 친화적인 상품을 추천하는 이 일에 희열과 긍지를 느낀다. 실적이 늘어나는 것은 자연스러운 결과다.

A+에셋의 지점장으로 일한다는 것

호남본부 동광주지점 이창준 지점장

1998 ~ 2008년 삼성생명
　　　　　　　– 2004~2008년 삼성생명 지점장 승진
　　　　　　　– 2005년 관리자영업대상 금상
2008년 11월 A+에셋 위촉
　　　　　　　– 2011년 목포지점 분할
　　　　　　　– 2011년 A+에셋 연도상 최우수 지점장상 동상 수상

A+에셋은 한국 금융의 미래

나는 S생명에서 활동하던 2008년, 9박10일 일정으로 미국 연수를 갔다. 2005년에서 2007년까지 연도 영업대상을 세 차례 수상했는데 이에 대한 포상 성격이었다. 그곳에서 나는 진로에 대해 깊이 고민하게 되었다. 급변하는 금융환경 변화와 보험영업 채널 다변화의 현장을 목격하며 강한 인상을 받았기 때문이다. 우리나라 보험업계 역시 독립채널 중심으로 재편될 것이라는 사실이 분명하게 보였다.

그 이후로 GA에 관심을 두게 되었다. 그런데 그 당시 맹아 단계의 한국 GA업계에서는 A+에셋이 독보적이었다. 선진적이면서도 건전한 정도 경영을 펼치며 높은 성과를 올리고 있었다. 마음이 기울었다. 오래 고민할 필요는 없었다. 2008년 나는 S생명 지점장을 사직하고 A+에셋 동광주지점장으로

부임했다.

내 선택은 옳았다. A⁺에셋은 철저하게 고객 중심적인 미래형 금융 시스템을 줄기차게 추구한다. 다양한 경로로 접촉점을 끊임없이 만들면서 고객을 발굴하는 데 뛰어난 역량이 있다. 고객 니즈를 파악하여 이를 마케팅에 반영하며 진화를 거듭하는 선순환 구조 속에 있다. 그리고 고객에게 호감과 만족을 제공하며 재생산을 하는 데도 강점이 있다. 물론 이 모든 것은 정도 경영의 토양에 튼튼히 뿌리내리고 있어 흔들림이 없다. 나는 그동안 바라고 미국에서 보았던 좋은 금융 마케팅을 할 수 있는 배경을 얻게 되었다.

TFA를 가족으로

나는 S생명 지점장으로 근무하면서 발령과 로테이션 형식에 한계를 느꼈다. 2년 정도 일하다가 다른 지점으로 옮길 때 그동안 구축한 설계사들과의 팀워크나 고객 관계가 무위로 돌아가는 경험을 해보았기 때문이다. 특히 보험은 장기 상품이다. 고객과 장기적인 신뢰 관계를 구축하는 것이 꼭 필요하다고 생각했다. 그래서 나는 사업가형 지점장을 선택했다.

A⁺에셋의 지점장으로 직할 지점장과 사업가형 지점장이 있다. 직할 지점장은 본사에 소속되어 활동하는 데 비해 사업가형 지점장은 독립적인 수익 구조를 갖고 본사와 별도로 지점을 관리한다. 안정적으로 급여를 받는 것과 비교하면 리스크가 있지만 장기적인 맥락에서 나의 비전과 소신을 바탕으로 지점을 운영할 수 있다는 점에서는 분명한 이점이 존재한다.

A⁺에셋의 사업가형 지점장이 됨으로써 나에게는 30명 남짓의 가족이 생겼다. 지점의 TFA들이 바로 나의 가족이다. TFA와 지점장은 이해관계가 똑같다. 지점장은 가장이 그러하듯 가족의 생계를 짊어지고 있다는 강한 책임

감을 느끼며 헌신성을 발휘해야 한다. 그러면 TFA들이 자연스럽게 동화되고 제각기 역량을 발휘한다. 더 큰 영업을 하며 더 큰 발전을 이루게 된다.

A⁺에셋에 합류한 후 나는 인생의 전환점을 맞이했다. 여러 영역에서 발전을 이룰 수 있었다. 먼저 고객 관계가 더 밀접하고 굳건해졌다. 업무 영역이 넓어지고 역량이 커졌다. 수입 면에서도 향상되었다. 평균 3배 정도 소득이 늘었다. 사업가로서 꿈과 비전, 책임의식을 품게 되면서 인간적으로도 성숙을 경험하게 되었다. A⁺에셋에서 지점장으로 일하는 것. 이는 큰 긍지이자 보람일 것이다.

고객의 행복에 다가서는 셀 수 없는 기회들

**강북본부 유로지점 김미선 상무**

2002년~현재	COT, TOT(10회 달성)
2001~2006년	우체국 관리사
	– 2002년 우체국 신인왕
	– 2003~2006년 우체국 연도대상 챔피언
2007년 6월	A⁺에셋 위촉
	– 2008년~2013년 A⁺에셋 연도상 슈퍼골드 연속 수상

세상에서 가장 어려운 일이 뭔지 아니?

흠…… 글쎄요?

돈 버는 일, 밥 먹는 일, 세상에서 가장 어려운 일은 사람이 사람의 마음을 얻는 일이란다.

각각의 얼굴만큼 다양한 각양각색의 마음을 순간에도 수만 가지의 생각이 떠오르는데

그 바람 같은 마음이 머물게 한다는 건 정말 어려운 거란다.

– 《어린 왕자》 중에서 –

사람의 마음을 얻는 일은 정말 어렵다. 그래서 세상 그 어느 것과 비교할 수 없이 소중하다. 특히 마케팅을 하는 사람에게 고객의 마음을 얻는 일은

힘겹지만 무엇보다 가치 있는 일일 것이다. A+에셋에서는 고객의 마음을 얻을 수 있다. 그것이 회사의 목표이고 존재 이유이기 때문이다. A+에셋에서 활동하는 TFA로서 느끼는 자부심은 여러 가지가 있겠지만 나는 가장 큰 두 가지만 들고 싶다. 첫째는 고객에게 다가서서 행복을 전할 수 있는 여러 가지 기회이고, 둘째는 훌륭한 경영자다.

상조, 셀뱅킹……, 고객 행복 창조에 이바지할 수많은 기회

A+에셋은 단순히 보험만 판매하는 회사가 아니다. 고객의 인생 전체에 걸쳐서 행복을 제공한다는 숭고한 이상을 가지고 그것을 실천에 옮기고 있다. 우선 인생 위기 극복이나 자금 소요를 위해 보험과 대출 등 금융상품을 판매한다. 건강관리 서비스도 있다. 젊은 시절 자신의 성체줄기세포와 면역세포를 추출해서 보관해두었다가 미래에 질병을 치료할 가능성을 높이고, 노년기 세포 활성도가 떨어지는 것에 대비하는 '셀뱅킹'이 그것이다. 그리고 인생의 마지막까지 행복을 제공한다는 의미에서 상조 서비스를 제공하고 있다. 품격 있는 장례를 통해 떠나시는 길을 최선을 다해 배웅하는 것이다. 이런 서비스는 다른 보험회사나 금융회사에서는 찾아볼 수 없는 독특한 것으로 A+에셋의 철학과 가치가 녹아 있다.

그런데 A+에셋의 다양한 서비스는 우리 TFA에게도 소중한 기회가 된다. 먼저 사람의 출생에서 죽음까지 생애 전체에 걸쳐 행복을 서비스할 수 있는 의미 있는 역할을 감당할 수 있다. 그리고 고객을 만날 수 있는 접점이 다양해진다. 단순히 보험상품만 다룬다면 그것을 원하는 고객은 한정될 수밖에 없다. 인생의 각 영역에 걸쳐 있는 여러 니즈를 바탕으로 하기 때문에 훨씬 더 많은 고객과 더 깊이 대화할 수 있다. 이런 사명감과 자부심을 품고 활동하다 보면 놀랄 만큼 성과를 올린 자신을 발견하게 된다. 나는 2011년과 2012년 보험 판매 외에 상조와 셀뱅킹 판매로만 1억 이상씩의 수당을 받았다. 다른 보험회사라면 이런 성과를 상상이나 할 수 있겠는가?

최고의 경영자

A⁺에셋의 막강한 동력 가운데 중요한 하나는 경영자 곽근호 회장님이다. 나는 곽근호 회장님을 만나 함께 일하게 된 것을 큰 행운으로 여긴다.

첫째, 그는 미래를 내다보고 그것을 그려갈 줄 안다. 미래의 보험과 금융이 어떻게 바뀔지, 어떻게 대비해야 할지에 대해 선구자적인 의식을 갖고 있다. 그래서 척박한 풍토에서도 고객 중심의 GA(General Agency)를 창업했고 금융판매전문회사로 발전시키고 있다.

둘째, 그는 TFA를 소중하게 생각한다. A⁺에셋은 TFA가 주인이라는 것을 항상 강조한다. 임직원은 TFA를 돕는 사람이라고 한다. 이것은 입에 발린 말이 아니라 실제로 지켜지는 현실이다. A⁺에셋은 업무의 모든 면에서 TFA를 우선시하는 'For TFA' 문화를 실천하고 있다.

셋째, 고객을 중시한다. 곽 회장님은 바쁜 업무 중이나 회의 중에도 수시로 걸려오는 고객의 전화를 하나하나 성실히 응대한다. 또한 고객과 만나고 접하고 있을 때면 저 사람이 최고경영자인지 아니면 신입사원인지 헷갈릴 정도로 정성을 다해 수발하는 것을 볼 수 있다. 그러니 고집스럽게 고객 이익을 최우선으로 하는 시스템을 만들고 발전시킬 수 있었을 것이다.

'사막이 아름다운 것은 어딘가에 우물이 숨어 있기 때문'이라고 한다. 이 우물은 눈으로 보지 않고 마음으로 보아야 발견할 수 있다. 나는 A⁺에셋이 이 시대 한국 금융의 우물이라 생각한다. A⁺에셋의 이념과 문화를 이해하고 받아들인다면, A⁺에셋의 마케팅 프로세스를 따르고 다양한 도구를 충분히 활용한다면 누구든 TFA로서 꿈을 이룰 수 있다고 믿는다. A⁺에셋은 고객을 행복하게 하는 친구일 뿐만 아니라 TFA의 꿈을 이루어주는 진정한 친구다.

남성 TFA에게 적합한 지원 시스템과 골프 마케팅

대구본부 대구중앙지점 **최해룡** TFA

1983년	교보생명
	– 1989년 교보생명 최연소 지점장 승진
2008년 7월	A+에셋 위촉
	– 2011년, 2012년, 2013년 연도대상 금상 수상

남성 TFA에게 날개를 달아주는 A+에셋

보험영업의 세계에서는 전통적으로 여풍(女風)이 드세다. 최고 실적을 올린 설계사에게 주어지는 칭호는 '여왕'이었다. A+에셋에서도 여성 TFA의 활약상이 대단하다. 그렇지만 A+에셋은 남성 TFA를 위한 최고의 시스템이 갖추어진 곳이기도 하다.

내가 활동하고 있는 지역이 보수적인 색채가 강한 대구라서 그런 탓도 있겠지만 아무래도 법인 영업이나 CEO 면담 등에는 남성이 더 유리하다고 본다. 내 경험으로는 그렇다. 그런데 이때 회사의 마케팅 지원 시스템이 큰 역할을 한다. 법인세 절감방안, 소득세 절세방안, 부동산 관리, 상속 증여와 가업 상속에 대한 인프라가 구축되어 있는 A+에셋은 법인이나 CEO 고객에게 회사 차원의 상세한 상담을 제공한다. 일선 TFA는 이런 백그라운드를 충분히 활용함으로써 원활한 영업을 할 수 있다.

나는 주로 대구지방세무사회와 긴밀한 협력 하에 활동한다. 세무사 조직을 나의 최고의 협력자로 삼아 세무사님들의 적극적인 소개와 안내로 다른 사람보다 좀 더 쉽게(?) CEO들을 만날 수 있는 여건이 조성된 셈이다. 하지만 그분들과의 만남이 바로 계약 체결이 이뤄지는 것은 아니다. 그분들이 가장 절실하게 원하는 니즈를 정확히 파악하고 적절하면서도 종합적인 조언을 제공할 수 있어야 한다. 그래야 그분들이 내 고객이 된다. 이때 CFP본부 등 회사의 지원 시스템이 큰 역할을 하는 것이다.

환경 변화에 따른 A+에셋의 대응력은 신속하면서도 정확하다. 법인의 소득세법 개정, 비과세 관련 세법 개정 등 수많은 법 개정에 따른 고객 대응력은 타 금융기관이 감히 따라잡지 못하는 강력한 무기가 되었다.

그리고 골프 마케팅이 큰 도움이 되었다. 골프는 CEO 고객들과 가까워지는 좋은 계기가 된다. 회사의 골프회원권을 통해 비용 부담을 줄이며 고객과 라운딩을 할 수도 있고 매월 두 차례 있는 A+에셋 '골프데이'에 고객을 초대할 수도 있다. 이때는 고객과 나, 그리고 회사 임원이 한 조가 되어 라운딩을 한다. 4시간 가까이 필드를 거닐며 자연스럽게 대화를 나누고 골프가 끝난 후 식사와 사우나를 함께하는 동안 자연스럽게 친밀감이 높아진다. 고객의 현재 상황에 대한 자세한 이야기를 듣고 A+에셋이 하는 일, 다른 회사들과의 차별성 등에 대해 설명할 기회를 얻는다. 골프만으로 부족하면 투자강연회 등 다른 행사에 고객을 초대할 수도 있다.

이런 A+에셋의 지원 시스템과 골프 마케팅의 힘은 막강하다. 법인 고객을 주로 상담하는 나로서 엄청난 힘과 용기와 자신감을 얻게 되었고 고객만족을 통해 나의 영역이 넓어지는 역사가 이뤄지고 있다.

30여 년 전 내가 보험영업을 시작하겠다고 했을 때 모두가 반대했다. 부모님과 주변 친지들, 심지어는 아내까지도 못마땅하게 생각했다. 그러나 나는 끈질기게 한 우물을 팠다. 경험 삼아 시작한 일이 나의 전부가 된 것이다. 이 정도면 보험인으로서 장인이 되어야 하는데. 최고 전문가가 되어야 하는데. 나는 아직도 부족하고 허점투성이인 TFA일 뿐이다.

나는 20년을 K생명에서 일했었다. 그 당시 K생명이 최고이고 K생명 이외의 보험은 모두가 허접한 것처럼 여겼다. 아집으로 가득 찬 내 보험 인생 20년은 A⁺에셋을 만난 후 철저히 깨졌다.

A⁺에셋은 나에게 보험의 날개를 달아주었다. 10여 년 전만 해도 남자가 보험설계사를 한다고 하면 주위의 시선이 따가웠다. 직업인으로서 자부심을 느끼지 못하고 부끄럽게 명함을 내밀곤 했다. 하지만 지금은 상황이 완전히 달라졌다. 고객에게 금융 토털 서비스를 제공하기 위해 여러 금융 자격증을 취득했다. 또 더 진보한 금융지식을 습득하여 제공함으로써 고객에 대한 신뢰를 쌓고 있다.

나는 보험인으로서 첫째 요건은 성실함과 꾸준함이라 생각한다. 보험시장은 그야말로 치열한 경쟁의 연속이다. 설계사들끼리의 경쟁보다 더 치열한 것이 타 금융권과의 경쟁이다. 그러니 성실함과 꾸준함이 갖춰지지 않는다면 이 치열한 경쟁에서 곧 낙오될 것이다.

둘째로, 정직함이 기본이 되어야 한다. 성경에 "정직하여 선량한 일을 행하면 너희에게 반드시 복을 주신다"고 하셨다. 나는 보험인으로서 부끄럽지 않은 삶을 살려 한다. 고객과의 약속은 어떠한 경우라도 지킨다. 그래서 신뢰를 바탕으로 고객과의 관계를 만들어간다. 보험상품의 장단점, 특히 단점

을 정확히 언급하는 것은 역설적으로 고객과의 신뢰감 형성에 엄청난 도움
을 준다.

덧붙여 고객에 대한 맞춤 서비스도 중요하다. 그런데 이런 서비스는 회사
의 지원이 없이는 불가능하다. 이제 보험의 선택권은 고객에게 있다. 고객이
직접 상품을 고르는 시대에 돌입했다. 고객이 상품을 직접 선택했을 때의 만
족감은 타인의 설득에 의한 선택보다 훨씬 더 크다 이것은 다른 고객의 소
개로 연결된다. 여기에 가장 유리한 회사가 A⁺에셋이다. 지속적으로 고객의
요구를 듣고 그에 합당한 상품을 내놓음으로써 고객들의 만족감을 더욱 높
인다. 그리고 구축된 시스템을 통해 가장 빠르고 정확한 정보를 고객에게 전
달함으로써 초기 대응력을 높일 수 있다. 고객이 원하는 방향으로 상품을
전환하거나 신상품으로 대체가 가능한 것은 물론이다.

나는 A⁺에셋과 함께하게 되어 생긴 모든 일에 감사한다. 아마도 20년은 더
활동할 수 있도록 최고의 회사가 나를 뒷받침하고 있다. 이 백그라운드를 믿
고 오늘도 나는 고객의 마음을 두드린다. 매일 감사가 넘쳐나기를 기도한다.

최고경영자를 꿈꾸는 TFA 출신 지점장

수도권본부 유니온지점 이대수 지점장

1996~2002년	삼성전기
2002~2011년	MDRT, TOT(2회 달성)
2002~2008년	삼성생명 설계사, 부지점장
	− 2005년 삼성생명 연도상 챔피언
	− 2008년 삼성생명 부지점장
2009년 7월	A⁺에셋 위촉
	− 2011년 지점장 승진

늘 새로운 도전이 있는 곳

영업 현장의 설계사가 지점장이 되고, 임원을 거쳐 최고경영자가 되려는 포부를 품는 것은 보험업계에서는 그리 흔하지 않은 일이다. 그러나 A⁺에셋에서는 충분히 가능한 현실이다.

나는 S생명에서 설계사로 활동을 시작했다. 2003년과 2004년 MDRT, 2005년과 2006년 TOT, 2007년 COT의 영예를 안았다. 2005년에는 사업부 챔피언에 오르기도 했다. 그리고 2008년부터 1년 6개월 정도 세일즈매니저 생활을 했다.

이 과정에서 나는 고객의 가치를 절실히 깨달았다. 고객에게 최선의 정보와 상품을 제공하는 일이 영업인의 사명이라는 당연한 사실이 새삼 내 열정을 일깨웠다. 그동안 회사와 내가 팔고 싶은 상품을 판매했다면 이제는 고객이 정말 필요로 하는 상품을 판매하고 싶었다. 그래서 선택한 곳이 A⁺에셋이다. 잔여 모집수당은 문제가 되지 않았다. 더 나은 미래를 위해 하루라도 빨리 선택하는 것이 옳다고 생각했다. 그래서 나는 2009년 7월, A⁺에셋의 TFA가 되었다. 그리고 TFA 활동을 거쳐 지점장으로 영업을 관리하게 되었다.

나는 현재 '최고 회사의 최고 지점장'을 당면 목표로 세웠고 이를 위해 매진하고 있다. A⁺에셋의 모든 사람이 현재처럼 고객을 최우선으로 모시고 정직하고 성실하게 일한다면 최고의 금융회사가 되는 것은 얼마 남지 않았다고 생각한다. 나는 그런 회사에서도 최고의 지점을 경영하는 사람이 되고 싶다.

더 큰 꿈도 꾼다. A⁺에셋 전체를 지휘하는 최고경영자가 되겠다는 야무진 포부다. 곽근호 회장님은 나를 비롯한 여러 지점장에게 이런 꿈을 꾸라고 부추기고 격려한다. TFA 출신 지점장이 최고경영자를 향해 뛰는 곳. A⁺에셋은 바로 이런 공간이다.

열심히 하려는 사람에게 기회가 열려 있는 곳

A⁺에셋은 열심히 하려는 사람에게 무한한 기회가 주어지는 곳이다. 진정으로 고객을 위하는 마음에서 정직하고 성실히 일하면 누구나 성공을 거머쥘 수 있다. 특정 회사 상품에 한정된 판매라는 장벽이 없을 뿐만 아니라 마케팅 지원 시스템이 체계적으로 구축되어 있다. 예를 들어 현장의 설계사가 VIP 고객과 1시간에서 1시간 30분 정도 대화할 기회를 잡는 것은 몹시 어렵다. 그런데 A⁺에셋의 투자강연회 프로그램은 이 시간을 벌어주고 남는다. TFA는 이 바탕에서 계약을 추진하면 된다. 'For TFA' 문화도 열심히 하는 사람의 성공을 뒷받침한다. A⁺에셋의 모든 시스템은 일선에서 활동하는

TFA를 위해 맞추어져 있다. 최고경영자도 골프행사 등 마케팅 프로그램에 적극 참여한다. 권위를 버리고 일선 TFA의 영업을 돕는 데 전력을 다한다. 그래서 전속사에서는 두각을 드러내지 못했는데 A+에셋에서 높은 성과를 올리는 TFA를 자주 만날 수 있다.

무엇보다 A+에셋은 고객에게 최선을 제공하는 회사다. 그래서 우리의 리크루팅 메시지는 단순하지만 자신감이 넘친다. "정말 고객에게 최선을 다하고 있습니까?"라는 질문은 금융영업을 하는 사람들의 마음을 뒤흔들어놓기에 충분하다.

나는 길게 보는 영업을 하자는 모토로 지점을 운영하고 있다. 물론 현재를 포기하자는 말은 아니다. 오늘보다 내일, 이번 달보다 다음 달이 더 낫도록 영업하자는 것이다. 이를 위해서는 정직함과 장기적 안목이 필요하다. 우리 지점의 TFA들은 대한민국 어디에도 나만 한 설계사가 없다는 자신감으로 무장해 있다. 이것은 결코 허풍이 아니다. 가장 저렴한 비용으로 가장 높은 보장과 저축 효과를 누릴 수 있는 상품을 추천하기 때문이다. 이런 최고 TFA들과 함께 일하는 지점장은 이미 대한민국 최고 금융회사의 최고 지점장에 근접했다고 볼 수 있지 않을까?

지금까지 고객을 위해 따뜻한 금융을 만드는
'착한 마케팅'에 관해 이야기했습니다.

저는 이것이 몇 가지 테크닉을 익힌다고
또는 몇 가지 생각이나 이론 무장만으로
도달할 수 있는 경지가 아니라고 생각합니다.

'착한 마케팅'을 위해서는 근본적이고 본질적인
삶과 마케팅에 대한 철학의 변화가 필요합니다.

숨 가쁘게 변하는 세상입니다.
오늘은 어제와 다르고 내일은 더 크게 달라질 것입니다.

특히 우리가 속해 있는 금융 분야는
극심한 변화의 중심에 서 있습니다.
세계와 얽혀 있는 시장은 복잡다난합니다.

고객의 상황과 판단, 이해관계도 시시각각 변모합니다.

또 그 와중에 수많은 금융상품이 쏟아져 나옵니다.

이런 변화의 거센 물결 속에서

어떻게 중심을 잡고 어떤 방향으로 나아가야 할지

혼란과 피로를 느끼는 사람이 많습니다.

저는 우리가 지식정보화 시대의 끝자락에 서 있다고 봅니다.

이제 새로운 패러다임의 시대가 열리고 있습니다.

이미 많은 학자와 전문가가 지적했듯

그 시대의 중심에는 '인간'이 있습니다.

인간은 사랑과 감성이 어우러져야

가치 있는 삶을 영위할 수 있습니다.

차가운 기술을 사람의 체온으로 덥혀

온기가 넘치는 세상을 만들고자 하는 열망이

곳곳에서 분출하고 있습니다.

아무리 이윤 극대화를 추구하는 냉정한 기업이라 할지라도

사람을 도외시하고는 생존할 수 없는 환경이 되고 있습니다.

금융업도 마찬가지입니다.

그동안 금융업이
한국 사회 발전의 주축이 된 점은
부인할 수 없는 사실입니다.

그러나 폐쇄된 정보를 바탕으로
고객보다는 회사 이익을 우선시한 것 역시 사실입니다.

저는 한국 금융이 훨씬 더 혁신되어야 한다고 생각합니다.
발전된 정보기술의 토대 위에
인간이라는 가치를 추구하는 시대에 부응해야 합니다.

과거 방식의 금융은
발전은 고사하고 생존조차 장담할 수 없습니다.

그렇다면 변화하는 시대에 금융 마케팅은 어떠해야 할까요?
변화의 방향은 무엇이고 구체적인 실천은 어떻게 해야 할까요?

저는 끈질기게 그것을 추적했습니다.

핵심은 책 제목과 같습니다.

'착한 마케팅'으로 승부해야 합니다.

고객의 편에 서서 고객에게
가장 적합하고 유리한 상품을 찾으려 애쓰는 금융 마케팅,
모든 정보를 정직하고 투명하게 보여주는 금융 마케팅을 실천하는 것
이 근본적 변화의 출발입니다.
이것은 A⁺에셋이 창업 후 끈질기게 추구하는
가치인 동시에 발전시켜야 할 과제입니다.

그런 점에서 이 책은
A⁺에셋 전 TFA들의 열정과 노고로 이루어졌다고 할 수 있습니다.

이 책이 금융 마케팅 변화를 위한
작은 불씨가 되기를 희망합니다.

그리고 우리 금융 영업인들이
정직하고 투명하며 고객 중심적인 마케팅을 통해
고소득 전문가로 우뚝 서기를 바라며…….

1) 정지훈,《거의 모든 IT의 역사》, 메디치미디어, 2010.

2) 혼다 소이치로,《좋아하는 일에 미쳐라》, 부표, 2006.

3) 김용아, 「눈여겨봐야 할 '자기 주도형 고객'」,〈중앙선데이〉, 2012. 11. 18.

4) 고린, 「금융상품 가르치는 것보다 독립 재무상담사 양성 더 중요」,〈중앙선데이〉, 2010. 6. 27.

5) 최인훈,《화두》, 문이재, 2002.

6) 조재길, 「이름값 못하는 종신보험」,〈한국경제신문〉, 2013. 1. 7.

7) 김시현, 「방카슈랑스 10년, 은행들 배만 불렸다」,〈조선일보〉, 2013. 4. 19.

8) 특별취재팀, 「새로운 과제: 착한 성장, 똑똑한 복지」,〈조선일보〉, 2013. 3. 28.

9) 문국현 외,《유한킴벌리》, 한스미디어, 2005.

10) 로버트 카텔 외,《CEO와 성직자》, 한스컨텐츠, 2005.

11) 〈거암의 블로그〉, http://bigrock1.egloos.com/360215

12) 〈거암의 블로그〉, http://bigrock1.egloos.com/360215에서 재인용.

13) 보험개발원,〈2007년도 보험소비자 설문조사〉, 보험개발원, 2007.

14) 통계청,〈사망률 통계〉, 2008.

15) CSIS,〈The Future of Retirement in East Asia Report〉, CSIS, 2012.

16) 보험연구원,〈생명FC 활동실태 및 만족도 분석〉, 2011.

17) 한국고용정보원,〈직업만족도순위〉, 한국고용정보원, 2012.

18) 서수민, 「여성성이 뜬다」, 〈한겨레신문〉, 2006. 6. 18.

19) 김인수, 〈둘이 하나 되는 몸을 이루는 가정〉(강연녹음집)에서 재인용.

20) 실리아 샌디스 외, 《우리는 결코 실패하지 않는다》, 한스미디어, 2004.

21) 나폴레온 힐, 《놓치고 싶지 않은 나의 꿈 나의 인생》, 국일미디어, 2010.

22) 종교국, 「오늘의 QT」, 〈국민일보〉, 2010. 12. 4.

23) 김규환, 《어머니 저는 해냈어요》, 김영사, 2009.

24) 허영만, 《허영만의 부자사전》, 위즈덤하우스, 2005, 재인용.

25) 김윤경, 「김중만, 아프리카의 희망을 포착하다」, 〈중앙선데이〉, 2008. 12. 28.

26) 조용철, 「꾀꼬리는 혼자 노래하지 않는다」, 〈중앙선데이〉, 2012. 3. 18.

27) 래리 존슨 외, 《정직한 경영 존경받는 기업》, 한스미디어, 2005.

28) 안용준, 《사랑의 원자탄(개정판)》, 성광문화사, 2009.

29) 조지 베일런트, 《행복의 조건》, 프런티어, 2010.

30) 김인수, 〈둘이 하나 되는 몸을 이루는 가정〉(강연녹음집).

31) 최재천, 〈귀뚜라미의 소통과 지식의 통섭〉, 2012. 6. 13. 차세대융합기술연구
원 융합문화콘서트 강연 내용.

32) 다니엘 R. 카스트로, 《위대한 선택》, 좋은생각, 2006.

33) 김정운, 「김정운의 에디톨로지, 창조는 편집이다」, 〈중앙일보〉, 2012. 1. 2.

34) 로히트 바르가바, 《호감이 전략을 이긴다》, 원더박스, 2003.

35) 최진성, 《아름다운 열정》, 눈과마음, 2009.

36) 롤프 옌센, 《DREAM SOCIETY(드림소사이어티)》, 리드리드출판, 2005.

37) 조 지라드, 《세일즈 불변의 법칙 12》, 비즈니스북스, 2005.

38) 이지훈, 「세계 최고 컨설팅회사 맥킨지의 도미니크 바튼 회장」, 〈조선일보〉,
2013. 3. 30.

39) 이신영, 「하버드대의 영원한 멘토 "트랙 도는 경주馬 아닌 야생馬로 살라」, 〈조
선일보〉, 2013. 3. 30.

**착한
마케팅으로
승부하라**

1판 1쇄 발행 | 2013년 5월 25일
1판 9쇄 발행 | 2018년 10월 18일

지은이 곽근호
펴낸이 김기옥

경제경영팀장 모민원   기획 편집 변호이, 김광현
커뮤니케이션 플래너 박진모
지원 고광현, 임민진
제작 김형식

디자인 제이알컴
인쇄 서정문화인쇄 제본 서정바인텍

펴낸곳 한스미디어(한즈미디어㈜)
주소 121-839 서울시 마포구 서교동 392-34 강원빌딩 5층
전화 02-707-0337 | 팩스 02-707-0198
홈페이지 www.hansmedia.com
출판신고번호 제 313-2003-227호 | 신고일자 2003년 6월 25일

ISBN 978-89-5975-514-1 13320